교실 밖의 정치학
우리가 만든
조례

강우창, 안이삭, 이은진 편

교실 밖의 정치학
우리가 만든 조례

Bunny on the Moon

이 책은 고려대학교 정치외교학과에서 개설한 '시민정치리빙랩' 수업의 결과물이다. 시민정치리빙랩은 이론 중심 강의를 통해 습득한 정치학 이론과 지식들이 현실에서 어떻게 구체화되는지를 경험하고, 이를 토대로 사회문제 해결을 위한 정치학의 쓸모와 한계에 대해 스스로 생각해보는 기회를 제공하는 것을 목적으로 한다. 2022년부터 시작된 시민정치리빙랩은 수업에서 그치지 않고, 그 결과물을 '교실 밖의 정치학' 시리즈로 엮어 학생들의 배움과 경험을 더 많은 독자와 공유하고 있다. 첫 번째 시리즈인 『교실 밖의 정치학 : 대학생들은 어떻게 시민이 되었나』에서는 학생들이 일상을 살아가고 있는 시민의 관점에서 문제를 발굴하고 해결책을 모색하는 데 초점을 맞추었다.

이번 『우리가 만든 조례』에서는 정치학에 대한 학생들의 고민과 배움을 조례를 통해 담아내고자 했다. 조례는 지방자치단체가 법률에 명시된 권한에 따라 제정하는 규칙과 지침으로, 자치단체가 지역의 특성과 요구에 맞는 정책을 추진할 수 있는 제도적 기반이 된다. 정치학은 사회적 갈등의 제도적 해결을 모색하는 학문이다. 정책을 입안하고 추진하는 과정에서 발생할 수 있는 다양한 이해관계와 갈등을 조정하고,

이를 조례안으로 구체화하며, 나아가 발안에 충분한 주민의 지지를 확보하는 일련의 과정은 정치학적 사고를 필요로 한다. 따라서 조례 제정은 새로운 관점에서 정치학 지식과 이론에 대해 생각해보는 기회가 될 수 있다.

'시민정치리빙랩' 수업은 지식 전달을 넘어서 현실의 다양한 목소리를 직접 듣는 것에 중점을 두고 있다. 조례에 대한 기본 지식을 습득한 후, 학생들은 여러 전문가의 초청 강연을 통해 조례의 기능과 한계를 다각도에서 이해할 기회를 가졌다. 또한 문제의 발굴, 해결책의 마련, 조례안의 평가 과정에서는 가능한 다양한 이해 당사자들과의 인터뷰 기회를 가지도록 했다. 이해 당사자들과의 만남은 강의실, 인터넷과 서적 등을 통해 습득한 지식이 현실과 어떻게 맞물리는지를 직접 경험할 수 있는 기회이자, 여러 시각에서 문제를 접근하고 이해할 수 있는 기반이 되었다.

이 책은 '어른의 소유물이 아닌, 주체로서의 청소년', '우리의 문제, 우리의 손으로', '모두가 행복한 사회', '더는 같은 비극이 반복되지 않도록' 등 4개의 파트로 구성되어 있다. 수업에서는 총 9개의 팀이 활동했으나, 이 책에는 6개 팀의 기록만을 담게 된 것은 아쉬운 부분이다. 책을 구성하는 각 챕터는 학생들이 한 학기 동안 진행한 활동에 대한 기록과 조례안을 포함하고 있다.

이 책이 완성되기까지 많은 분들의 도움이 있었다. 우선 학생들의 인터뷰에 기꺼이 응해주신 지역 주민, 활동가, 지방자치단체 공무원과 지방의회 의원들께 감사의 말씀을 전한다. 자칫 번거로울 수 있는 학생들과의 인터뷰를 마다하지 않으신 많은 분들의 도움이 조례안의 현실성을 높이는 데 큰 도움이 되었다. 고려대학교 안암동 캠퍼스타운에도 감사의 말씀을 전한다. '대학지역연계수업' 프로그램을 통한 재정지원은 초청강사와 외부 심사자 초청, 학생들의 현장학습, 발표회, 책 출간 등에 필요한 경비 마련에 큰 도움이 되었다. 또한 부족한 예산에도 불구하고 흔쾌히 출판을 맡아주신 출판사 버니온더문에게도 감사 말씀을 전한다. 인터뷰 일정을 포함해 학생들의 활동에 필요한 다양한 행정적 지원을 제공해주신 평화와 민주주의연구소 이동선 소장님, 다니 알렉산드로바 박사님, 시민정치리빙랩과 같은 참여형 수업 개설과 운영을 적극적으로 지원해주신 정주연 학과장님께도 감사의 말씀을 전한다.

초청 강연자로 참여해주신 서복경 대표님(더가능연구소), 이준호 대표님(STI), 김인제 시의원님(서울시)께도 감사드린다. 조례의 이론과 실제, 가능성과 한계를 전문가적 시각에서 설명한 초청 강연은 조례 입안과 관련한 학생들의 이해를 높이는 데 도움이 되었다. 최종 발표회에서 심사자로 수고해주신 신상범 교수님(연세대), 이준호 대표님(STI), 허석재 박사님(입법조사처), 이지백 보좌관님(국회)께도 감사를 표한다.

마지막으로 이 책은 학생들의 노력과 적극적인 참여가 있었기에 출판될 수 있었다. 바쁜 시간을 쪼개어 서울 전역을 누비는 수고를 마다하지 않은 학생들의 열정에 감사를 표한다. 학생들의 고민과 실천이 담긴 이 책이 독자들에게도 신선한 자극이 되길 바란다.

고려대학교 정치외교학과 교수
강우창

CONTENTS

PART 03. 모두가 행복한 사회

PART 04. 더는 같은 비극이 반복되지 않도록

PART 01

어른의 소유물이 아닌, 주체로서의 청소년

동대문구 쉼터 퇴소 아동의 사후관리를 위한
가정방문 심리지원 제도 신설에 관한 조례

김아영 | 박준영 | 신성진 | 신수연

성북구 자립 준비 청년 자립 지원에 관한 조례

김정원 | 박하영 | 유성규 | 최예원

Ⅰ. 연구질문

1. 연구배경

37,605건. 이 숫자는 2021년에 기록된 근 5년간의 아동학대 판단 건수다(신기호 2021). 학대피해아동(이하 피해아동) 발생 건수뿐만 아니라 재학대 비율까지 해가 갈수록 증가하고 있는 반면, 피해아동쉼터(이하 쉼터)는 한 곳당 단 7명밖에 수용하지 못한다. 2023년 기준, 전국에 76곳이 설치되어 있으므로 현재 수용할 수 있는 인원은 대략 550명이다. 즉, 현재 쉼터는 모든 피해아동을 적절히 관리하기에는 턱없이 부족한 상황이다.

그러나 쉼터의 재정·인력 부족은 원가정 복귀 아동의 사례관리 미완으로 귀결될 위험성을 낳는다. 아동을 가정에서 분리해 보호할 경우 신속히 가정으로 복귀할 수 있도록 지원해야 한다는 아동복지법 제4조 3항의 존재하에 각 쉼터는 피해아동이 가정에 건강하게 복귀할 수 있도록 힘쓰지만, 실질적으로 복귀 후에 재학대의 발생 가능성을 충분히 관리할 수 있는 체계가 마련되지 않았다. 따라서 아동의 건강한 복귀를 온전히 장담할 수 없으며, 그 구체적인 이유로는 다음 두 가지가 있다.

먼저, 퇴소 후 피해아동에 대한 사후관리가 제대로 이루어지지 않고 있기 때문이다. 아동복지법 제16조의2에 따르면 "시·도지사 또는 시장·군수·구청장은 전담공무원 등 관계 공무원 및 민간 전문인력으로 하여금 보호조치의 종료로 가정으로 복귀한 보호 대상 아동의 가정을 방문하여 해당 아동의 복지 증진을 위하여 필요한 지도·관리를 제공하게 하여야 한다"라고 되어 있다. 하지만 이는 시장·군수·구청장에게 책임만 묻고 있을 뿐 실제적으로 보호 대상 아동이 사후관리를 받고 있는지에 대한 감시가 이루어질 수 있는 체계는 미비하다.

그리고 퇴소 후 재학대 발생 시 피해아동에 대한 정보 공유와 이후 사례 사례관리에 어려움이 있다. 아동복지법 제15조의2 1항을 살펴보면, "보건복지부장관은 아동복지 관련 자료 또는 정보의 효율적 처리 및 통합관리를 위하여 (중략) 설치된 사회서비스정보시스템을 연계·활용하여 아동통합정보시스템을 구축·운영하여야 한다"라고 되어 있다. 하지만 앞의 아동통합정보시스템을 담당하는 주체는 보건복지부의 아동학대대응과로, 재학대 신고 접수 시 실무적인 일을 담당하는 지역별 쉼터와 아동보호전문기관(이하 아보전) 사이를 연계해주고 있지는 않다. 이에 실무에서는 피해아동의 개인 정보 보호 유출의 제한으로 인해 피해아동의 정보를 쉼터와 아보전 사이의 전화 통화 정도로 일단락 짓는 것이 관례이다. 따라서 퇴소 이후 재학대 신고가 접수되어 일시적으로 보호되는 중대한 때조차 제대로 된 정보 전달과 이후의 분명한 사례관리가 어렵다.

2. 가정방문 심리지원 제도의 도입

앞서 살펴봤듯이 피해아동에 대한 체계적인 사례관리가 이루어지지 않는 상황에서 본 조는 쉼터 퇴소 아동의 재학대를 실질적으로 예방할 방법은 가정을 직접 방문하는 것과 지속적인 심리지원의 제공을 규정하는 제도를 신설하는 것으로 생각했다. 이처럼 제도적 차원에서 학대 피해 이후 가정환경과 아이의 상태를 꾸준히 확인한다면, 아이가 직접 목소리를 내지 않아도 재학대를 예방하고 모니터링을 유지할 수 있을 것이다. 따라서 본 조는 쉼터 퇴소 아동의 사후관리를 위한 가정방문 심리지원 제도 신설에 관한 조례를 발안해서 피해아동의 퇴소 이후에도 정기적인 가정방문 심리상담을 시행해 아동을 지속해서 관리할 수 있는 모니터링 체계를 마련하고자 한다.

조례로 신설하고자 하는 가정방문 심리지원 제도란 아동학대 피해가정에 직접 방문해서 심리상담 서비스를 제공하고, 재학대 예방을 위한 활동 및 이와 관련된 사업에 대해 지원하는 것이다. 해당 조례의 도입을 통해 기대할 수 있는 효과는 다음과 같다. 첫째, 아보전이 학대 부문 사례관리에 집중할 수 있는 체계를 마련할 수 있다는 이점이 있다. 또한 아동이 직접 치료센터에 가는 것이 아니라 가정으로 상담사가 방문하므로 새로운 환경에서 적응할 때 발생하는 어려움이 적고, 자신만의 공간에서 상담을 진행할 때 아동의 강점을 더 많이 발견할 수 있다. 가정방문이 어려울 경우 외부 심리치료 기관에 연계해 심리검사 및 심리치료를 실시하는 심리정서회복프로그램의 도입도 고려해 지역사회 내 협력 체계를 구축할 수도 있다.

둘째, 가정방문 심리지원은 아동학대 후유증 극복과 함께 참여자 가정의 복합적인 요인에 대응함으로써 학대의 위험요인을 감소하고 가족

기능을 회복할 수 있다는 데 기여할 수 있다. 직접적이고 대면적인 서비스를 제공함으로써 학대 가해자 또한 스스로 아동학대의 위험성에 관한 문제를 인식하고 개선할 수 있도록 도울 수도 있다. 단순한 심리상담 이외에도 피해아동 및 가정의 특성을 반영해 맞춤형 사회복지 프로그램과 일상생활에 필요한 서비스를 지원하도록 규정한다.

마지막으로 한국의 경우 다른 국가들에 비해 가정방문에 대한 제도적 장치가 구비되어 있지 않다. 가정방문 제도를 실시하는 미국의 경우 1974년에 제정된 아동학대 예방 및 치료에 관한 법(CAPTA)이 2010년에 개정되어 아동학대 예방을 위해 '커뮤니티 기반의 예방 중심 프로그램 및 활동 시간을 운영 및 확장'하도록 해서 법률에서 가정방문 프로그램을 직접적 지원한다(임지영 2021). 미국 전역의 250개가 넘는 가정방문 모델을 검토하고 국가가 우수한 가정방문 모델을 선정해서 직접적으로 지원하는 것이다. 가정방문 제도가 잘 구축된 미국에 비해 한국의 경우 가정방문에 대한 운영 여건은 많이 부족하다. 이에 조례로서 가정방문 심리지원 제도를 운영하고 지원하는 것은 필수적이라고 생각한다.

3. 홈케어 플래너 서포터즈 사업

가정방문 심리지원제도는 일부 아동보호전문기관이 현재 시범사업으로 도입하고 있는 홈케어 플래너 서포터즈 사업의 아이디어를 참고했다. 홈케어 플래너 서포터즈 사업이란 미국 및 영국의 가정방문 프로그램을 바탕으로 2017년부터 생긴 제도로 아동학대 가정을 직접 방문해서 피해아동 및 학대행위자, 가족구성원에 대해 서비스를 제공하는 사업이다. 국내 '홈케어 플래너'는 학대 가정에 대한 '맞춤형 서비스 지원'에서 실질적으로 해당 가정을 방문해서 서비스를 제공하는 사람으로, 사회복지사 자격증과 임상심리치료 자격증을 가진 인력으로 구분되어 있다(홍은주 외. 2021). 사회복지사 자격증을 가진 '홈케어 플래너'가 상담이나 문화 체험 활동 등 대상자의 욕구와 특성에 따라 맞춤형 서비스를 제공하고, 임상심리치료 관련 자격증을 가진 '홈케어 플래너'가 종합심리검사와 심리치료를 실시한다. 또한, 재학대 예방 차원에서 부모에 대한 교육은 이 사업에서는 주요한 구성요소로 제시되고 있다. 따라서 이 사업에서는 부모·자녀 상호작용 중심의 프로그램 등 부모에 대한 역량 강화 서비스를 제공하고 있으며, 이를 통해 사회 차원의 개입 없이 가정 내에서 자율적으로 아동학대 예방이 이루어질 수 있도록 기반을 닦고자 한다.

　그러나 재학대 예방에 효과적인 홈케어 플래너 서포터즈 사업을 지자체에 확대 및 적용하기 위해서는 조례를 통한 피해아동에 대한 모니터링 및 사례관리의 체계화 그리고 예산 및 인력 확대의 필요성이 대두된다. 따라서 본 조가 조례로 규정하는 가정방문 심리지원 제도는 차별점을 가진다. 홈케어 플래너 서포터즈 사업은 재학대 발생 위험이 큰 사례에 대한 개입 중심이 아닌 0~2세(혹은 0~5세) 아동이 있는 가정을 대상으로 하는 보편적 조기 가정방문을 실시하는 것을 중점적 목표로 삼는다. 이에 반해 본 조례에서 다루는 가정방문 심리지원 제도는 재학대 발생 위험이 큰 아동이 있는 가정에 대해서 심리지원 서비스의 제공을 반드시 시행해야 한다는 강제성을 부여하고자 한다. 사전적 예방, 조기 가정방문을 실시하는 데 치중된 홈케어 플래너 서포터즈 사업과는 달리 재학대 발생 확률이 높은 고위험군 가정에 대한 집중적 관리, 특히 심리지원 서비스를 통해 지속적인 사후관리를 유지함을 가장 큰 목표로 삼는다. 현재까지 시행해온 것과 같이, 가족을 변화의 주체로 놓고 각 가정환경에 맞는 예방 전략을 세우고 심리지원을 제공한다는 것은 공통적인 아이디어이지만, 아동학대 재발의 고위험군에 속할 경우 심리상담 및 의료지원의 확대, 시행 및 지속적인 사후관리를 통해 아동의 환경에 있어서 근본적인 변화를 꾀하는 것이 필요하다고 봤다.

해당 사업이 현재 시행됨에도 불구하고 조례로 가정방문 제도를 신설해서 새로 규정하려는 이유는 다음과 같다. 먼저, 사업의 체계화가 필요하다. 해외 가정방문사의 경우 일정 기간 훈련을 통해 공통교육과정을 이수한 이후 서비스 제공이 이루어지고 있는 가운데 더 평균적이고 안정된 서비스를 제공할 수 있는 시스템이 갖추어져 있다. 반면, 국내 홈케어 플래너의 경우 채용 조건에 따라 선발된 이후 각자의 역량에 따라 서비스를 제공함에 따라 가정별 서비스 제공의 질이 고르지 않을 수 있다는 우려가 있다. 이처럼 홈케어 플래너 사업에 있어 이에 대한 교육이 제대로 사전에 이루어지고 있는지 검토할 필요가 있다. 구청장이 이에 대한 전반적인 교육이 이루어지고 있는지 검토해야 한다는 책무와 관련된 조례안을 신설한다면, 더 체계적인 교육시스템이 갖추어지고 심리지원 서비스가 질적으로 강화되는 효과를 얻을 수 있다.

또한 사업이 시행하는 교육은 사업에 대한 소개와 수행 방법 위주의 내용으로만 구성되어 있고 일회성으로 진행된다. 따라서 조례를 통해 아동보호전문기관의 역할'이나 '아동학대'에 대한 구체적인 내용을 포함해야 한다. 교육 이외에도 정기적인 사례 회의의 개최와 참석자도 명시해야 한다. 현재 권역별 교육을 시행하고 있으나, 중앙아동보호전문기관의 사업담당자, 팀장과 홈케어 플래너가 참석하지 않으며 사업수행기관을 관리하는 지역담당자만 참석하고 있다는 한계가 존재하기 때문이다.

4. 조례의 필요성

조례란 헌법 제117조 제1항에 의거해서 지방자치단체가 제정하는 지방 단위의 규범이다(김연태 2023). 정부 차원의 사업과 법률은 특성상 그 전달 방식이나 방침결정이 하향식이기 때문에 지역주민의 다양한 욕구와 필요성에 대응하기에는 시간적으로 비효율적이다. 이에 지방자치단체의 조례 제정은 주민과 지역사회 차원을 직접적으로 도울 수 있는 제도다.

가정방문 심리지원 제도가 조례에 제정될 경우 국가 차원이 아닌 지역주민의 범위에서 재학대 예방을 위한 구체적이고 실효성 있는 대책이 될 수 있다. 해당 지역주민들이 구성한 위원회 내 가정방문 상담사는 지역의 문제와 지리에 대해 자세히 알고 있다는 장점이 있다. 그리고 홈케어 서포터즈 플래너 사업의 경우 학대 가해자가 가정방문을 거부할 경우 대응하기 곤란한 반면, 조례라는 입법 방식을 통해 가정방문의 강제성에 대해 명시할 수 있는 장점이 있다. 관련 조례의 상위법인 아동복지법 제15조4의 아동보호 사각지대 발굴 및 실태조사를 위해 경찰 및 지역사회의 여러 단체와 협력해서 합동 점검할 수 있는 조항에 근거해 조례에 가정방문의 거부 강제 조항 및 경찰 및 유관 단체들과 합동 점검할 수 있는 조항을 추가할 수 있다. 또한, 관련 위원회의 역할을 구체적으로 규정함으로써 보다 체계적인 사후관리가 가능하다. 주기적인 위원회의 회의와 사례 검토를 통해 가정방문 프로그램의 질적 개선을 도모할 수 있으며, 지방자치단체장의 책무를 규정함으로써 아동학대 예방에 기여할 수 있다. 마지막으로 예산 확보 및 제도 운영이 용이해진다. 사회복지공동모금회에서는 복권기금으로 아동·청소년 분야의 사업을 진행하고 있으며, 그 일환으로 홈케어 서포터즈 플래너 사업을 지원

한다(어한희 2022). 본 조례를 통해 지방자치단체의 예산을 사용하므로 안정적인 제도 운영이 가능하다.

5. 지역구 선정 배경

전국에서 운영되고 있는 76곳의 쉼터 중 서울시에서 운영되고 있는 곳은 단 4곳이다. 피해아동을 부모와 접촉하지 않게 하는 쉼터의 특성상 운영되고 있는 쉼터의 정확한 소재지는 일반인에게 공개되어있지 않지만, 성북구 의회 회의록을 통해 쉼터가 위치한 지역구를 확인할 수 있었다. 다음 성북구 의회 회의록에 따르면, 현재 서울시는 관악구, 중랑구, 동대문구, 노원구 4곳에서 쉼터를 운영하고 있다는 것을 알 수 있다.

성북구 의회 제277회 본회의 회의록 - 이인순 의원 5분 자유발언

○ **이인순 의원** : 첫째는, 아동학대 피해아동 보호시설을 확대 설치하고 철저한 관리를 통해 장기적으로 질적 성장을 해 나가야 할 것입니다.

보건복지부는 학대피해를 받은 아동을 긴급하게 학대 행위자와 분리해서 안전하게 보호하고 전문적인 심리치료서비스와 기본생활을 제공·지원하는 시설인 '학대피해아동쉼터'를 운영 중에 있습니다. 전국 76개소가 운영 중에 있으며 서울시에서는 관악구, 중랑구, 동대문구, 노원구 4곳에서만 운영하고 있어 늘어나는 학대피해아동에 비해 매우 부족한 상황입니다. 매년 서울시나 보건복지부에서 신규 설치에 따른 예산확보 등 시설을 늘리려고 노력하고 있는 것으로 아는데, 우리 구에서도 가정과 유사한 환경에서 피해학대아동들을 단기 집중 치료할 수 있고 안정적으로 보호할 수 있는 '학대피해아동쉼터' 설치에 대해 적극 검토할 필요가 있다고 생각합니다.

자료 1-1. 성북구 의회 제277회 본회의 회의록 일부 | 출처 : 성북구 의회

또한 다음 서울시 요보호 아동 발생 및 보호내용 통계(2021) 자료에 따르면, 요보호 아동 발생 유형 중 '학대'를 살펴볼 때, 전체 190건 중 동대문구가 28건으로 가장 많은 건수를 차지했다.

자치구	학대 피해 건수	자치구	학대 피해 건수
종로구	2	마포구	8
중구	3	양천구	10
용산구	5	강서구	14
성동구	4	구로구	4
광진구	1	금천구	6
동대문구	28	영등포구	4
중랑구	4	동작구	6
성북구	7	관악구	17
강북구	–	서초구	3
도봉구	1	강남구	5
노원구	6	송파구	2
은평구	25	강동구	15
서대문구	10		
		소계 : 190	

자료 1-2. 서울시 요보호 아동 발생 및 보호내용 통계(2021)
| 출처 : 서울특별시 여성가족정책실 가족다문화담당관

이에 본 조는 조례를 적용할 수 있는 쉼터가 존재하고, 피해아동이 가장 많이 발생하는 동대문구를 지역구로 선정했다.

또한 동대문구가 속한 지역구를 관할하는 서울특별시 동부아동보호전문기관에서는 홈케어 플래너 서포터즈 시범사업으로 시행하지 않고 있다는 점은 조례의 효과를 더욱더 키울 수 있다는 것을 보여준다. 동부

아동보호전문기관에서도 부모 상담, 부모 교육, 가족 상담을 상담프로그램의 중요한 부분으로 인식하고 있으며 가정방문을 통해 가족의 태도 변화, 아동과 부모의 관계 개선, 신뢰감 회복을 위해 가족을 직접 상담하며 환경적인 요인을 살펴보고 있다. 가정방문을 통한 심리상담의 필요성을 인식하고 있으며, 가장 가까이 위치한 북부아동보호전문기관을 포함한 다수의 아동보호전문기관이 홈케어 플래너 서포터즈 사업을 시행하고 있다는 사실로 미루어보아 가정방문 심리지원 제도를 동대문구에서 조례로 규정하는 것은 현실적이며 시기적절하다고 볼 수 있다.

II. 문제 현황

1. 선행 연구

아동복지법 제3조 제7호에 따르면 "아동학대란 보호자를 포함한 성인이 아동의 건강 또는 복지를 해치거나 정상적 발달을 저해할 수 있는 신체적·정신적·성적 폭력이나 가혹행위를 하는 것과 아동의 보호자가 아동을 유기하거나 방임하는 것"[1]이다. 즉, 적극적인 가해행위뿐만 아니라 소극적 의미의 단순 체벌 및 훈육도 포함하며, 신체적 학대, 정서적 학대나 방임, 아동의 발달을 저해하는 행위나 환경 등으로 분류된다. 아동학대 피해자인 피해아동에게 적절한 지원 및 관리는 필수적이고, 이에 따라 국가에서는 아동학대예방사업을 실시한다. 사업의 기반이 되는

---

1 국가법령정보센터, 「아동복지법」 검색 페이지 참조.
  https://www.law.go.kr/LSW/lsInfoP.do?efYd=20220701&lsiSeq=224935#0000,

기본법인 아동복지법에 따라 국가, 지방자치단체, 시·도지사, 시장·군수·구청장, 아동권리보장원의 의무를 규정하고 있다. 그리고 아동학대처벌법은 아동학대범죄의 처벌, 절차, 피해아동에 대한 보호와 아동학대행위자에 대한 처분을 정하고 있다. 그러나 현재 국가, 지자체에 의한 적극적인 지원 및 관리, 특히 쉼터나 양육기관 등을 퇴소한 후 모니터링이 체계적으로 이루어지고 있지 않아 다양한 문제점이 발생하고 있다.

2. 피해아동의 사후관리에 대한 실태조사

1) 재학대의 위험

가정에서 학대당한 아이들은 더 이상 학대받지 않도록 보호받아야 하며 치료가 필요하고, 경우에 따라 학대행위자와 분리되어 쉼터로 입소할 수 있다. 그러나 쉼터는 체류 기간이 정해져 있어 피해아동은 퇴소 후에 원칙적으로 다시 원래 가정으로 복귀해야 한다. 이러한 조치는 아동이 본래 아동이 안전한 상태로 가정에서 성장하는 것이 중요하다는 원칙을 따른 것이며, 유엔아동권리협약에도 명시되어 있다.[2] 이후 아동보호전문기관은 피해아동이 재학대를 다시 겪지 않고 가족기능이 강화될 수 있도록 상담, 치료, 교육을 진행한다(보건복지부, 아동권리보장원 2021). 그러나 원가정으로 복귀한 아동에 대한 재학대는 2021년 기준 5,517건으로 집계되었으며, 이때 학대 가해자의 96%가 부모였다(보건복지부 2022). 이처럼 재학대의 위험요인이 제거되지 않거나, 피해아동에 대한 지속적인 사후관리가 제대로 이루어지지 않는다면 원가정 복귀는 무책

---

2 United Nations Human Rights, Office of the High Commissioner, 「Convention on the Rights of the Child」 참조.
　https://www.ohchr.org/en/instruments-mechanisms/instruments/convention-rights-child,

임한 조치에 불과하다.

2) 심리적 지원의 부족

피해아동에게는 상담, 가족기능 강화, 의료지원, 학습 및 보호 지원, 심리치료 지원, 사건처리 지원 등 다양한 유형의 서비스가 지원되고 있다. 상담 비율이 67.5%로 가장 높은데, 이는 그냥 전화상담과 같은 단순 상담을 의미한다(보건복지부 2022: 48). 따라서 일상생활을 보내는 아이의 상태를 지속해서 정확하게 파악하고, 사례관리를 통해 재학대 예방에 개입하기에는 분명한 한계가 있다. 그러나 피해아동의 후유증 문제를 해결하는 것은 굉장히 중요한데, 우울, 불안, 외상 후 스트레스 장애(PTSD) 등의 정신건강 문제를 초래할 수 있기 때문이다. 피해아동은 40% 이상이 심리적으로 불안정한 특성이 있으며, 특히 양육시설 내 ADHD(주의력 결핍·과잉행동 장애)와 같은 정서행동 아동 발생비율은 지난 2019년 171명에서 2021년 267명으로 크게 늘어 피해아동의 보육에 대한 어려움이 가중되고 있다. 이렇게 아동학대로 인해 우울증과 충동장애, 불안감과 무기력감 등을 경험한 아동들은 가정뿐만 아니라 학교생활과 교우관계에서도 집단 따돌림 등의 어려움도 같이 경험할 가능성이 크다(유영재, 김나리 2019). 따라서 가정과 학교에서의 부정적인 관계가 지속되며, 이러한 과정에서 청소년의 내면에 분노와 공격성이 형성되고, 정상적인 스트레스 해소방안이나 사회적 지지기반이 미약한 청소년은 가출, 비행집단과의 어울림, 폭력비행, 범죄 등을 일으킬 수 있다. 실제 청소년의 피학대경험과 범죄행동 간의 상관관계도 유의미한 것으로 밝혀졌으며(김동은 2021), 아동학대 가해자의 52.8%가 어린 시절 아동학대를 경험한 것으로 나타났다(류정희 외. 2017). 이처럼 신체 및 정신적으로 미성숙한 아동에 대한 학대 행위는 아동학대 피해자가 성인이 되어 아동학대 가해자가 되는 대물림으로 이어지는 데 영향을 미친다.

3) 인력 및 예산의 부족

현재 아동학대 관리에 투입되는 인력은 매우 부족하다. 아동학대의 신고, 접수부터 사후관리 등 모든 절차를 24시간 동안 담당해야 하는 아동학대 전담 공무원은 인력난을 겪고 있으며, 아동학대 전담 공무원은 2021년 보건복지부 계획 대비 73%밖에 미치지 못하며, 482명만 배치되어 있다(세이브더칠드런 2021). 현장 경험이 부족해서 전문성이 없는 공무원도 있으며, 직업 특성상 불가피한 부서 이동이 존재하는데, 인수인계가 체계적으로 되지 않는다는 지적도 있다. 게다가 쉼터 및 아동보호전문기관의 수도 턱없이 부족한 상황이다. 2021년의 통계를 살펴보면, 총 8명이 아동보호전문기관에서 944명의 아동에게 심리적 서비스를 제공했는데, 이는 1인당 118명을 맡아야 함에 더불어, 이러한 서비스 특성상 일회성에 그치지 않기 때문에 지속적인 심리지원 및 치료가 이루어졌다는 것을 뜻한다. 총 9,027회에 달하는 서비스를 지원했고, 이는 1인당 1,128회나 지원한 셈이다(서울특별시 여성가족정책실 2022). 또한 2020년 전수조사에 따르면 쉼터의 평균 종사자 수는 4.2명, 3년간 평균 이직자 수는 5.3명이다. 시설 내 조리사가 없는 곳은 97%, 행정 인력이 없는 곳도 91%에 달하는 실정이다(이국희 2021). 이는 아동학대에 대한 조사와 쉼터 퇴소 후 아동에 대한 사후관리, 원가정 복귀 시 재학대 예방 조치가 미흡한 문제를 초래할 수 있다.

예산 편성 또한 부족한 실정이다. 아동보호 예산이 252억 원에서 18% 증가한 297억 원으로 편성되었지만, 아동학대 발생 사례가 약 3

배나 증가하면서 1인당 지원금은 오히려 줄어들었다. 아동보호전문기관 1개소당 국고 지원사업비도 7년째 동결이며, 쉼터 아동 1인당 필요 예산은 절반에도 미치지 못하고 있다(세이브더칠드런 2021: 2-5). 종합하자면 아동학대의 사례는 해마다 크게 늘고 있는데, 실제 필요가 반영되지 않아 인프라가 이에 미치지 못하는 것이다. 따라서 아동보호 전문인력과 예산을 확충해서 피해아동에게 제공되는 서비스의 양적 및 질적 향상을 이루고, 최종적으로는 학대와 재학대 모두를 예방해야 한다.

3. 인터뷰

1) 강원도 삼척 봄봄 쉼터 인터뷰

피해아동 쉼터의 사후관리 실태를 자세하게 알아보기 위해 강원도 삼척시에 있는 피해아동 쉼터에 인터뷰를 요청했다. 피해아동 쉼터 WE START '봄봄'의 이연희 원장님을 대상으로 인터뷰가 진행되었으며, 쉼터의 현황과 심리치료 프로그램, 사후관리, 법령 및 예산에 대해 질문했다. 질문지의 구성은 다음과 같다.

봄봄 학대피해아동쉼터 센터장 인터뷰 문항

1. 쉼터가 각각 몇 명의 전문심리치료사와 보육사로 구성되어 있을까요?
2. 쉼터는 학대 후유증 치료를 위한 심리치료를 진행하는데 구체적으로 어떤 방식으로 실시되고 있을까요?
3. 봄봄 쉼터가 지원하는 위스타트의 심리정서치유 프로그램에 대해 알 수 있을까요?
4. 쉼터 퇴소 이후 아동에 대한 사후관리는 어떻게 이루어지고 있을까요? 또한 이 부분이 잘 이루어지지 않고 있다면 근본적인 원인으로 무엇이 있을까요?
5. 상위법에 학대 재발이 의심되는 경우 사례결정위원회의 심의를 거쳐 원가정 복

귀 결정을 취소할 수 있다고 나와 있는데 이러한 사례를 경험해보신 적이 있을까요?

6. 쉼터 운영 차원의 어려움과 이에 대한 개선점, 특히 예산 측면에서 개선이 필요한 점이 있을까요?

먼저, 학대피해아동쉼터 '봄봄'의 입소 아동 정원은 6~7명으로, 원장과 심리치료사 각각 1명씩, 생활 보육사는 4명이 근무하고 있다. 원장의 경우 정신건강전문요원으로 사회복지사 1급 자격증을 보유하고 있으며, 파트 타임으로 근무하는 심리치료사는 임상심리 박사과정을 밟으며 심리상담사와 청소년상담사 자격증을 보유하고 있다. 보육사는 간호사, 정교사, 사회복지사 1급·2급 소지자로 구성되어 있다. 아이나 주변인들이 경찰로 아동학대를 신고할 경우, 아동학대 전담 공무원이 즉시 투입되며 긴급한 상황 시 쉼터로 즉각 분리된다. 이때 쉼터는 아동에 대한 심리치료를 최우선시하는 곳으로 아동에 대한 보육을 중요시하는 공동생활가정과는 차이점이 존재한다. 아동이 입소하면 신체검사와 종합건강검진을 실시해 학대 흔적을 발견하며, 신체학대 정황이 발견되면 신체건강치료를 중점으로 간호사로부터 치료받는다.

다음으로, 특히 심리치료에 대해 구체적으로 어떤 방식으로 진행되는지를 질문했다. 건강검진 이후 쉼터에서 실시하는 학대 후유증 치료를 위한 심리치료가 본격적으로 진행되는데 크게 사정, 계획, 실천, 재사정과 재계획, 평가로 이루어진다고 말씀해주셨다. 사정 단계에서는 심리치료사에 의해 초기 면접 상담인 인테이크가 진행된다. 아동에게 구체적인 학대 사례와 학대의 일회성 및 지속성을 판단하며, 영아기부터 가정사 및 가족 구성원과의 관계와 아동의 기분에 관해 물어본다. 다음으로, 심리치료사가 치료와 상담 등의 개입 계획을 세운다. 일시적 학대의 경우 아동에게 이해시키는 방향으로 진행되지만, 쉼터까지 올 정도면 반복 학대를 겪은 경우가 대부분이다. 이때 아이가 숨겼던 말들을 끌어내기 위해 놀이치료 및 모래치료, 피규어 모형을 활용하고, 무의식 속에서 학대 정황을 파악한다. 그리고 쉼터의 인력인 원장, 심리치료사, 생활보육사가 회의를 통해 계획 공유 및 진행 방향 설정하는 중간 점검을 시행한다. 보육사는 아동의 생활 태도를 관찰하며, 심리 및 정서와 건강 상태를 확인해서 보고하고, 이에 따라 심리치료사는 치료 계획에 대해 더 구체화시킨다.

학대피해로 쉼터에 입소하는 아동들은 심리적으로 매우 위축되어 있으며, 생소한 곳으로 갑작스럽게 분리되기 때문에 지내는 동안 딱딱하지 않고 즐거운 환경을 구축해주는 것이 필요하다고 말씀해주셨다. 이를 위해 봄봄 쉼터에서는 위스타트의 심리정서치유 프로그램을 아동에게 적용하고 있다. 위스타트 인성 프로그램은 아동의 전인적인 성장을 기본으로 제작되었다. 첫 활동은 가면 만들기로 자기 모습을 표현하는 것이다. 가면에 심리가 반영되거나 강조된 부분을 통해 심리치료사 선생님이 아이의 상태에 대해 파악할 수 있다. 다른 예시로 매거진을 활용한 미술치료 요법을 통해 자신을 알아가며 자신을 표현하는 방법을 배울 수 있고, 대인관계기술 습득을 돕는 활동에서는 기본적인 인사 나누기, 다른 아동들의 이야기 경청, 나의 강점 찾기, 거절하는 방법 등을 실제로 하면서 건강한 사회인으로 성장할 수 있다. 요리요법도 하는데, 오감 만족과 자존감 향상의 효과를 경험할 수 있으며, 소감 나누기 시간에 서로 칭찬해주며 자신감을 되찾는 긍정적인 변화가 나타나게 된다. 이러한 활동들이 바로 아동들의 방어기제가 자연스럽게 해제되는 데 기여한다는 의견을 들을 수 있었다. 또한 심리치료를 할 때 의사소통에서의 신뢰 관계인 라포를 형성하는 것과 더불어 최종적인 목표인 원가정 복귀를 위해 가족과 즐거웠던 긍정적인 경험을 반복적으로 상기시켜 가족에 대한 애정을 쌓을 수 있도록 노력하는 긍정화 요법도 중요하다. 치료사 자격증 소지자가 직접 방문해서 공예 요법, 원예치료, 숲치료, 명상치료를 진행하고, 아동은 자기효능성 및 자신감을 강화할 수 있다. 최근 도입된 동물 매개 치료는 아동에게 올바른 애착을 형성하도록 도와주며 심리적인 위안을 가져다준다. 실제 원가정 복귀를 끊임없이 거부하던 아동에게 이 방법을 적용해 복귀시킨 경우가 있었다고 들었다. 이처럼 학대피해 사실을 확인하며 아동의 인지왜곡 및 정서 상태를 개선하는 것과 동시에 아동이 스스로 마음의 문을 열어 편안하게 다가올 수 있는 인성교육 프로그램이 병행된다면, 서로에게 아동에 대한 개입과 치료가 신속하게 가능해진다고 말씀해주셨다.

이처럼 쉼터에서 피해아동은 최소 3개월에서 최장 9개월까지 집중적인 보육과 심리치료를 받을 수 있다. 그러나 퇴소 후 아동의 의사를 최우선으로 존중하는 것에 더해 가정에서 준비되지 않은 상태라면 복귀가 어려운 아동들도 발생한다. 이때 심의사례위원회 회의가 개최되고, 아동은 가정위탁의 형태로 친인척 집에서 보호받거나 장기시설로 전환될 수 있다. 복귀하는 곳의 주위 자원들을 네트워크화시켜 심리치료가 가능한 곳과 아동이 자립 후 보호 종료까지 완료 가능한 곳을 모색하는 과정도 포함된다. 여기서 장기시설이란 보육시설을 의미하며, 만 18세 이후 퇴소 시 아동의 자립을 위한 국가 제도에 의해 보호받을 수 있다. 이와 달리, 보호기간 종료 후 퇴소가 결정되면 원가정으로 복귀한 아동에 대한 사례관리 업무는 아동보호전문기관으로 이관된다. 월 1회 이상 아동과 전화, 방문, 내소상담의 방식을 통해 아동의 심리상태를 관찰하고, 가정생활 적응 여부와 학교 등 사회에서도 문제가 없는지를 확인해야 한다. 그러나 아동학대 전담 공무원과 아동보호전문기관 인력이 수시로 바뀌는 경우, 원활하게 네트워킹이 되지 않아 인력 교체 과정 중에 쉼터를 퇴소하는 아이들이 아무런 절차 없이 원가정으로 복귀했던 적도 있다고 들었다. 또한 아동복지법 제16조 3항에 따라 가정 복귀 신청을 받은 경우 시장·군수·구청장은 아보전의 장 또는 아동을 상담한 의사의 의견을 들은 후에 복리에 반하지 아니하면 아동을 원가정으로 복귀시킬 수 있지만, 강원도 삼척시의 경우 정신과 전문의가 매우 부족한 상황이라고 한다. 전체 인구 약 65,000명 중 조현병 환자는 전체 인구의 1.6%, 우울증까지 포함한다면 환자가 약 40%까지 이르는데 이들 모두를 의사 1명이 담당하고 있으며, 각종 운영위원, 자문위원으로 활동해서 매우 바쁘다고 들었다. 그래서 법에 따라 형식적으로는 상담 절차가 존재하지만 심층 면접이 되는지는 의문이고, 학대 행위자들이 교육에 미참여해서 원가정 복귀 프로그램이 실시되지 않는 문제점이 발생하고 있다. 서울이나 경기권의 경우 인프라가 괜찮을 수 있지만, 지방은 인력 확보가 어려워서 더 심각한 상황이기 때문에 아이들을 돌보고 있는 쉼터 위주의 네트워크 구축이 필요하다는 의견을 제시했다. 또한 기관별로 협조 체계가 면밀하게 이루어지게 할 필요성이 있다. 쉼터와 아보전, 아동학대 전담 공무원 간의 유기적인 협조가 필요하다고 하셨다. 이는 가정복귀 이후 사례관리 계획에서 기관별 소통과 정보 공유를 통해 학대 예방과 효과적인 대응체계 마련에 도움이 될 것이라고 말씀해주셨다.

사례결정위원회의 심의를 거쳐 가정 복귀 결정 후 다시 재학대가 발생해 쉼터 복귀 결정 또한 쉽지 않다는 것도 알 수 있었다. 이연희 센터 장님이 계신 삼척 쉼터에서는 복귀 결정을 취소한 사례는 없다고 하셨지만, 복귀한 가정에서 아동학대 피해의 재발의심을 알아차리는 것은 어렵다고 하셨다. 가정에서 보호자들의 주관적인 양육 태도, 학대하려는 마음뿐 아니라 가정 밖 외부에서는 알아차리기 쉽지 않다. 이에 아동학대 전담 공무원들도 재학대 의심 가정에 대해 집중적인 관찰을 하며 심사숙고해서 결정 쉼터 복귀 결정을 내린다고 하셨다. 그리고 동네 주민이나 주변 신고 의무자들의 관심이 무엇보다 중요하다고 하셨다. 주변 신고 의무자들이 관심을 가지고 학교와 동네에서 아이의 행동적 변화나, 언어적 변화를 발견해 학대피해가 있는지 알아차리는 것이 중요하다는 것을 알 수 있었다.

이연희 원장님은 센터 운영에 있어서 아동센터의 열악한 근무환경 개선이 필요하다고 하셨다. 보육사분들의 교대 근무 일정과 언제든 피해아동의 발생 가능성 등으로 인해 휴가를 제대로 쓸 수 없기에 피로 누적 등의 문제가 존재하며, 법적 권리로서 존재하는 미사용 연가에 대해 연가 보상과 야간근로에 대한 근로시간 인정 및 수당 지급 등이 문제라고 했다. 이에 효과적인 아동학대 예방 및 보호를 위해서 인력의 근무환경에 대해서도 개선이 필요하다고 생각했다. 또한 예산과 쉼터 운영에 대해 언급해주시며 예산이 국비와 도비 지방비로 운영이 되기에 지자체의 역량에 따라 쉼터 운영 예산이 달라진다며, 예산 지원이 체계화되고 일원화될 필요가 있다고 하셨다. 앞으로 전국의 아동학대 쉼터 또한 200곳으로 늘어날 것이기에, 이에 대한 일원화된 예산과 충분한 지원이 필요하다는 의견을 들을 수 있었다.

참고예산

- 인건비 : 21,840,000원, 사업비 : 30,000,000원, 법인 지원금 : 10,000,000원, 나머지(사무비) : 30,000,000원
- 총비용 : 91,840,000원
- 아동 1인 기준 예산 : 2,500,000원
- 아동 생계비 640,000원×3개월=1,920,000원=4,420,000원

2) 동대문구 의회 정성영 부의장 인터뷰

동대문구 의회를 방문해 부의장 정성영 의원을 대상으로 인터뷰를 진행했다. 앞서 피해아동 쉼터 센터장님을 면담한 이후 법률로서, 형식적으로는 관리가 잘되고 있으나 실질적으로 구조적인 한계를 갖고 있다는 점을 알게 되었다. 제도적이고 행정적인 빈틈을 채우는 데 필요한 사항들을 알고자 직접 동대문구 의회를 방문해 의원님께 조언을 구했다. 목표는 첫째, 아동복지법에 규정된 메커니즘에 따라 쉼터 퇴소 아동에 대한 사후관리가 실질적으로 이루어지지 않는 상황에서 구의원 인터뷰를 통한 현황에 대한 실태 조사를 실시하는 것이다. 둘째, 시장·군수·구청장의 책임을 묻는 수준에서 끝난 상위법에 대해 구체적으로 어떤 방식으로 동대문구에서 책임에 관한 규정을 실현할 수 있을지 구체적인 조례의 방향성을 설정한다. 마지막으로, 현실에서 조례에 기반한 예산 배정 및 아동학대 보호를 위한 지원이 어떻게 이루어지는지를 탐구하고자 했다. 이와 같은 목표를 갖고 직접 동대문구 의회를 방문해서 의원님께 질문을 드렸다. 질문지 구성은 다음과 같다.

동대문구 의회 정성영 의원 인터뷰 문항

1. 조례 제·개정 시 가장 중요하게 고려하는 요소가 무엇인가요?
2. 동대문구 아동청소년위원회의 구성과 운영은 어떻게 되고 있을까요?
3. 동대문구 내 아동학대 예방 및 보호에 관한 실정은 어떠할까요?
4. 학대피해아동의 장기적인 관리 부재를 일으키는 운영이 어려운 근본적인 원인은 무엇일까요?
5. 아이들에 대한 지속적인 사후관리를 유지할 수 있는 대안으로 무엇이 있을까요?
6. 행정명령과 구별되는 조례로서의 지원이 갖는 특징은 무엇이 있을까요?

먼저, 조례 제·개정 시 가장 중요시하는 요소는 특정인의 사리사욕이 아닌 '동대문구민'을 위한 조례인지의 여부를 파악하는 것이다. 추가로 고려할 것은 조례를 직접 실현할 때 충분한 시간과 체계가 있는지 여부다. 모든 것이 한 번에 바뀔 수는 없으므로 자체 정비 시간을 가질 수 있도록 하는 편이다. 특정 상황에서는 공천 시 부여되는 가산점으로 인해 산발적으로 조례 발안이 이루어지는 경우도 있다. 이에 개별적인 상황을 세부적으로 파악해야 한다.

아동청소년위원회와 관련해서는 2023년 4월 29일, 아동위원회와 청소년위원회 위원 총 78명이 위촉되었다. 학생들이 동대문구에서 생활하며 직접 느낀 불편한 점, 바꿨으면 하는 점들을 직접 조례로 만들며, 동대문구의 복지뿐만 아니라 아이들의 성장에도 긍정적인 효과를 불러일으키고 있다.

동대문구 내 아동학대 예방 및 보호에 관한 실정에 관련해서는 특히 사례관리에 있어 아쉬움이 있다. 가장 큰 문제로는 일손이 부족한 것이다. 봉사단체에서의 사례관리 지원이 있기는 하지만 이 또한 부족한 실정이고, 사실은 구청의 관계에서 관리해야 했지만, 인력 부족으로 사례관리가 제대로 이루어지지 않고 있다고 생각한다고 말씀해주셨다. 또한 동대문구 내 피해아동 발생 대비 신고 건수가 적은 편이다. 피해아동이 직접 말하고 신고해야 하는데 말할 곳이 없다 보니 모르고 넘어가는 경우가 많다. 즉, 피해아동의 장기적인 관리 부재를 일으키는 운영이 어려운 근본적인 원인은 공무원들의 잦은 부서 이동과 인력 부족의 문제였다. 하지만 이에 대한 입법적인 부분, 즉 조례의 도입은 실질적인 효과를 거둘 수 없다는 의견을 들었다. 조례를 정한 뒤 센터나 공무원에게 각각의 법적 책임이 부과되는데, 이에 대한 책임 회피의 문제가 발생하게 되고, 조례상으로 각자의 역할을 다한 뒤 책임을 회피하고 서로 간의 소통 문제는 해결되지 않는 실정이다. 이러한 책임소재 불분명의 문제로 인해 운영의 어려움이 발생하게 된다고 하셨다. 아동학대 전담 공무원이 수시로 교체가 되어 지속적인 관리가 안 된다는 부분에 대해 공무원들 간의 업무 신속의 체계화와 데이터 구축을 해결책으로 제시하셨다. 따라서 조례에 선임 공무원의 후임 공무원에 대한 신속한 업무를 위해 데이터 구축 관련 기간제 채용을 통한 보조요원의 도입을 명시하는 것이 해결책이 될 수 있다. 아동 인권과 관련한 문제가 발생할 수 있다는 우려가 있지만, 외부에 유출되는 데이터가 아닌 자체에서 관리하는 데이터를 만들어 센터와 소통하며 관리할 수 있다고 하셨다.

지속적인 사후관리를 유지할 수 있는 대안에 대해 추가로 위원회의 구성을 제안해주셨다. 위원회의 세부적인 구성은 위원장은 보통 부구청장이 되며 예를 들어, 동별로 사람을 선발해 위원회를 만들어 한 달에 한 번씩 회의하는 방법을 통해 지역의 학대피해와 관련된 상황들을 돌아볼 수 있게 정책적으로 마련할 수 있다. 따라서 조례에서 행정부는 아동학대피해예방위원회를 만들어 관리해야 된다는 내용을 명시하는 것이 가능하다고 하셨다. 추가적으로 위원회의 경우 현장감을 갖기 위해 통장, 적십자회원, 전문가 등 추천을 받은 이들이 선정되는데 회의하는 경우 수당이 필요하고, 이러한 예산 부분에 대해서 고려하는 과정이 필요하다는 의견을 들을 수 있었다. 이에 대해 위원회를 구성하는 데 제반 예산을 지원해야 한다는 내용을 명시하는 것도 필요하다고 말씀해주셨다.

행정명령을 통해 행정청의 의지대로 시행하는 것과 조례로서 지원하는 것의 차이에 대해서 알아봤다. 일회성 행정청(구청장)의 정책적 효과보다 조례로 규정하는 것이 예산이나 사업추진력 부문에서 더욱 효과가 좋다고 하셨다. 구청에서 아동복지예산을 책정하는 경우 정부, 서울시에서 내려오는 것에 대해 과별로 사회복지사나 행정공무원들이 의견을 내고 정책을 추진하게 되는 과정은 행사성에 가까우므로, 이를 조례로 명문화하면 예방적인 차원에서 사회적 문제를 해결할 수 있다는 장점이 있다고 하셨다.

마지막으로 정성영 동대문구 부의장님께서 아동학대 예방 및 방지를 위해서는 무엇보다 이웃에 관한 관심과 애정을 가지고 자신의 주변 가정을 살펴보는 것이 중요하다고 하셨다. 봄봄 이연희 센터장님의 의견과 같이 동네 주민들에게 관심을 가지고, 학교와 동네에서 아이의 행동적 변화나 언어적 변화를 발견해 학대피해가 있는지 알아차리는 것이 중요하다는 것을 알 수 있었다.

3) 서울북부아동보호전문기관 홈케어 플래너 서포터즈 사업 담당자 인터뷰

피해아동에 대한 가정방문을 통해 심리상담 및 심리치료를 지원하는 '홈케어 플래너 서포터즈' 사업이 일부 아동보호전문기관에 시범사업으로 시행되고 있다는 사실을 알게 되었다. 이 사업에 대해 자세하게 알아보고자 이 사업을 시범 및 도입하고 있는 서울북부아동보호전문기관에 인터뷰를 요청했으며, 해당 사업 부문을 담당하고 있는 서○비 팀장님을 대상으로 인터뷰가 진행되었다. 재학대 신고가 들어온 이후 아동보호전문기관의 조치, 쉼터와의 소통 실태, 인력 현황 및 예산 그리고 특히 홈케어 플래너 서포터즈 사업의 구체적인 내용에 관해 질문했다. 이에 대한 답변은 서울북부아동보호전문기관장과 함께 논의해 작성한 의견임을 밝히며, 인터뷰 시 인터뷰의 내용에 대한 녹음 및 연구 사용에 동의를 받은 후 실시했다.

아동보호전문기관 홈케어 플래너 서포터즈 사업 담당자 인터뷰 문항

1. 쉼터와의 소통은 현재 어떠한 방식으로 이루어지고, 어떠한 내용들을 소통하고 있을까요?
2. 홈케어 플래너 서포터즈 사업에 대한 예산 및 인력 지원은 어떤 방식으로 이루어질까요?
3. 홈케어 플래너 서포터즈 사업 대상 아동 선정 기준은 어떻게 되며, 또한 가정방문 심리치료를 진행하는 인력의 자격 요건은 어떻게 되나요?
4. 재학대 신고가 들어온 이후 아동보호전문기관에서는 어떠한 조치가 이루어지나요?
5. 이 외에 홈케어 플래너 서포터즈 사업이 조례로 그 내용이 구현된다고 할 때 어떠한 사항들이 명시되어야 할까요?

홈케어 플래너 서포터즈 사업이란 플래너를 정기적으로 가정에 파견해서 재학대 위험요인을 제거하기 위한 심리치료, 다양한 심리치료 프로그램을 제공하는 것이 주요 활동이 되는 사업이며, 그 과정에서 가정환경과 아동의 상황, 상태를 지속해서 체크하는 모니터링이 중점이 되는 사업을 말한다. 먼저, 쉼터와의 소통이 어떠한 방식으로 이루어지는지에 관해 질문을 드렸다. 이전에 실시했던 쉼터 센터장님과의 면담을 통해서 이러한 소통 부족이 나타나고 있으며, 이것이 근본적인 사후관리 부족의 원인이 되고 있다는 점을 알게 되었기 때문이다. 아동이 쉼터에 입소하게 되면 시설로 연락해 잘 적응하고 잘 지내는지 연락을 통해 확인하고, 그 이후에는 직접 방문해서 심리·정서적 상태를 확인한다. 식사, 수면, 학교생활 및 일상생활 등에 대한 면밀한 확인이 이루어지고 부모에 대해서도 직접 가정으로 찾아가서 대면상담을 진행한다고 답변하셨다. 심리·정서적 안정을 위해 심리검사 및 심리치료가 필요한지도 확인한다고 한다.

다음으로, 사업에 대한 예산은 사회복지공동모금회와 복권위원회로부터 기금을 받아 100%의 예산이 충당된다는 것을 알게 되었다. 예산에 대한 지원 이외에 인력적인 측면에서도 주변의 시민단체와 봉사단체의 지원을 받고 있다는 점도 말씀해주셨다. 대학생 자원봉사 동아리가 연계되어 있어 아동 관련 캠페인, 교육 등을 적극적으로 도움받고 있으며, 지역사회 내 교회를 통해서 기금을 전달받아 가정에 필요한 경제적 지원금, 가정환경 보수에 필요한 물품을 지원받고 있는 등 지역과 연계해 사업을 진행하고 있다는 사실을 들을 수 있었다. 현재는 서울북부아동보호전문기관에는 관장 1명, 팀장 2명, 상담원 10명, 홈케어 2명, 치료사 1명, 사무원 1명, 뉴딜 인력 1명으로 총 18명이 근무하고 있다.

이 중 복지부 정원은 14명(관장 1명, 팀장 2명, 상담원 9명, 치료사 1명, 사무원 1명)이다. 따라서 상담원들은 1인당 평균 30건의 사례를 관리하고 있다. 사례개입이 촘촘하게 이루어지기 위해서는 안정적인 인력 구성이 담보되고, 상담원 1인당 적정 사례 수가 배정되어야 한다고 말씀해주셨다. 현재, 북부아동보호전문기관에서는 법인에서 1명의 TO를 추가로 배정받았고, 서울시에서도 뉴딜정책으로 1명의 인력을 지원하고 있어 이 부분을 어느 정도 해소하는 상황이었다. 참여자의 선정 기준은 아동학대 판단 사례 중 사례회의를 통해 재학대 발생 가능성이 있다고 판단되는 가정, 재신고 후 아동학대로 판단된 사례, 아동학대 판단 사례 중 분리조치 되었다가 가정으로 복귀할 예정인 사례 등이 해당한다. 수행인력별 자격 요건이 있다. 심리치료 플래너의 경우 보건복지부·한국산업인력공단·한국임상심리학회 등에서 발행한 자격증을 소지하거나 치료 관련 자격증을 소지해야 한다. 사회복지사 플래너는 사회복지사 1~2급 자격증 소지 또는 보건복지부령으로 정하는 아동복지, 사회복지 교과목을 이수하고 졸업한 사람, 대학 등에서 심리학과를 졸업한 사람 등이 플래너로 활동 가능하다고 말씀해주셨다.

재학대 신고가 들어온 이후 아동보호전문기관에서는 어떠한 조치가 이루어지는지 질문을 드렸다. 이에 대해 다시 가정으로 방문해서 재사정을 위한 면접 및 사정 진행을 통해 서비스 계획을 재수립하고, 회의를 통해 가정에 대한 개입의 강도, 방향 등을 논의해서 진행한다. 아동 분리 조치가 필요한 경우는 구청 조사단계에서 이루어진다. 만약, 사례개입 중 분리 조치가 필요한 경우는 피해아동보호계획 변경 요청을 통해 아동 조치변경에 대해 의견을 제출하기도 한다고 말씀하셨다.

마지막으로 이 사업을 조례로 구현하는 것과 관련한 조언을 구했다.

먼저 인력 부족의 문제에 관한 지원과 관련된 내용이 포함되어야 한다고 하셨다. 서울시에서 뉴딜정책으로 인력을 지원하는 상황이지만 사례개입이 촘촘하게 진행되기 위해서, 안정적인 인력구성이 담보되어야 하고, 1인당 적정 사례 수가 배정되도록 구청 차원에서 이에 대해 정책적으로 지원해야 할 필요성을 강조하셨다. 조례에서 가정방문이 거부된 상황에 관한 대처 방법에 대해 다룰 수 있다고 언급하셨다. 가정방문을 시도했으나 이를 거부하거나 개입이 어려운 사례의 경우에 대해서 기관 자체적으로 불시방문을 몇 차례 시도하지만, 이에 관해 규정된 사항이 없다는 사실을 알게 되었다. 따라서 지자체에서 협조를 구할 수 있도록 하는 방법에 관해 조례에 언급할 수 있으며, 구청 차원에서 경찰과 연계한 합동점검을 지시할 수 있는 구청장의 책임 또한 세부적으로 규정하는 조례의 가능성을 언급하셨다. 이 외에도 다른 아동보호전문기관에서 이루어지는 해당 사업의 우수사례를 공유하고, 사례관리에 관한 방향성을 논의하는 간담회의 정기적 개최 또한 더욱더 촘촘한 사례관리를 위한 방안이 될 수 있다고 말씀해주셨다. 간담회에서는 플래너의 전문성 강화와 아동보호전문기관 업무 등 아동학대 예방사업 전반에 대한 교육을 진행하며, 자문회의를 통한 슈퍼비전 제공, 우수사례 공유, 사례관리 방향성 논의, 활동 애로사항 점검 등에 대해 논의하는 시간을 갖는다.

결론적으로 아동학대는 가정 내에서 발생하고, 외부에 잘 드러나지 않을 수 있어 정기적인 가정방문을 통해 안전 확인이 꼭 필요한 상황이기 때문에 아동학대 예방 및 방지에 있어서 홈케어 서포터즈 활동 같은 가정방문 사례관리가 확충될 필요가 있다.

III. 현행 법률 및 조례 검토

1. 관련 상위법 현황 분석

아동복지법

제15조의4(아동보호 사각지대 발굴 및 실태조사)

① 보건복지부장관은 보호가 필요한 아동을 발견하고 양육환경을 개선할 수 있도록 지원하기 위하여 「사회보장기본법」 제37조에 따른 사회보장정보시스템(이하 "사회보장정보시스템"이라 한다)을 통하여 다음 각 호의 자료 또는 정보를 처리할 수 있으며, 해당 자료를 토대로 아동보호를 위한 실태조사 대상 아동을 선정할 수 있다.

② 보건복지부장관은 아동보호의 사각지대 해소를 위하여 제1항에 따른 자료 또는 정보 및 실태조사 대상 아동의 명단을 시·도지사 또는 시장·군수·구청장에게 제공할 수 있다.

③ 시·도지사 및 시장·군수·구청장은 보건복지부장관이 제2항에 따라 제공한 자료 또는 정보 및 실태조사 대상 아동의 명단을 토대로 아동의 주소지 등을 방문하여 양육환경 조사를 실시하여야 한다.

④ 보건복지부장관, 시·도지사 및 시장·군수·구청장은 제3항에 따른 조사 결과 필요하다고 인정하는 경우에는 복지서비스의 제공, 제15조에 따른 보호조치, 수사기관 또는 아동보호전문기관과의 연계 등 적절한 조치를 하여야 한다.

⑤ 보건복지부장관은 아동보호 사각지대 발굴 및 아동 보호 체계를 갖추기 위하여 필요한 정보시스템을 구축·운영할 수 있으며, 이 경우 사회보장정보시스템을 연계하여 이용할 수 있다. 제15조 3항 : 시·도지사 또는 시장·군수·구청장은 제1항 제1호 및 제2호의 보호조치가 적합하지 아니한 보호 대상 아동에 대하여 제1항 제3호부터 제6호까지의 보호조치를 할 수 있다. 이 경우 제1항 제3호부터 제6호까지의 보호조치를 하기 전에 보호 대상 아동에 대한 상담, 건강검진, 심리검사 및 가정환경에 대한 조사를 실시하여야 한다.

제15조 6항 시·도지사 또는 시장·군수·구청장은 다음 각 호의 어느 하나에 해당하는 경우 제1항 제3호부터 6호까지의 보호조치를 할 때까지 필요하면 제52조 1항 2호에 따른 아동일시 보호시설 또는 제53조의 2항에 따른 학대피해아동쉼터에 보호 대상 아동을 입소시켜 보호하거나, 적합한 위탁가정 또는 적당하다고 인정하는 자에게 일시 위탁하여 보호하게 할 수 있다. 이 경우 보호기간 동안 보호 대상 아동에 대한 상담, 건강검진, 심리검사 및 가정환경에 대한 조사를 실시하고 그 결과를 보호조치 시에 고려하여야 한다.

제15조 6항 1호 1년 이내에 2회 이상 아동학대 신고가 접수된 아동에 대하여 현장조사 과정에서 학대피해가 강하게 의심되고 재학대가 발생할 우려가 있는 경우

제16조 3항 시·도지사 또는 시장·군수·구청장은 제2항에 따른 가정 복귀 신청을 받은 경우에는 보장원 또는 아동보호전문기관 등 아동복지시설의 장, 아동을 상담·치료한 의사의 의견을 들은 후 보호조치의 종료 또는 퇴소조치가 보호 대상 아동의 복리에 반하지 아니한다고 인정되면 해당 보호 대상 아동을 가정으로 복귀시킬 수 있다. 다만, 보호 대상 아동이 복귀하는 가정에 거주하는 아동학대행위자가 대통령령으로 정하는 상담·교육·심리적 치료 등에 참여하지 아니한 경우에는 그러하지 아니한다.

제16조 5항 시·도지사 또는 시장·군수·구청장은 제3항 본문에도 불구하고 제28조1항에 따른 확인 결과 아동학대의 재발이 의심되는 경우에는 사례결정위원회의 심의를 거쳐 보호 대상 아동의 가정 복귀 결정을 취소할 수 있다. 다만, 아동학대 재발의 위험이 현저하여 긴급히 취소하여야 하는 경우에는 사례결정위원회의 심의를 거치지 아니하고 취소하고 사후에 보고할 수 있다.

제22조 4항 제1항에 따라 보호계획을 통보받은 아동보호전문기관의 장은 아동학대 재발 가능성 등 위험도를 고려하여 피해아동 및 그 가족, 아동학대행위자를 대상으로 치료·교육·상담 프로그램 등이 포함된 피해아동사례관리계획(이하 "사례관리계획"이라 한다)을 수립하여 시행하여야 한다.

제22조 5항 아동보호전문기관의 장은 사례관리계획에 따라 서비스를 제공한 후 그 결과를 시·도지사 또는 시장·군수·구청장에게 보고하여야 한다.

아동학대 범죄의 처벌을 위해 형사적 처벌로서 아동학대 처벌에 대한 특례법이 개정되었고, 이와 더불어 아동복지법 개정도 이루어졌다. 아동학대 범죄자를 처벌하는 것과 더불어 아동을 보호하기 위해 아동복지법 제15조 제6항 제1호에 1년에 2회 이상 아동학대 신고가 접수되고 재학대가 발생할 우려가 있는 경우, 이 피해아동을 즉각 분리해서 보호한다는 규정을 신설했다. 이는 제15조의 단서조항으로 1년에 2회 이상 신고가 접수되고 현장 조사와 학대 피해가 발생할 우려가 있는 경우, 피해아동을 제15조 6항의 일시 위탁 보호 실시의 강행 규정을 추가한 것이다.

아동 복지법에서 피해아동에 대한 보호조치, 일시 위탁 보호, 원가정 복귀에 대한 조항을 규정하고 있다. 제15조 3항에서 "상담을 받고 있는 아동과 친족이 양육하고 있는 아동"의 보호 상황이 적합하지 않다고 판단되면 시·도지사 또는 시장·군수·구청장(이하 지방자치단체장)이 상담 등의 조치와 조사 이후에 "위탁, 시설 입소, 입양"을 진행할 수 있다고 규정되어 있다. 이는 피해아동에 대한 보호조치가 의무 이행 사항이 아니라는 것을 의미하며, 보호조치를 진행할 시에 상담, 건강검진, 심리검사 및 조사를 의무로 규정했다. 또한 아동복지법 제15조의4(아동보호 사각지대 발굴 및 실태조사)에 의거해 합동점검 진행이 가능하며, 가정에서 가정방문을 거부해 수시로 진행하는 합동점검이 가능하다.

제16조 5항에서 복귀 신청을 받았을 때 지방자치단체장은 아동복지시설장과 담당 의사의 의견을 들은 뒤 원가정으로 복귀시킬 수 있다. 원가정 복귀 전에 지방자치단체장이 확인하고 판단하는 과정이 존재했고, 지방자치단체장의 역할이 중요함을 알 수 있다. 또한 제22조 4항에서 아동보호전문기관에 재발 방지를 위한 피해아동 사례관리계획 시행 의무 또한 명시되어 있다. 아동보호전문기관의 장은 사례관리계획에

따라 서비스를 제공한 후 그 결과를 지방자치단체장에게 보고해야 한다. 아동학대 예방 및 피해아동에 대한 지원을 위해 아동복지법에서 지방자치단체장과 아동보호전문기관의 역할을 규정하고 있다. 다만 강행규정보다는 재량행위로 규정되어 있고, 지방자치단체장의 권한으로 위임한 부분이 많았다. 이에 조례를 통해 더욱 구체적이고, 아동학대 개별 사례에 맞는 조례를 제정할 필요가 있다고 생각한다.

2. 조례 현황 분석

1) 심의회의록 검토

조례와 관련된 논의를 담은 심의회의록을 검토하고자 한다. 동대문구 의회 및 강북구 의회의 회의록을 통해 해당 조례가 논의될 때 어떠한 맥락에서 만들어졌는지를 파악할 수 있을 것이다.

(1) 동대문구 의회 제303회 복지건설위원회 제1차 회의록

동대문구 의회 제303회 복지건설위원회 제1차 회의록

○ **오세찬 위원** : 오세찬 위원입니다. 우리 동료의원께서 발의한 내용이라 반드시 통과가 되어야 되는 조례라고 사료되고, 우리 과장님께서는 아동학대라든가 노인학대 재발방지 등 이런 조례가 본 위원이 생각할 때는 그냥 묻히는 조례가 될 것 같아서 염려가 되는 건데 예산에 대한 것은 어떻게 수반을 어디까지 하실 거 같으세요? 주로 신설된 내용들이 전부 예산에 관한 것이거든요.

○ **아동청소년과장 김영란** : 오세찬 위원님 질의에 답변드리겠습니다. 작년 10월부터 학대 신고가 구청으로 이관이 되면서 관련된 부분이 개정된 부분도 있고, 또 지금 위원님께서 말씀해주신 것처럼 예산편성 관련해서 신설된 부분도 있습니다.

그래도 저희 구 같은 경우에는 작년 1월에 아동보호팀이 신설이 되면서 올해 예산 편성 작업을 할 때 관련 예산을 사무관리비라든가 또 위탁 아동들에 대한 진료비라든가 이런 부분이 편성이 될 수 있었습니다. 그래서 향후에도 관련해서 예산이 필요한 부분이 있으면 저희가 충분히 반영을 할 수 있도록 노력하겠습니다.

○ **오세찬 위원** : 본 위원이 생각할 때는 이 조례가 노인 학대 예방 조례처럼 묻히지 않는 그런 조례가 되어서 의원들이 발의한 조례는 반드시 예산이 수반되어서 거행을 해야 된다는 것을 계속 임의적으로 그렇게 할 수 있도록 과장님께 부탁드리고 질의 마치겠습니다.

동대문구 의회 제303회 복지건설위원회 제1차 회의록에 따르면, 아동학대에 관한 조례가 묻히지 않고 실질적인 효과를 거두기 위해서는 예산이 수반되어서 조례가 거행되어야 한다는 점을 강조한다. 현재 동대문구에서는 아동보호팀이 신설되면서 예산편성작업을 할 때 관련 예산을 사무관리비 및 위탁 아동들에 대한 진료비에서도 예산 편성이 구 차원에서 가능해졌다는 것을 알 수 있다. 이를 통해 현재 조례로 전문상담가에 의한 상담 및 심리치료비에서도 예산 편성이 가능하다.

(2) 강북구 의회 제242회 회의록

강북구 의회 제242회 회의록

○ **위원장 유인애** : 그렇다면 아이들을 위한 쉼터에서 아이들이 퇴소를 하고 집으로 돌아왔어요. 그러면 사후관리도 중요하다고 생각을 하는데 그 계획은 어떻게

하고 계신지요?

○ **청소년과장 김재옥** : 계속해서 답변드리겠습니다. 일단 보호시설에 있던 보호 아동들이 원가정 복귀를 하더라도 아동전문기관도 마찬가지이고, 저희도 마찬가지이고, 최소한 3개월 이상은 양육 상황을 점검하고 그 아이가 원가정에 돌아가서 원래대로 안정적인 삶을 살고 있는지 계속 관리하고 있습니다. 최소한 원가정 복귀를 하더라도 3개월 이상은 관리하고 있습니다. 그래서 그 가정에서 또 다른 사건이 발생할 수 있는 개연성이 충분히 있기 때문에 그 부분들은 저희가 3개월 이상 관리하고 있습니다.

○ **위원장 유인애** : 그렇다면 예방차원에서 신고가 들어가고, 아동보호로 신고가 들어가야 우리가 그들을 이동하고 보호하잖아요. 사전 예방차원에서. 저는 이런 생각을 하고 있거든요. 사전예방을 하게 되면, 그 지역이 동네가 함께 아동들을 보호해야 한다는 생각을 갖고 있습니다. 지역주민들이 아동들 한 사람 한 사람을 기억해서 보호를 해야 하는데, 이 아이들에 대한 사전 예방을 지역주민들이 아동학대 사전예방 보호팀을 마련해서 그들을 진심 어린 마음으로 그들을 관리하고 사전 예방을 했으면 하는데, 국장님 생각은 어떠신지요?

○ **생활복지국장 윤은석** : 생활복지국장 윤은석입니다. 위원장님 질문에 답변드리겠습니다. 저희가 드린 아동학대예방 및 대응 강화 계획에 보면 명예사회복지공무원들이 있습니다. 그분들을 통해서 예방활동이나 신고하는 것을 연계해서 하려고 복지정책과와 협의해서 진행 중에 있습니다.

○ **위원장 유인애** : 명예사회복지공무원. 찾동(찾아가는 동주민센터)에 계시는 그 공무원들을 말씀하시는지요?

○ **생활복지국장 윤은석** : 공무원은 아니고요. 저희가 동에서 기존에 명예사회복지공무원이라고 해서 통장들이나 위촉해놓은 분들이 계십니다. 그분들이 아동학대 예방이나 학대 발생 시 신고할 수 있도록 지역 자원을 활용하려고 하고 있습니다.

○ **위원장 유인애** : 통장님들을 활용해서 지역주민들을 활용하자는 것, 제 취지가

그 이야기예요. 예방을 하게 된다면 예방 차원이라면 마을이 함께 해야 한다. 그 내용은 결국 지역을 잘 아시는 분들이, 그 집안의 숟가락이 몇 개 있는 것까지 아시는 분들이 관리감독을 해야 하지 않나. 물론 신고하는 것도 중요한데 예방 차원에서 속속들이 알고 있는 분들이 아동들의 인권을 보호할 수 있는 역할을 해주셨으면 하는 바람인데, 그 사업이라면 조금 더 진지하게 조금 더 발전시켜야 한다는 생각을 하고 있습니다.

○ **생활복지국장 윤은석** : 알겠습니다. 저희도 복지정책과와 동주민센터와 협의해서 그분들이 활동할 수 있도록 하겠습니다.

○ **위원장 유인애** : 답변 감사합니다.

강북구 의회 제242회 회의록에 따르면 쉼터 퇴소 이후 사후관리에 대해 쉼터에서는 원가정 복귀를 하더라도 재학대의 개연성이 충분히 있으므로 이후 3개월 이상 관리를 하고 있다는 내용을 알 수 있다. 위원장 및 생활복지국장은 복지정책과 동주민센터가 협의해서 명예사회복지공무원들의 활동을 돕고, 이분들을 통해 예방활동을 강화해야 함을 주장한다. 예방활동에 있어서 동네 주민들의 지속적인 관찰과 관심이 필요함을 알 수 있다. 또 심의 회의록을 통해 마을의 지역자원을 활용하려는 움직임에 대해 현재 합의가 이루어지고 있으며, 지역주민들을 통해 동네 단위별로 피해아동을 관리하고 복지정책과의 협의를 통해 추진하고자 함을 알 수 있다.

2) 동대문구 조례

서울특별시 동대문구 아동학대예방 및 보호에 관한 조례

이 조례는 「아동복지법」에 따라 아동학대 예방 및 보호에 관한 기본적인 사항과 이와 관련된 정책을 종합적으로 추진하기 위해 필요한 사항을 규정함을 목적으로 한다.

이 조례에서 사용하는 용어의 뜻은 다음과 같다.

1. "아동"이란 「아동복지법」(이하 "법"이라 한다) 제3조 제1호에 따른 18세 미만의 자를 말한다.
2. "보호자"란 법 제3조 제3호에 따른 친권자, 후견인, 아동을 보호·양육·교육하거나 그 의무가 있는 자 또는 업무·고용 등의 관계로 사실상 아동을 보호·감독하는 자를 말한다.
3. "아동학대"란 보호자를 포함한 성인에 의하여 아동의 건강·복지를 해치거나 정상적 발달을 저해할 수 있는 신체적·정신적·성적 폭력 또는 가혹행위 및 아동의 보호자에 의하여 이루어지는 유기와 방임을 말한다.
4. "아동보호전문기관"이란 법 제45조 제2항에 따라 학대받은 아동의 치료, 아동학대의 재발 방지 등 사례관리 및 아동학대예방을 위하여 법에 따라 설치·운영하는 기관을 말한다. 〈개정 2021. 02. 18〉

① 서울특별시 동대문구청장은(이하 "구청장"이라 한다) 아동학대예방 및 아동보호에 노력하여야 하며, 이를 위한 정책을 시행하여야 한다.

② 구청장은 학대 사실에 대한 조기발견과 신고, 보호, 치료의뢰 및 학대아동과 부모를 포함한 상담·조사 및 가정에 대한 지원과 그 밖에 학대받는 아동보호를 위한 사업을 시행하여야 한다.

③ 구청장은 어린이집, 아동복지시설 등에서의 아동학대 예방을 위한 지도·감독 및 교육, 홍보 등을 실시하여야 한다. 〈신설 2021. 02. 18〉

① 구청장은 아동학대를 예방하고, 아동을 보호하기 위한 정책을 심의하기 위하여 서울특별시 동대문구 아동학대예방위원회(이하 "위원회"라 한다)를 설치·운영한다.

② 제1항의 위원회는 「서울특별시 동대문구 아동복지심의위원회 구성 및 운영에 관한 조례」에 따른 "서울특별시 동대문구 아동복지심의위원회"에서 그 기능을 대신한다. 이 경우 서울특별시 동대문구 아동복지심의위원회는 제1항에 따른 위원회로 본다. 〈개정 2021. 02. 18〉

위원회는 다음 각 호의 사항에 대하여 구청장의 자문에 응한다.
1. 아동학대 예방 및 아동보호의 기본방향과 정책추진에 관한 사항
2. 아동학대예방 및 아동보호 관련 기관과의 협력체계 구축에 관한 사항
3. 아동학대 예방을 위한 교육 및 홍보에 관한 사항
4. 그 밖에 구청장이 아동학대예방 및 아동보호에 필요하다고 인정하는 사항
구청장은 효율적인 아동학대 예방과 치료, 아동보호를 위하여 신고의무기관 및 사법경찰, 의료기관, 법률기관 등 관계 기관 간 상시적인 협력체계를 구축하여야 한다.
① 구청장은 법 제4조 및 제22조에 따라 아동학대예방과 보호 등에 관한 계획을 매년 수립 시행하되, 시행계획에는 다음 각 호의 사항이 포함되도록 하여야 한다.
1. 아동학대 예방 등에 필요한 사항
2. 아동학대 예방을 위한 교육 및 홍보
3. 아동학대 예방 및 보호를 위한 협력체계의 구축에 관한 사항
4. 그 밖에 아동학대 예방 및 보호를 위해 필요한 사항
② 구청장은 시행계획의 수립 시행을 위하여 필요한 때에는 공공기관, 그 밖의 법인 또는 단체에 협조를 요청할 수 있다.
구청장은 아동학대 예방과 방지를 위하여 필요한 사업비를 예산의 범위에서 관련 기관 또는 시설에 지원할 수 있다. 〈신설 2021. 02. 18〉

구청장은 전문기관과 협조하여 「아동학대범죄의 처벌 등에 관한 특례법」 제10조 제2항에 해당하는 아동학대범죄 신고의무자 및 구민 등을 대상으로 아동학대 예방 및 방지에 관한 교육을 실시할 수 있다. 〈신설 2021. 02. 18〉
구청장은 아동학대의 예방과 방지를 위하여 아동복지시설 및 아동보호전문기관 등 아동학대 예방 및 방지 관련 기관에 대한 지도·감독을 정기적으로 하여야 한다.

3) 동대문구 조례의 한계 및 개선안

동대문구 조례의 경우 아동학대 사건의 발생과 아동복지법 개정이 이루어지면서 동대문구에서도 2021년에 동대문구 아동학대 예방 및 보호에 관한 일부개정이 되며, 아동학대 예방 및 신고자 보호에 관한 규정이 추가되었다. 동대문구에서는 아동학대 예방 조항에 중점을 두었기에 조례에서 피해아동에 대한 지원 규정이 미비함을 알 수 있다. 동대문구에 쉼터가 존재함에도 불구하고 아동학대 전담 공무원 지정 및 배치에 대한 규정, 피해아동 및 가족에 대한 지원 규정, 피해아동의 원가정 복귀 이후 사후대처 및 심리치료에 관한 규정에 대한 구체적인 내용이 부재하다. 동대문구 조례와 심의회의록을 봤을 때 실질적인 아동학대 예방과 보호를 위해서는 다른 조례가 필요하다.

쉼터 센터장과 동대문구 의회 정성영 부의장님과 인터뷰 진행 결과 후 받은 자료에서 조례에 규정된 것 여부와 상관없이 동대문구에서 아동학대 전담 공무원 3명(23년 기준)이 임용되어 있으며, 아보전의 1인당 관리 아동 또한 타 지역구에 비해 적음을 알 수 있었다. 피해아동에 대한 심리치료 및 지원의 경우에도 조례에는 규정되어 있지 않지만, 상위법인 아동복지법에 이미 규정되어 있으며, 쉼터 및 아보전의 경우 법률에 의해 다양한 심리치료 프로그램을 운영 중인 상황이다. 또한 센터 운영상의 어려움은 있었지만, 이는 예산 확충 및 행정청의 정책 활동으로 해결이 가능할 것으로 생각되었다.

피해아동의 재학대를 예방하기 위해서는 무엇보다 학대 가정에 대한 지속적인 관심과 관찰이 필요하다고 생각한다. 인터뷰 대상자 모두 학대아동 예방을 위해 지속적인 관찰이 필요하다고 지적했다. 이에 아동학대 예방 및 아동의 보호를 위한 실질적인 해결책이 필요하다고 생각하며, 피해아동에 대한 재학대 예방과 효과적인 보호 및 지원을 위한 방안을 위해 가정에 직접 방문해서 심리지원을 하는 조례를 신설할 것을 제안한다.

IV. 조례안

1. 조례안 살펴보기

서울특별시 동대문구 학대피해아동쉼터 퇴소 아동의 사후관리를 위한 가정방문 심리지원 제도 신설에 관한 조례안

제1조(정의) 가정방문 심리지원 제도란 아동학대 피해가정에 방문하여 심리상담 서비스를 제공하고, 재학대 예방을 위한 활동 및 이와 관련된 사업에 대한 지원을 총칭한다.

제2조(목적) 이 조례는 학대피해를 겪은 아동이 학대피해아동쉼터 퇴소 이후 재학대로부터 안전하게 원가정으로 복귀할 수 있도록 보호하고 가정방문 심리지원을 실시하여 학대피해아동에 대한 지속적인 보호 및 사후관리에 이바지함을 목적으로 한다.

제3조(용어 정의)

1. "아동"이란 「아동복지법」(이하 "법"이라 한다) 제3조 제1호에 따른 18세 미만인 사람을 말한다.

2. "보호자"란 법 제3조 제3호에 따라 아동을 보호·양육·교육하거나 그러한 의무가 있는 자 또는 업무·고용 등의 관계로 사실상 아동을 보호·감독하는 자를 말한다.

3. "아동학대"란 법 제3조 제7호에 따른 보호자를 포함한 성인이 아동의 건강 또는 복지를 해치거나 정상적 발달을 저해할 수 있는 신체적·정신적·성적 폭

력이나 가혹행위를 하는 것과 아동의 보호자가 아동을 유기하거나 방임하는
것을 말한다.

4. "피해아동"이란 법 제3조 제8호에 따라 아동학대 행위로 인하여 피해를 입은
아동을 말한다.

5. "아동보호전문기관"이란 법 제45조 제2항에 따라 학대받은 아동의 치료, 아
동학대의 재발 방지 등 사례관리 및 아동학대예방을 위하여 법에 따라 설치·
운영하는 기관을 말한다.

제4조(법령 및 다른 조례와의 관계) 본 조례는 아동학대의 예방과 방지에 관하여
법령 및 다른 조례에서 정한 것을 준용한다.

제5조(가정방문 심리지원 제도 대상) 가정방문 심리지원 제도 대상 아동 및 가정
의 선정기준은 다음 각 호를 따른다.

1. 위원회에서 재학대 발생이 우려된다고 판단한 가정

2. 위원회에서 가정방문 심리지원대상 가정으로 선정한 경우

3. 가정방문 심리지원 서비스를 신청한 가정

4. 이 외에 심리상담사 및 정신과 의사의 판단에 의해 필요하다고 인정되는 경우

제6조(가정방문 심리지원 위원회의 설립 및 운영) 서울특별시 동대문구청장(이하
"구청장"이라 한다)은 학대피해아동에 대한 가정방문 심리지원 위원회(이하 "위
원회"라 한다)를 설립하고 운영해야 한다.

제7조(위원회의 사무) 위원회는 다음 각 호의 사무를 담당한다.

1. 가정방문 심리지원 계획 수립

2. 회의를 통해 가정방문이 필요한 가정을 정하고 가정에 대한 개입의 강도, 방
향을 논의

3. 가정방문 심리지원 제도의 우수사례 공유

4. 사례관리 방향성에 대한 논의

5. 아동심리상담사 및 아동보호전문기관 근무자의 활동 애로사항 점검

6. 가정방문 서비스 연장 및 중단 처리 결정

제8조(위원회 구성) 위원회는 다음 각 호의 기관 또는 개인을 대변하는 자들로 구
성하며, 정원수는 15인 이상으로 한다.

1. 동대문구 의회 의원

2. 아동심리상담사

3. 정신과 의사

4. 가정방문 심리지원사업 관련 업무를 수행하는 아동보호전문기관 근무자

5. 그 밖에 위원회 심의의 전문성과 공정성 등을 위하여 구청장이 필요하다고 인
   정하는 사람

제9조(임기) 위원장 및 위원회 임기 및 정지 조건은 다음 호와 같다.

1. 운영 및 협의 위원의 임기는 1년으로 하고 연임할 수 있다.

2. 위원은 다음 각 항의 어느 사안에 해당하는 경우 안건의 심의에서 제외된다.

   1) 위원의 위원회 활동이 어려울 때

   2) 범죄 사항이 발생하였을 때

   3) 공무원 제척 기피 회피 등의 사유에 해당될 때

제10조(회의) 위원회의 회의는 정기회의와 임시회의로 구분하여 정기회의는 홀수
월마다 개최하며 필요할 때 임시회의를 소집할 수 있다.

제11조(구청장의 책무) 구청장은 학대피해아동쉼터 퇴소 후 아동의 재학대 예방
을 위한 가정방문 심리지원사업의 안정적인 시행을 위해 노력하여야 한다. 구청
장은 학대피해아동쉼터 퇴소 후 아동에 대한 재학대의 예방과 방지를 위하여 아
동보호전문기관이 수행하는 가정방문 심리지원사업에 대해 지도·감독을 정기적
으로 하여야 한다.

제12조(가정방문 심리지원사업 실태조사) 구청장은 1년에 최소 1회 이상 위원회
를 통해 가정방문 심리지원사업에 대하여 실태조사를 실시해야 한다.

제13조(협력 체계 구축) 구청장은 학대피해아동에 대한 지속적인 사례관리를 위
하여 학대피해아동쉼터, 아동보호전문기관, 치료센터 및 아동보호 관련 기관 등
과 협력체계를 구축할 수 있다.

제14조(합동 방문) 구 내의 연관들(경찰, 아동보호전문센터, 행정복지센터 등)과
재학대 예방 및 위험 관리에 필요한 영역에서 상호협력을 할 수 있다.

1. 구내의 연관 단체들과 업무 대응 매뉴얼 공유 및 협약을 맺어 상호 협력할 수
   있다.

2. 재학대가 우려되는 가구에서 가정방문 및 관련한 협조를 거부할 경우 경찰의 도움을 얻어 합동점검 및 방문이 가능하다.

제15조(가정방문 전문심리상담사 인증) 구청장은 가정방문 심리지원 서비스에 투입되는 가정방문 전문심리상담사를 선정할 시 제18조에 따른 임명 자격 요건의 충족을 통해 학대피해아동에 대한 심리상담의 전문성을 확보해야 한다.

제16조(가정방문 요원에 관한 운영안) 가정방문 요원에 관한 운영안은 다음 각 호에 따른다.

1. 가정방문 요원의 임용 및 임명에 관한 사안은 동대문구 구청장(위원장) 소관 업무에 해당한다.
2. 가정방문 요원의 임용의 경우 구청의 기간제 근로자 채용공고에 따른다.
3. 운영 인력의 증감에 대한 필요성은 운영위원회의 협의로 결정한다.
4. 가정방문 요원의 임용 및 임명에 관한 사안은 세부 시행 규칙에 따른다.

제17조(프로그램의 방향성) 가정방문 심리지원 제도의 방향성은 다음 각 호와 같다.

1. 아동학대 가해자인 부모 및 친인척과 아동학대 피해자인 아동 모두에 대한 심리치료를 지원한다.
2. 부모 자녀 상호 작용 중심의 교육 프로그램을 운영한다.
3. 부모에 대한 역량 강화 지원 및 아동학대 피해자인 아동에 대한 심리 및 정서 지원을 목적으로 한다.

제18조(임명 자격 요건) 가정방문 요원의 임명 자격 조건은 다음 각 호와 같다.

1. 아동심리상담사 자격증을 소유한 자
2. 보건복지부·한국산업인력공단·한국임상심리학회 등에서 발행한 자격증 소지자
3. 다음 각 항의 결격사유가 없을 것
    1) 미성년자 · 피성년후견인· 피한정후견인
    2) 파산자로서 복권되지 아니한 사람
    3) 금고 이상의 형을 받고 그 집행이 종료되거나 집행을 받지 아니하기로 확정된 후 3년이 지나지 아니한 사람
    4) 금고 이상의 형을 받고 그 집행유예의 기간이 끝나지 아니한 사람

제19조(가정방문 요원 지원) 가정방문 요원의 업무 수행을 위해 다음 각 호의 지

원을 할 수 있다.

1. 가정방문에 필요한 지원 및 경비를 받을 수 있다.
2. 재학대 발생 우려 가구에서 가정방문을 거부할 경우 학대피해전담공무원과 경찰과 함께 가정방문을 할 수 있다.

제20조(가정방문 심리지원) 아동보호전문기관은 학대피해아동에 대한 가정방문 심리지원사업을 통해 다음 각 호의 사업을 추진할 수 있다.

1. 학대피해아동에 대한 재학대 예방을 위한 원가정 보호 서비스
2. 학대피해아동 및 형제 대상 '가족안전계획'에 대한 교육 프로그램
3. 학대 가해자 부모 대상 분노조절 및 양육기술 교육 프로그램
4. 학대피해아동 방임 부모 대상의 방임가정 서비스 패키지 프로그램
5. 그 밖에 학대피해아동에 대한 재학대 예방을 위해 구청장이 필요하다고 인정한 사업

제21조(가정방문 심리지원사업에 대한 예산) 구청장은 학대피해아동에 대해 가정 방문 심리지원사업을 수행하는 법인 또는 단체에 대하여 예산의 범위에서 필요한 경비의 전부 또는 일부를 지원할 수 있다.

제22조(가정방문 요원과 국가아동학대정보시스템의 연계) 가정방문 요원은 정부에서 구축한 국가아동학대정보시스템을 통해 아동학대 관련 정보를 제공받을 수 있다. 국가아동학대정보시스템은 지역의 전담의료기관, 정신건강증진센터, 해바라기센터, 중독관리통합지원센터, 심리지원 센터, Wee센터, 민간기관(심리전문가 운영)과 연계해 정보시스템을 구축한다.

제23조(가정방문 심리지원 시 유의사항) 가정방문 요원은 가정방문 심리지원 서비스를 진행할 시 다음 각 호의 원칙을 지키며 시행해야 한다.

1. 피해아동의 보호를 위하여 아동학대 가해자인 부모 및 친인척과 분리하여 심리지원이 진행됨을 원칙으로 한다.
2. 피해아동의 심리적 안정을 위해, 아동보호전문기관의 임용된 가정방문 전문 심리상담사 외 다른 사람은 가정방문이 불가하며 학대피해아동의 주소지에 관한 정보에 접근할 수 없음을 원칙으로 한다.

제24조(가정방문 심리지원 서비스의 주기) 학대피해아동쉼터 퇴소 후 가정복귀일

로부터 1주일 이내 가정방문 하여 아동의 안전 여부 및 적응 정도 확인한 이후 1
개월간 주 1회 시행하며, 그 이후에는 월 1회 이상 가정방문 심리지원 서비스를
통해 사후관리를 진행한다. 단, 사례결정위원회의 심의를 통해 재학대 발생 확
률이 높다고 판단된 가정에 대해서는 시기에 상관없이 주 1회 정기적으로 심리
지원 서비스를 추가 시행함을 원칙으로 한다.

제25조(가정방문 심리지원의 연장 및 중단 처리 요령) 가정방문 심리지원 서비스
는 최대 30회 진행하며, 연장이 필요한 피해아동에 대해서는 본 조례의 7조 6항
에 따른 사례결정위원회의 심의를 통해 연장을 결정할 수 있다. 정기적인 가정
방문 심리지원 서비스가 10회 이상 진행된 이후 가정방문 요원에 의해 가정 내
재학대 발생 확률이 현저히 낮다고 판단된 경우 사례결정위원회의 심의를 통해
중단할 수 있다.

제26조(비밀 준수의 의무) 본 조례에 따른 가정방문 심리지원 서비스 등과 관련된
업무에 종사하였거나 학대피해아동의 사례를 관리하는 업무와 관련된 사람은
그 직무상 알게 된 비밀을 누설하여서는 아니 된다.

2. 주요 조례 내용

본 조례는 가정방문 심리지원제도를 시행하는 데 필요한 제도, 위원
회, 가정방문 요원의 임명 및 자격 요건 등을 규정하고, 가정방문 요원
의 활동을 지원하는 것을 규정하고 있다. 가정방문 요원이 원가정에 복
귀한 학대피해가정에 방문해서 심리지원을 하는 것이 주요 내용이다.
본 조례를 운영하는 데 필요한 다른 구체적인 사안은 시행규칙 및 아동
복지과의 업무 매뉴얼을 제정해 시행될 것이다.

제1조(정의) 가정방문 심리지원 제도란 아동학대 피해가정에 방문하여 심리 관련 서비스를 제공하고, 재학대 예방을 위한 활동 및 이와 관련된 사업에 대한 지원을 총칭한다.

제2조(목적) 이 조례는 학대피해를 겪은 아동이 학대피해아동쉼터 퇴소 이후 재학대로부터 안전하게 원가정으로 복귀할 수 있도록 보호하고 가정방문 심리지원을 실시하여 학대피해아동에 대한 지속적인 보호 및 사후관리에 이바지함을 목적으로 한다.

제1조에서는 가정방문 심리지원 제도에 대해 정의한다. 가정방문 심리지원제도란 아동학대 피해가정에 방문해서 심리 관련 상담 및 지원 서비스를 제공하고, 재학대 예방을 위한 활동 및 이와 관련된 사업에 대한 지원을 총칭하는 것으로 정의했다.

제2조에서 규정하는 조례의 목적은 아동을 재학대로부터 보호하고자 하는 것이다. 이에 학대피해를 겪은 아동이 쉼터 퇴소 이후 원가정에 복귀해서 잘 적응하며 건강하게 자랄 수 있는 환경을 조성하는 것을 목적으로 조례를 만들게 되었다. 가정방문 심리지원제도의 실시는 아동에 대한 지속적인 관찰 및 사후관리를 용이하게 할 것으로 기대된다.

제7조(위원회의 사무) 위원회는 다음 각 호의 사무를 담당한다.
1. 가정방문 심리지원 계획 수립
2. 회의를 통해 가정방문이 필요한 가정을 정하고 가정에 대한 개입의 강도, 방향을 논의
3. 가정방문 심리지원 제도의 우수사례 공유
4. 사례관리 방향성에 대한 논의

5. 아동심리상담사 및 아동보호전문기관 근무자의 활동 애로사항 점검
6. 가정방문 서비스 연장 및 중단 처리 결정

　　제7조에서는 가정 심리지원 위원회가 수행하는 다양한 역할을 규정
한다. 가정방문 심리지원 계획을 수립하고 위원회의 회의를 통해 가정
방문 심리지원이 필요한 가정을 정하고 가정방문 요원의 방문 횟수 및
심리지원 방법 같은 개입의 강도 및 방향을 논의한다. 또 가정방문 심리
지원 제도의 우수사례를 선정하고 공유하며 가정방문 요원들의 활동을
지원하며 애로사항에 대해 점검한다.

　　제13조(협력 체계 구축) 구청장은 학대피해아동에 대한 지속적인 사례관리를 위
　　하여 학대피해아동쉼터, 아동보호전문기관, 치료센터 및 아동보호 관련 기관 등
　　과 협력체계를 구축할 수 있다
　　제14조(합동 방문) 구 내의 연관 단체들(경찰, 아동보호전문센터, 행정복지센터
　　등)과 재학대 예방 및 위험 관리에 필요한 영역에서 상호협력을 할 수 있다.
　　1. 구 내의 연관 단체들과 업무 대응 매뉴얼 공유 및 협약을 맺어 상호 협력할 수
　　　있다.
　　2. 재학대가 우려되는 가구에서 가정방문 및 관련한 협조를 거부할 경우 경찰의
　　　도움을 얻어 합동 점검 및 방문이 가능하다.

　　제13조를 통해 지역의 다른 조직들(경찰, 아동복지과, 아동보호전문기관, 행정복
지센터 등)과 안전 및 위험 관리 영역에서 상호협력이 필요함을 인식하고
협약을 맺어 효과적인 아동학대 예방을 도모할 것을 규정했다.
　　아동복지법 제28조에서는 보장원 또는 아동보호전문기관이 제1항

및 제2항에 따라 업무를 수행하는 경우, 보호자는 정당한 사유 없이 이를 거부하거나 방해해서는 안 된다고 규정되어 있다. 또 아동복지법 제15조 제4항의 아동보호 사각지대 발굴 및 실태조사에 의거해 경찰 및 지역사회의 여러 단체와 협력해서 합동점검 진행이 되고 있다. 제14조에서는 합동 방문 조항을 신설해서 원가정방문을 거부하는 가정에 대한 방문의 용이성을 높였다. 효과적인 협조 및 방문을 위해 경찰의 도움을 얻을 수 있다는 조항을 넣어 조례의 실효성을 확보하고자 한다.

제18조(임명 자격 요건) 가정방문 요원의 임명 자격 조건을 다음 각 호와 같다.
1. 아동심리상담사 자격증을 소유한 자
2. 보건복지부·한국산업인력공단·한국임상심리학회 등에서 발행한 자격증 소지자
3. 다음 각 항의 결격사유가 없을 것
   1) 미성년자 · 피성년후견인· 피한정후견인
   2) 파산자로서 복권되지 아니한 사람
   3) 금고 이상의 형을 받고 그 집행이 종료되거나 집행을 받지 아니하기로 확정된 후 3년이 지나지 아니한 사람
   4) 금고 이상의 형을 받고 그 집행유예의 기간이 끝나지 아니한 사람

제18조에서는 가정방문 요원의 임명 및 자격 요건에 대해서 규정했다. 가정방문 심리지원 서비스에 투입되는 가정방문 요원의 경우, 다음의 자격 요건 충족을 통해 전문성을 확보한다. 보건복지부·한국산업인력공단·한국임상심리학회 등에서 발행한 자격증을 소지하거나 아동심리상담사 자격증을 가진 인원이 선발되며 구청의 기간제 근로자 채용 공고에 따라 채용된다.

제17조(프로그램의 방향성) 가정방문 심리지원 제도의 방향성은 다음 각 호와 같다.

1. 아동학대 가해자인 부모 및 친인척과 아동학대 피해자인 아동 모두에 대한 심리치료를 지원한다.
2. 부모 자녀 상호 작용 중심의 교육 프로그램을 운영한다.
3. 부모에 대한 역량 강화 지원 및 아동학대 피해자인 아동에 대한 심리 및 정서 지원을 목적으로 한다.

제20조(가정방문 심리지원) 아동보호전문기관은 학대피해아동에 대한 가정방문 심리지원사업을 통해 다음 각 호의 사업을 추진할 수 있다.

1. 학대피해아동에 대한 재학대 예방을 위한 원가정 보호 서비스
2. 학대피해아동 및 형제 대상 '가족안전계획'에 대한 교육 프로그램
3. 학대 가해자 부모 대상 분노조절 및 양육기술 교육 프로그램
4. 학대피해아동 방임 부모 대상의 방임가정 서비스 패키지 프로그램
5. 그 밖에 학대피해아동에 대한 재학대 예방을 위해 구청장이 필요하다고 인정한 사업

가정방문 심리지원 프로그램의 경우 원가정에 방문해서 진행하기에 기존의 심리상담과 다른 차별점이 필요하다고 판단했다. 제17조에서는 프로그램의 방향성, 제20조에서는 아동보호전문기관이 가정방문 심리지원사업을 통해 실시하는 구체적인 프로그램에 대해 규정했다. 아동과 부모에 대해 개별적으로 진행하는 것이 아닌, 아동과 부모-아동의 상호작용 중심이 실제 함께하는 교육 프로그램이 되도록 구성한다. 부모와 아동이 함께할 수 있는 프로그램, 피해아동에 대한 개별 및 집단 프로그램 등에 기반해서 효과적인 아동학대 예방이 이루어질 수 있다.

제24조(가정방문 심리지원 서비스의 주기) 학대피해아동쉼터 퇴소 후 가정복귀일로부터 1주일 이내 가정방문 하여 아동의 안전 여부 및 적응 정도 확인한 이후 1개월간 주 1회 시행하며, 그 이후에는 월 1회 이상 가정방문 심리지원 서비스를 통해 사후관리를 진행한다. 단, 사례결정위원회의 심의를 통해 재학대 발생 확률이 높다고 판단된 가정에 대해서는 시기에 상관없이 주 1회 정기적으로 심리지원 서비스를 추가 시행함을 원칙으로 한다.

제25조(가정방문 심리지원의 연장 및 중단 처리 요령) 가정방문 심리지원 서비스는 최대 30회 진행하며, 연장이 필요한 피해아동에 대해서는 본 조례의 7조 6항에 따른 사례결정위원회의 심의를 통해 연장을 결정할 수 있다. 정기적인 가정방문 심리지원 서비스가 10회 이상 진행된 이후 가정방문 요원에 의해 가정 내 재학대 발생 확률이 현저히 낮다고 판단된 경우 사례결정위원회의 심의를 통해 중단할 수 있다.

본 조례의 주요한 목적은 원가정에 복귀한 아동의 재학대 예방이다. 원가정에 복귀한 아동 중에서도 재학대 발생 확률이 높은 가정에 속한 아이들이 존재한다. 제24조에서는 사례결정위원회의 심의를 통해 재학대 발생 확률이 높은 가정을 판단하고, 이 가정에 대해서는 추가적인 심리지원 서비스를 시행하는 것을 원칙으로 한다는 것을 단서조항으로 추가했다. 또한 제25조를 통해 가정방문 심리지원의 연장이 필요할 경우 사례결정위원회의 심의를 통해 연장 가능하다는 것을 명시했다. 가정방문 심리지원 활동이 정상적으로 시행되어 건강한 가정으로 바뀐 경우 가정방문 심리지원 서비스는 종료 가능하다.

3. 기대효과

본 조례는 단순히 재학대 예방만 목적으로 하는 것이 아니라, 최종적으로는 아동이 건강하게 자랄 수 있는, 지속 가능한 가정환경을 조성하는 것이다. 본 조례를 통해 체계성, 직접성, 지속성이라는 세 가지 차원에서 기대효과를 얻을 수 있으며, 동대문구에서 건강한 아동이 자라날 환경 조성의 당위 및 의무 이행이 가능해짐으로써 아동이 건강하게 성장할 수 있는 가족 기능을 회복할 수 있을 것이다.

1) 체계성

조례를 통해 가정방문 심리지원 프로그램의 구조성을 높일 수 있다. 피해아동에 대해서는 가족관계개선프로그램 등과 병행해서 상담 및 치료가 진행되며, 학대 가해자 부모 대상으로는 분노조절 및 양육기술, 올바른 대화법과 훈육법에 대한 교육 프로그램을 상담과 함께 진행함으로써 가정방문 심리지원사업이 포함하고 있는 교육프로그램을 체계적으로 구성하는 데 기여한다. 그리고 심리지원 위원회의 역할을 구체적으로 조례에 명시함으로써 더욱 체계적인 사후관리가 이루어지는 효과를 기대할 수 있다. 위원회는 아동심리상담사와 가정방문 요원이 겪는 애로사항들을 점검하는 회의를 진행한다. 추후 방향성에 대해 논의하고, 가정방문 심리지원 제도의 우수사례와 실태조사 결과를 상호 공유함으로써 더 나은 방향으로 프로그램의 질적 개선을 도모한다. 또한 제15조에서는 가정방문 전문심리상담사 인증을 통해 동대문구청장이 가정방문의 전문성을 재차 검토하며 체계적인 관리가 이루어질 수 있도록 한다.

2) 직접성

현재 쉼터 퇴소 후 아동보호전문기관을 통해 실시되는 가정방문은 아동학대의 위험수준을 평가를 바탕으로 고위험군에 속하는 가정에 한해서만 월 1회 방문 또는 유선 상담을 진행하고 있다. 그러나 여전히 이를 진행하는 가정에서 재학대는 높은 비율로 발생하고 있으며, 기존에 이루어지는 가정방문과 차별적인 서비스의 필요성을 느꼈다. 심리지원 제도 신설을 통해 유선 상담과는 차별적인 대면 방문과 직접적인 심리지원을 통해 세심하게 가정을 관찰하고, 아동 및 가정의 특성을 반영한 맞춤형 서비스를 제공한다. 또한 아동의 불편함을 감소시키고 편의성을 증진하는 효과를 거둘 수 있다. 아동이 직접 치료센터에 가는 것이 아니라 심리상담사가 가정으로 직접 방문하다 보니 새로운 환경에서 적응할 때 발생하는 어려움이 적고, 대면상담을 진행할 때 재학대 징후를 더 빠르게 발견할 수 있다. 이와 더불어 학대 이후 아동이 겪을 수 있는 후유증의 효과적인 예방 및 치료에도 기여할 수 있다. 전문가의 심리상담 및 치료가 반복해서 진행되고, 참여 가정의 복합적인 요인에 대응한다면 학대의 위험요인을 감소시킬 뿐만 아니라 가족기능도 회복할 수 있는 직접적 효과를 기대할 수 있다.

3) 지속성

모든 아동학대 사건에 대한 개입은 발생 당시와 직후만이 아니라, 꾸준한 관심을 가져야 한다. 단순 재학대만 방지한다고 끝나는 문제가 아니며, 아동에 대해서만 심리상담 및 치료를 제공한다고 해서도 해결되는 것이 아니다. 심리지원이 계속 진행되는 과정에서도 가정 내 가족들의 관계를 살펴야 하며 부모의 양육 태도, 주변 상황 등을 지속해서 관찰하고 점검해야 한다. 즉, 결론적으로 가족 기능의 회복이 중요하다. 이를 위해 지속적인 관심과 직접적인 가정방문을 통한 관찰과 같은 적극적인 개입이 필요하며, 이러한 지속성은 가정방문 심리지원 제도의 신설로 확보할 수 있을 것이다. 제25조에서는 가정방문 심리지원 서비스의 연장에 관한 조건을 명시한다. 심리지원 위원회에서 재학대 발생 위험확률이 높다고 판단한 가정에 대해서는 추가로 심리지원 서비스를 제공하고 지속해서 관찰 및 점검할 수 있도록 규정하고 있다.

V. 결론 및 평가

아동복지법 제4조에서는 국가 등은 아동의 안전과 건강 및 복지 증진을 위해 아동과 그 보호자와 가정을 지원하기 위한 정책을 수립·시행하도록 하고 있으며, 또한 보호 대상 아동 및 지원대상아동의 권익을 증진하기 위한 정책을 수립·시행하도록 규정하는 등 아동의 권리보장과 복지 증진을 위한 정책의 수립과 시행을 국가 등의 책무로 규정하고 있다. 아동학대범죄의 발생에 따라 정부는 아동학대특례법을 제정해서 아동학대의 신고의무자와 신고사유의 확대, 그리고 학대행위자에 대한 처벌강화조치 등을 했고, 아동학대방지대책을 수립해서 아동학대의 예방 및 조기 발견, 그리고 신속 대응 등의 조치를 강구해 아동학대 예방 및 아동의 보호를 위한 국가의 역할을 수행하려는 노력을 기울이고 있다. 다만 이러한 노력에도 불구하고 아동학대는 여전히 발생하고 있다. 그러나 아동학대는 그 결과가 단순한 타박상이나 골절에 그치는 것이 아니라 아동의 사회 정서적 발달에 부정적인 결과를 초래한다. '꽃으로도 아이를 때리지 마라'라는 격언처럼 아이는 절대적인 보호 대상이며, 우리 사회의 미래다. 따라서 아동이 건강하게 자랄 수 있는 환경을 마련하기 위해서는 사회의 지속적이고 꾸준한 노력이 필요하며, 본 조는 피해 아동의 사후관리를 통한 재학대의 예방에 집중했다.

따라서 쉼터 퇴소 아동의 재학대 예방과 회복에 실질적인 도움이 되기 위해 가정을 직접 방문해서 지속적인 심리지원 서비스를 제공하는 제도를 고안했다. 기존의 심리지원 제도들과 달리, 가정방문 심리지원의 경우 가정을 방문함으로써 지속해서 실제 가정환경을 들여다보고 직접 마주해 아이의 상태를 확인할 수 있는 장점이 있다. 이에 가정방문 요원의 가정방문을 통한 심리지원 제공을 규정한 본 조례를 고안했다. 가정방문 요원을 정기적으로 파견해서 재학대 위험요인을 제거하기 위한 다양한 심리지원을 제공하는 것이 조례의 주요 내용이다. 이러한 목표를 위해 본 조례에서는 몇 개의 규정을 명시해서 조례의 효과를 보장하려고 했다. 우선 강제성이 있는 조례가 되기 위해 제14조 합동 방문 조항을 신설해서 원가정방문을 거부하는 가정에 대한 방문의 용이성을 높였다. 또 가정방문 제도의 원만한 운영을 위해 가정방문 심리지원 위원회에 다양한 역할을 규정했다. 가정방문 심리지원 계획을 수립하고 위원회의 회의를 통해 가정방문 심리지원이 필요한 가정을 정하고, 가정방문 요원의 방문 횟수 및 심리지원 방법 같은 개입의 강도 및 방향을 논의한다. 가정방문 심리지원 위원회와 전문성을 갖춘 가정방문 요원의 활동을 통해 체계적이고, 전문적인 심리지원이 이루어져 아동이 건강하게 자랄 수 있는 가정환경을 조성할 수 있을 것으로 기대한다.

피해아동에게 있어 가장 중요한 것은 피해아동이 원만히 가정에 복귀해서 다시 행복한 가정을 꾸리는 것이다. 또 현행 아동복지법에 규정된 원칙은 원가정 복귀다. 아동복지법 제4조 3항은 '국가와 지방자치단체는 아동이 태어난 가정에서 성장할 수 있도록 지원하고, 아동이 태어난 가정에서 성장할 수 없을 때 가정과 유사한 환경에서 성장할 수 있도록 조치하며, 아동을 가정에서 분리하여 보호할 경우에는 신속히 가정으로 복귀할 수 있도록 지원하여야 한다'라고 규정하고 있다. 원가정 보호 원칙은 아동을 단순히 원가정으로 복귀시키는 것을 가리키는 게 아니라 원가정이 양육 책임을 다하고, 원가정이 그 책임을 다할 수 있도록 국가가 지원하며, 원가정에 문제가 생겼을 때 그 문제를 치유하는 모든 과정을 포괄하는 개념이다. 본 조례의 시행을 통해 학대피해가 발생한 가정이 다시 건강한 가정으로 회복하는 데 도움이 될 것이다.

동대문구 정성영 부의장은 본 조례안에 대해 아동학대 예방을 위해서는 지속적인 관찰과 관심을 가지는 것이 중요하다며 조례의 실효성을 높이 평가했다. 동대문구의 아보전에서는 홈케어 플래너 서포터즈 사업이 아직 시행되지 않고 있고 가정방문을 통해 재학대를 예방하는 것이 필요하지만, 기존 아동학대 예방에 관한 동대문구의 조례가 있어 이를 개정하는 방향으로 진행하는 것이 바람직하다고 하셨다. 이에 본 조의 가정방문 심리지원에 관한 조례 제안은 동대문구 322회 임시회 (2023 7. 18~7. 21)에서 다루어질 예정이며, 처음 제안했던 가정방문 심리상담 조례의 신설이 아니라 해당 프로그램에 관한 내용을 포함해 서울특별시 동대문구 아동학대예방 및 보호에 관한 조례를 개정하는 방안으로 진행될 예정이다. 또한 동대문구 322회(2023. 7. 18~7. 21)에 임시회에서 조례 개정이 이루어진다면, 다음 2024년기 본 예산부터 가정방문 심리지원 제도에 대한 예산배정이 이루어질 수 있을 것이다.

성북구 자립 준비 청년 자립 지원에 관한 조례

김정원 | 박하영 | 유성규 | 최예원

Ⅰ. 서론

1. 개념 정의

관련 조례들의 연혁에 대해서는 후술하겠지만 '자립 준비 청년'은 2022년 하반기부터 현재 2023년 상반기에 이르기까지 언론에서 중요하게 다루어지는 대상이자 하나의 개념이라고 할 수 있다. 그 이전부터도 자립 준비 청년은 존재했음에도 불구하고, 최근에 이토록 이슈화되고 많은 조례가 제·개정된 이유 중 하나로는 기존의 '보호 종료 아동'이라는 명칭에서 '자립 준비 청년'이라는 명칭으로의 변화를 들 수 있을 듯하다. 자립 준비 청년이라는 명칭은 기존의 보호 종료 아동이라는 명칭에서 느껴지는 사회적 편견을 배제하고자 했을 뿐만 아니라 '청년'이라는 포괄적 워딩을 통해 더 많은 정책적 수혜를 받을 수 있도록 했다는 점에서 긍정적인 변화를 함의하고 있다고 봤으며, 다음의 개념 정의 항목에서는 자립 준비 청년의 정확한 의미 및 그 외 관련한 개념들의 정의에 대해서 다루어보고자 한다.

1) 대상 관련 용어 정리

(1) 보호 대상 아동

아동복지법 제3조 4에 근거하면 "보호 대상 아동"이란 보호자가 없거나 보호자로부터 이탈된 아동 또는 보호자가 아동을 학대하는 경우 등 그 보호자가 아동을 양육하기에 적당하지 아니하거나 양육할 능력이 없는 경우의 아동을 말한다.

(2) 보호 종료 아동

아동복지법 제16조(보호 대상 아동의 퇴소 조치 등) ① 제15조 제1항 제3호부터 제5호까지의 보호조치 중인 보호 대상 아동의 연령이 18세에 달하였거나, 보호 목적이 달성되었다고 인정되면 해당 시도지사, 시장·군수·구청장은 대통령령으로 정하는 절차와 방법에 따라 그 보호 중인 아동의 보호조치를 종료하거나 해당 시설에서 퇴소시켜야 한다.

(3) 자립 준비 청년

청소년 복지 지원법 제2조(정의) 5. "가정 밖 청소년"이란 가정 내 갈등·학대·폭력·방임, 가정해체, 가출 등의 사유로 보호자로부터 이탈된 청소년으로서 사회적 보호 및 지원이 필요한 청소년을 말한다.

사실 가정으로부터 제대로 된 보호를 받지 못하는 아동 및 청년들은 이전부터 한국 사회에 존재했으나, 자신이 그런 상황에 처해 있는 아동 혹은 청년이라는 것을 밝히고 사회적 복지와 지원을 받을 수 있도록 하는 사회적인 분위기가 마련되어 있지 않았고, 오히려 그러한 사실이 터

부시되곤 했다는 점, 그리고 그것이 사회적 고립을 일으켰다는 사실을 고려하면, 사회적으로 해당 이슈에 대한 목소리가 커지고 개선에 대한 논의가 이루어지는 현재 근본적인 문제 해결 및 자립 지원 제도가 하루빨리 마련되어야 할 필요가 있을 것이다.

하지만 현재 보호 종료 아동 및 자립 준비 청년 자립 지원제도의 법적 근거를 살펴보면, 아동복지법과 청소년 복지법 등 개별 법률을 근거로 자립 지원이 제각각 이루어지고 있어 일관적인 정책지원이 이루어지고 있다고 보기 힘든 실태임을 알 수 있다. 보호 종료 아동 및 자립 준비 청년을 포괄할 수 있는 일관된 상위법적 근거가 갖추어지지 않은 상태에서 이를 근거로 제각각 이루어지는 정책지원은 지원 내용에 있어서의 격차와 형평성 문제를 일으킬 수 있다는 점에서 문제가 될 수 있다.

이러한 문제를 해결하고 보호 종료 아동 및 자립 준비 청년과 관련한 일관된 상위법과 조례 제정 및 자립 지원이 이루어지기 위해서는 해당 개념을 포괄할 수 있는 일관된 명칭이 필요하며, 한국청소년정책 연구원에서 2021년에 발간한 연구 보고서 '보호 종료 아동 및 자립 준비 청소년 자립 지원 현안과 과제'에서 역시 정책대상 명칭 변경이 필요함을 피력하고 있다. 이와 관련해서 아래의 '정책대상 명칭 변경 및 범위'에서 자세히 후술하고자 한다.

2) 정책대상 명칭 변경 및 범위

현행 시행되는 아동복지법은 2020년 12월 29일 법률 제17784호로 개정된 것으로, 제3조 4항 및 제16조에서 보호 대상 아동 및 보호 종료 아동의 의미와 관리에 대해서 다루고 있다. 해당 아동복지법의 조항들은 모두 보호 연장의 사유를 두고 보호의 공백 없이 '아동보호체계' 내에서 연속적인 지원을 보장한다는 취지에 있어 긍정적으로 평가될 수 있다.

그러나 해당 법령에서 제시하는 '보호 종료 아동'이라는 명칭에 대해 크게 두 가지의 문제점을 지적할 수 있다. 우선 '보호 종료'라는 부분에 있어 사회적 낙인의 효과가 있을 수 있으며, 이는 가뜩이나 가정 내 보호의 결여에 대해 터부시해서 생각하는 한국 사회에 있어 당사자들로 하여금 더더욱 정당한 지원 요구에 대한 심리적 장벽을 높이고, 사회적 진출을 어렵게 할 유인이 될 수 있다는 점에서 문제가 된다.

다음으로 '아동'이라고 지원대상을 명명했다는 점에서 지원대상을 미성년자 혹은 아동청소년에 한정해서 규정할 유인이 있다는 점에 있어서도 문제가 될 수 있다.

관련해서 아동복지법 제16조의 3(보호기간의 연장) 제1항은 '시·도지사 또는 시장·군수·구청장은 연령이 18세에 달한 보호 대상 아동이 보호조치를 연장할 의사가 있는 경우에는 제16조 제1항에도 불구하고 그 보호기간을 해당 아동이 25세에 달할 때까지로 연장하여야 한다'라고 규정하고 있으며, 이를 통해 18세 이상의 아동, 즉 25세의 청년 역시도 원한다면 보호받을 수 있음을 법으로 규정하고 있다. 이러한 20대 중후반의 청년까지도 직관적인 지원대상으로 규정할 수 있도록 포괄하기 위해서는 '아동'이라는 명칭보다 '청년'이라는 명칭을 사용하는 것이 가장 적합할 것으로 보인다.

또한 이처럼 정책지원대상을 선정할 때 기존의 보호 종료 아동이라는 명칭을 사용하기보다 자립 준비 청년이라는 명칭을 사용하는 과정에서 다른 부서의 정책지원에서 사용되고 있는 기타 비슷한 명칭 역시 포괄하는 개념으로 자립 준비 청년의 범위를 확대해야 한다는 것 역시 해당 보고서에서 강조하고 있는 바다.

보호 종료 아동 (복지부)	청소년 쉼터 퇴소자 (여가부)	청소년 자립 지원관 사례관리 대상자 (여가부)	청소년 자립 지원관 사례관리 대상자 (법무부)	기타 가정 밖 자립 지원대상

자립 준비 청년

자료 1-3. 자립 준비 청년 포괄 대상 | 출처 : 김지연 & 윤철경, 2021

기존의 복지부에서 사용하는 아동복지법상의 보호 종료 아동뿐만 아니라 여성가족부 및 법무부에서 정책을 만듦에 있어 사용하던 '청소년 쉼터 퇴소자', '청소년 자립 지원관 사례관리 대상자', '청소년 자립생활관 사례관리 대상자' 등의 용어 역시 '자립 준비 청소년'에 해당하는 것으로 포괄해서 사용하기를 장려하고 있다.

2021 여성가족부의 '청소년쉼터 퇴소자 자립 지원수당 첫 지원' 보도자료에 따르면, 지원대상을 '2021년 기준 과거 3년 동안 2년 이상 쉼터의 보호를 받고, 만 18세 이후 퇴소한 청소년'이라고 규정하고 있다.

2009 법무부의 서울동부 청소년 자립생활관 이용 안내에 따르면, '무의탁 및 결손가정 소년원 출원자, 가출 비행 전력이 있는 비행 초기 단계의 위기청소년, 가정해체 및 경제적 빈곤 청소년에게 학원 지원, 취업 알선 등 복지적 배려를 통한 성공적인 사회 정착 도모'를 목적으로 '만 12세 이상 23세 미만'을 입주 연령으로 규정하고 있다.

이처럼 '자립 준비 청년'이라는 용어는 기존의 다양한 아동 및 청년 복지 관련 대상 용어를 포괄함으로써, 아동복지와 청년복지의 연장선상에서 지원대상 연령대 자체를 확대하고, 연속적인 지원과 복지를 가능하게 한다는 점에서 큰 의의가 있는 명칭이라고 볼 수 있다.

3) 자립 준비 청년 관련 현황

연도	총합	아동양육시설			공동생활가정			가정위탁		
		소계	남	여	소계	남	여	소계	남	여
2015	2,172	1,008	567	441	82	47	35	1,082	–	–
2016	2,677	980	532	448	140	67	73	1,577	–	–
2017	2,593	1,034	588	446	153	91	62	1,406	659	747
2018	2,606	1,065	585	480	192	97	95	1,349	618	731
2019	2,587	992	549	443	172	88	84	1,423	690	733
2020	2,368	827	481	346	168	90	78	1,373	728	645

자료 1-4. 보호 종료 아동의 규모 | 출처 : 김지연 & 윤철경, 2021

자료 1-4는 아동복지법상의 보호 종료 아동의 규모를 전국적으로 소계한 표다. 2015년 총합 2,172명, 그리고 그 이후로 2020년에 이르기까지 대략 매년 약 2,600명 수준으로 그 수가 유지되며 소계 됨을 알 수 있다. 하지만 보호 종료 후 사후관리 현황에 관한 표를 보면, 소계 되는 수가 현저히 줄어듦을 알 수 있다.

구분	진학		취업		군입대		기타		연락두절		총계	
양육시설	801	16.5	2,565	52.9	52	1.1	1,005	20.7	430	8.9	4,853	100
공동생활	158	23.4	271	40.1	25	3.7	113	16.7	109	16.1	676	100
가정위탁	404	5.6	2,024	27.9	372	5.1	1,644	22.6	2,823	38.8	7,267	100
합계	1,363	10.7	4,860	38.0	449	3.5	2,762	21.6	3,362	26.3	12,796	100

자료 1-5. 보호 종료 아동 자립 수준 평가 대상 현황(2019) | 출처 : 김지연 & 윤철경, 2021

교실 밖의 정치학

자료 1-5를 보면 2019년 기준 당해 연도 사후관리 대상자 13,000여 명 가운데 연락 두절이 3,362명으로, 30%에 달하는 인구가 소재지를 확인할 수조차 없는 상황임을 알 수 있다. 이를 통해 보호 종료 아동의 보호 종료 이후 사회적 복지 및 지원에 대한 장벽이 상당함을 유추할 수 있으며, 사회적 지원을 받는 것에 대한 심리적 장벽을 낮추고, 안정된 복지 및 지원을 갖추는 것이 시급한 과제임을 알 수 있다.

4) 자립 준비 청년 관련 지원 체계 및 현황

보호 대상 아동 및 보호 종료 아동에 관한 자립 지원 체계가 어떻게 구성되며, 해당 프로젝트의 주된 관심 대상이 되는 시·군·구 차원에서는 어떻게 자립 지원을 시행하게 되는지를 알아보겠다.

보호 종료 아동에 대한 소득지원은 자립정착금, 자립수당, 디딤씨앗통장, 보호 종료 아동 주거 지원 통합 서비스, 이 네 가지로 크게 나눌수 있다. 그리고 해당 자립 지원은 자립 지원 통합 관리 시스템을 통해 성과관리가 이루어지게 되며, 아동권리보장원과 사회보장정보시스템이 관리 담당 주체, 아동복지시설 및 가정위탁지원센터, 자립 지원 전담 기관이 자료 입력 주체로서 활동한다(김지연 & 윤철경, 2021).

보호 대상 아동 자립 사업운영체계에 해당하는 자립 지원부, 자립 지원 전담 기관 및 아동 양육시설에서 자립 지원 통합 관리시스템을 운영하고 보건복지부, 시·도, 시·군·구는 이에 대한 통계조회만 가능한 관리자로서의 역할만 수행하는 실태다. 입력과 조회를 모두 가능하게 하고, 자립 지원 전담기관의 업무를 특히 시·군·구 차원에서 분담해 자립 준비 청소년 관련 업무를 강화하는 게 필요할 것으로 생각된다(김지연 & 윤철경, 2021).

2. 주제 선정 배경

1) 자립 준비 청년에 대한 시의적 관심

자료 1-6은 성북구 의회에서 제공한 '자립 준비 청년' 관련 조례 현황 및 제정 개정 구분에 관한 표다. 전국에 총 22개의 자립 준비 청년 관련 조례가 존재하며, 서울의 경우 서울특별시 차원에서의 '서울특별시 자립 준비 청년들의 자립 지원에 관한 조례'가 존재하고, 시·군·구 차원에서는 총 7개의 조례가 존재함을 알 수 있다.

해당 현황에서 우리 조가 주목했던 점은 바로 제정·개정 구분에서의 현황이었다. 자립 준비 청년에 관한 조례 중 전부 개정이 7개, 일부 개정이 1개, 제정이 14개이며, 대부분 2022년과 2023년에 재개정되었다. 즉 해석하면 8개 정도의 조례는 자립 준비 청년에 관해 이전부터 지역에 존재했던 것이며, 그 외 거의 두 배에 달하는 수의 자립 준비 청년 관련 조례가 2022년 하반기부터 2023년 상반기에 집중적으로 만들어졌다는 것이다. 또한 앞선 8개의 조례 역시 최근 들어 개정했다는 점을 고려해본다면, 자립 준비 청년에 관한 관심이 굉장히 시의적이라는 것을 알 수 있다.

이러한 시의적 이슈에 대해 물론 조례를 제정함에 있어 주의해야 하는 부분이 존재한다. 여론과 언론에 의해 진정한 필요성과 문제의식을 결여한 채로 조례를 만들게 되면 머지않아 유명무실한 존재가 될 가능성이 상당하다. 하지만 그럼에도 불구하고 조례를 만든다는 것은 일정 부분 지방자치단체의 책임과 의무를 규정하고, 예산안을 편성함에 있어 근거가 된다는 점에서 상당한 의미가 있다.

순번	구분	지역명		법령명	공포일자	시행일자	제·개정
1	시도 (3)	경기도		경기도 자립 준비 청년 등의 자립 지원에 관한 조례	2022.3.4	2022.3.4	전부 개정
2		서울특별시		서울특별시 자립 준비 청년 등의 자립 지원에 관한 조례	2022.12.30	2022.12.30	전부 개정
3		충청북도		충청북도 자립 준비 청년 등의 자립 지원 조례	2022.10.14	2022.10.14	전부 개정
4	시·군·구 (19)	서울특별시 (7)	강남구	강남구 자립 준비 청년 등의 자립 지원에 관한 조례	2023.4.14	2023.4.14	제정
5			관악구	관악구 자립 준비 청년 등의 자립 지원에 관한 조례	2023.4.20	2023.4.20	제정
6			구로구	구로구 자립 준비 청년 등의 자립 지원에 관한 조례	2023.3.30	2023.3.30	전부 개정
7			노원구	노원구 보호 아동 및 자립 준비 청년 자립 지원에 관한 조례	2023.1.1	2022.12.29	전부 개정
8			도봉구	도봉구 자립 준비 청년 등의 자립 지원에 관한 조례	2023.4.13	2023.4.13	제정
9			성동구	성동구 자립 준비 청년 자립 지원 조례	2022.12.29	2022.12.29	제정
10			은평구	은평구 자립 준비 청년 등의 자립 지원에 관한 조례	2023.3.9	2023.3.9	전부 개정
11		경기도 (3)	광주시	광주시 자립 준비 청년 지원에 관한 조례	2023.1.2	2023.1.2	제정
12			수원시	수원시 자립 준비 청년 등의 자립 지원에 관한 조례	2023.3.23	2023.3.23	전부 개정
13			평택시	평택시 자립 준비 청년 지원에 관한 조례	2023.2.28	2023.2.28	제정
14		강원도 (1)	홍천군	홍천군 자립 준비 청년 지원에 관한 조례	2023.4.13	2023.4.13	제정
15		경상남도 (1)	밀양시	밀양시 자립 준비 청년 자립 지원에 관한 조례	2023.4.17	2023.4.17	제정
16		광주광역시 (3)	광산구	광산구 자립 준비 청년 등의 자립 지원에 관한 조례	2022.12.30	2022.12.30	제정
17			동구	동구 아동복지시설 자립 준비 청년 지원 조례	2022.10.14	2022.10.14	일부 개정
18			서구	서구 자립 준비 청년 지원에 관한 조례	2023.1.1	2023.1.1	제정
19		대구광역시 (1)	서구	서구 자립 준비 청년 등의 자립 지원에 관한 조례안	2022.11.10	2022.11.10	제정
20		대전광역시 (2)	동구	동구 자립 준비 청년 등의 자립 지원 조례	2023.3.14	2023.3.14	제정
21			유성구	동구 자립 준비 청년 등의 자립 지원 조례	2022.11.18	2022.11.18	제정
22		부산광역시 (1)	해운대구	해운대구 자립 준비 청년 자립 지원 조례	2023.1.1	2023.5.8	제정

자료 1-6. '자립준비청년' 관련 조례 현황 | 출처 : 성북구 의회

특히나 자립 준비 청년의 경우 그 수가 적지 않음에도 불구하고 심리적, 사회적 장벽으로 인해 지원을 제대로 보장받지 못하고 있는 경우가 많다. 현재와 같이 자립 준비 청년에 대한 시의적인 관심이 존재할 때, 지방자치단체의 책임과 의무를 명확히 규정해서 실효성 있는 조례를 만든다면, 자립 준비 청년에게 보다 살기 용이한 지역이 형성될 것이라는 생각에 해당 주제를 선정해봤다.

2) 형평성, 정당성 차원에서 필요한 소수자를 위한 조례 명문화 필요성

조례는 지방자치단체가 행사하는 자치입법권에 의해서 제정되는 법규범이며, 지방의회의 조례 입법절차에 의해 제정된다. 지방자치단체가 제정한다는 점에서 주민들의 실생활과 가장 직접적으로 맞닿아 있는 법이라고 볼 수 있으며, 실제로 성북구 김육영 의원과 인터뷰할 때도 조례 제정에 있어 '생활의 정치'를 강조하며, 주민들이 실질적으로 필요로 하는 것을 만들어 유명무실한 조례로 남도록 하지 않는 것이 중요한 것임을 언급한 바 있다.

하지만 조례가 단순히 주민들의 실생활에 실질적인 도움이 되는 방향성으로만 제정되는 것이 바람직한지 생각해보면, 조례는 사실 그보다 고차원적인 관념적 목적 역시 갖추고 있어야 한다는 것이 본 조의 생각이었다.

앞서 자립 준비 청년 관련 현황에서도 언급했듯 보호 종료 아동의 보호 종료가 끝난 이후 소재지를 알 수 없는 경우가 30%에 달한다는 사실은, 보호 종료 아동이 사회적인 도움과 지원을 요청하는 것에 대한 심리적 장벽이 상당함을 알 수 있는 부분이다. 보호 종료 아동 및 자립 준비 청년은 분명히 이 사회 어딘가 존재하고 시간이 지날수록 그 수가 늘어남에도 불구하고, 그들의 권리를 보장해줄 것을 요구하는 목소리 자체는 커지지 않는 것이 실정이다. 그런 상황에서 오로지 주민 편의와 수요를 감안해서 조례를 제정하게 된다면, 이들과 같이 스스로 목소리를 내기조차 어려워하는 소수자들에 관한 조례는 점차 줄어들게 될 것이다. 그렇기에 지방자치단체 차원에서 의무적으로 사회적 소수자를 보호할 수 있는 조례를 마련하는 것이 필요하다는 생각이다.

사회적 소수자와 관련한 조례 제정의 필요성은 조례라는 법규범이 가진 자체적인 특성에도 기인한다는 것이 본 조의 생각이다. 조례는 특정 지역주민들을 대상으로 하는 법규범이며, 그 조례의 내용이 정당하고 형평성 있는 사회적 소수자에 관련한 내용을 다룬다. 실제로 그것이 실행되어 사회적 소수자까지 아우를 수 있는 지역공동체적 분위기가 형성된다면, 사회적 소수자의 사회적 장벽이 낮아질 뿐만 아니라 지역에서 작은 단위로 형성된 이러한 다양성 존중의 분위기가 타 지역에까지 영향을 줄 수 있다고 유추했다. 조례에서 시작해서 해당 내용에 대해 점진적으로 발전 입법이 이루어지게 된다면, 다양성을 존중하는 사회적 분위기가 국가 전체적으로 확산될 수 있을 것이다. 그리고 이러한 분위기의 확산은 또한 중앙정부에서 지방정부로의 상명하달 사례가 아닌 지방정부에서 중앙정부, 더 나아가 국가 전체로의 상향적 의사 결정과 관련한 사례가 될 수 있다는 점에서도 의의가 있다고 봤다.

결국 자립 준비 청년과 같은 소수자를 위한 조례의 제정은 소수자에게 있어서도 지역사회에 대해 심리적 장벽을 낮추어 사회적 지원을 요구할 수 있도록 할 뿐만 아니라, 해당 조례를 제정함으로써 사회적 소수자 및 다양성 존중의 사회적 분위기를 형성할 수 있는 시작이자 디딤돌

이 될 수 있다는 점에서 충분히 필요한 행위라고 봤다.

3) 대상 지역(성북구) 선정 이유

2021년 아동 자립 지원 통계 현황보고서(아동 권리 보장원, 2022)에 따르면, 전국의 자립 준비 청년은 총 2,102명이며, 경기 314명(14.9%), 서울 243명(11.6%), 전남 196명(9.3%)의 순으로 많다.

앞선 주제 선정 배경에서 자립 준비 청년 관련 조례 현황 및 제·개정 구분에 관한 표를 제시한 바 있다. 서울시 내 지역구에서 자립 준비 청년 지원에 관한 조례가 2022년과 2023년에 집중적으로 제·개정된 것을 보아 사회적 관심도가 매우 증가했음을 알 수 있다. 또한 조례는 법 규범으로서 사회적 관심과 실효성, 정책대상자의 절대적 수만을 고려해서 제정되는 것이 아니라 국가의 지원이 필요한 소수자를 충분히 고려해서 형평성을 보장하는 것이 마땅할 것이다.

성북구 의회 보건복지 위원장 김육영 의원과 소속 정책 담당자와의 인터뷰에서 2023년 4월 기준, 성북구의 자립 준비 청년(보호 종료일로부터 60개월 이내 아동, 보호 종료자립수당 대상자) 인구 통계를 받은 바 있다. 성북구 의회 측에서 실무담당자로부터 전해 받은 자료로, 현재는 비공식적 자료이므로 추후 공개 가능 여부를 확답받기로 했다. 따라서 정확한 수를 공개하기는 어려우나, 서울시 내 25개 지역구가 있다는 점을 고려했을 때 상당수의 자립 준비 청년이 성북구에 거주하고 있음을 알 수 있었다 (본론 2-1 인터뷰 내용에서 확인할 수 있다).

지방자치단체 차원의 지원이 함께 할 때 자립 준비 청년 지원의 지속성과 실효성을 증진할 수 있고, 성북구 내 추산되는 정책대상자의 수가 적지 않다는 점에서 해당 지역구를 선정하게 되었다.

또한 성북구 차원에서도 자립 준비 청년에 관한 관심을 촉구하고, 지원의 필요성을 역설하는 모습을 찾아볼 수 있었다. 하지만 관련 조례가 발의까지 나아가지 못했다는 점에서 본 프로젝트를 통해 한계를 극복하려는 방안을 모색하고자 했다. 자료 1-7은 2022년 12월 14일, 성북구 제293회(제2차 정례회) 김육영 의원의 5분 자유발언 내용이다. 성북구의 아동보호 전담 요원을 활용 또는 확충해서 공동생활가정 9개소의 만 15세 이상 보호 아동에게 전문적, 체계적인 자립 준비사업을 지원할 것과 자립 준비 청년이 자립 지원 전담기관으로부터 사후관리를 받고 있는지 아동보호 전담 요원에게 일정 기간 모니터링 역할을 부여할 것을 제안하고 있다.

안녕하십니까? 보건복지위원회 소속, 성북동·삼선동·동선동·돈암2동·안암동·보문동에서 의정활동을 하고 있는 김육영 의원입니다. (중략)
본 의원은 이른 시기에 홀로서기를 해야 하는 성북구의 자립 준비 청년이 관리 사각지대에 놓이지 않도록 보호 아동 및 자립 준비 청년 관리체계를 마련할 것을 제안하고자 이 자리에 섰습니다.
올해 8월, 광주광역시의 모 보육원에서 퇴소해서 자립생활을 하던 청년 2명이 잇따라 극단적 선택을 한 비극적인 사건이 발생했습니다. **성북구에도 자립 준비 청년이 45명이 있으며, 짧게는 1년 안, 길게는 4년 이내 퇴소해서 자립 준비 청년이 될 아동 역시 37명으로 추정되고 있습니다.**
보건복지부의 〈보호 아동 자립 지원〉 지침에 따르면, 아동복지시설에서는 매년 만 15세 이상의 아동에 대한 자립 지원계획을 수립해야 하고, 자립기술평가 및 프로그램 등을 진행해야 합니다. 또한 시·군·구 담당부서에서는 이러한 자립계획수립에 대한 업무협조 등을 수행하도록 되어 있습니다.
자립 지원사업의 대상이 되는 성북구 관할 복지시설은 아동공동생활가정 9개소와 아동양육시설 1개소로 총 10개소입니다. 이 중 성애원의 경우, 두 번째 화면과 같이 자립전담인력이 1명 배치되어 22명을 대상으로 자립 지원사업을 수행하고 있습니다. **전담인력 1명이 22명을 대상으로 사업을 수행하는 데 한계가 있다는 문제점**도 있지만, 이보다 더 큰 문제는 여기에 있습니다.

9개소의 공동생활가정의 경우에도 만 15세 이상 보호 아동이 총 25명이 있으나 지침상 해당 시설은 자립전담요원 배치가 필수가 아니기 때문에 요원이 부재한 상황입니다. 이러한 상황에서 체계적인 자립 준비 및 관리를 받는 것은 사실상 어렵다고 볼 수 있습니다. 최근 11월 11일, 서울특별시자립 지원전담기관이 개소했다 하나 해당 기관의 사업이 제대로 자리 잡기 전까지는 자치구에서 손을 놓고 있으면 안 될 것입니다.

이에 본 의원은 **기존의 여성가족과의 아동보호전문요원을 활용 또는 확충해서 9개소 공동생활가정의 아동들을 대상으로 전문적이고, 체계적인 자립 지원사업을 적극적으로 지원할 것을 제안**하는 바입니다. 또한 이러한 보호 아동들이 자립 준비 청년이 되었을 때, **시·도 자립전담기관으로부터 제대로 사후관리를 받고 있는지 일정기간 모니터링하는 역할을 부여할 것을 제안**합니다.

이를 통해 자립에 대한 두려움을 낮추고, 이후 지역사회 내 건강한 구성원으로 안착할 수 있도록 지원해주실 것을 다시 한번 요청드리며, 이상으로 5분 자유발언을 마치겠습니다. 감사합니다.

자료 1-7. 성북구 의회 제293회(제2차 정례회) 김육영 의원 5분 자유발언 | 출처 : 성북구 의회

II. 본론

1. 관계 법령 검토

상위법으로 「아동복지법」이 있으며, 2021년 12월에 자립 정착금 및 자립 수당 지급(제38조 제1항 제1호의 2), 자립 지원 실태조사(제38조의2), 자립 지원 전담기관 설치 및 운영(제39조의2) 조문 등이 신설되었다. 자립 준비

청년의 지원에 관해 지방자치단체의 의무와 권한을 직접적으로 명시한 조문에는 제38조, 제39조의2, 제40조가 있다.

아동복지법 자립 지원 관련 조항

제38조(자립 지원) ① 국가와 지방자치단체는 보호 대상 아동의 위탁보호 종료 또는 아동복지시설 퇴소 이후의 자립을 지원하기 위하여 다음 각 호에 해당하는 조치를 시행하여야 한다. 〈개정 2021. 12. 21〉

1. 자립에 필요한 주거·생활·교육·취업 등의 지원

1의2. 자립에 필요한 자립정착금 및 자립수당 지급

2. 자립에 필요한 자산의 형성 및 관리 지원(이하 "자산형성지원"이라 한다)

3. 자립에 관한 실태조사 및 연구

4. 사후관리체계 구축 및 운영

5. 그 밖에 자립 지원에 필요하다고 대통령령으로 정하는 사항

② 제1항에 따른 자립 지원의 절차와 방법, 지원이 필요한 아동의 범위 등에 필요한 사항은 대통령령으로 정한다.

제38조의2(자립 지원 실태조사) ① 보건복지부장관은 보호 대상 아동의 위탁보호 종료 또는 아동복지시설 퇴소 이후의 자립 지원, 생활 및 정서적·신체적 건강 등에 대한 실태조사를 3년마다 실시하여야 한다.

2. 인터뷰

앞서 대상 지역 선정 이유에서 성북구 의회 제293회에서 5분 발언 중 자립 준비 청년 지원에 대해 언급했던 김육영 성북구의원을 대상으로 인터뷰를 진행했다. 인터뷰는 김육영 성북구의원과 총 두 차례 진행했으며, 1차 인터뷰는 비교적 간단하게 진행되었고, 2차 인터뷰는 <서울특별시 성북구 자립 준비 청년(보호 종료 아동) 지원에 관한 조례안 마련

관련 간담회> 명목으로 진행되었다. 조례안 지원사업 조항을 구체화하기 위해서 추후 자립 준비 청년협회 행정실장(자립 준비 청년 당사자)과의 인터뷰를 진행했다.

1) 성북구 의회 김육영 의원 1차 인터뷰

첫째, '아동/청소년' 부서로 할당받는 서울특별시의 예산을 자립 준비 청년 지원에 사용하기 위한 정당성 마련 측면에서 자립 준비 청년 지원에 관한 조례가 필요함을 알 수 있었다.

둘째, 조례 제정의 방향성과 관련해서는 자립 준비 청년 지원에 관한 조례가 유명무실한 조례가 되지 않게 하려고 조례 문항의 어미를 "할 수 있다"가 아닌 "해야 한다"로 규정해서 책임과 권한을 명확하게 명시하고 강화하는 방향으로 나아가야 한다는 김육영 의원의 의견을 들을 수 있었다.

셋째, 조례가 제정되기까지의 과정에서 구청장, 각종 위원회, 집행 부서 등과의 논의와 여러 이해관계를 고려해야 한다는 점과 나아가 성북구에 자립 준비 청년 지원에 관한 조례가 제정된다면, 서울특별시 차원에서 자립 준비 청년을 지원하는 정책과 차이점이 무엇인지 고려해봐야 한다는 점도 조언해주셨다.

2) 성북구 의회 김육영 의원 2차 인터뷰

첫째, 성북구 자립 준비 청년에 관한 다양한 통계자료를 검토했다. 제공받은 여러 자료를 바탕으로 전국, 서울특별시, 성북구 자립 준비 청년 현황과 자립 지원사업 대상 아동 복지 시설 및 아동 현황 자료를 통해 자립 준비 청년 자립 준비 지원체계 마련의 필요성을 검토했다. 2021

자료 1-8. 성북구 자립 준비 청년 자립 지원에 관한 조례안 마련 간담회

년 아동 자립 지원 통계현황보고서에 따르면, 전국의 자립 준비 청년은 총 2,102명이며, 서울특별시는 243명(11.6%)이다. 또한, 2023년을 기준으로 한 성북구 자립 준비 청년 현황 자료가 있으나 고아라 정책지원관에 따르면, 이는 비공식 자료이기 때문에 공개적으로 사용할 수 없는 것으로 확인되었다. 따라서, 성북구 자립 준비 청년의 비율이 어느 정도인지는 공식적으로 알 수 없으므로 타 구 현황과 비교해봐야 할 필요가 있다.

둘째, 현재 자립 준비 청년을 지원하는 주요 제도 및 현황을 검토해봤다. 보호 종료 아동 자립수당, 자립정착금, 대학진학자 학업유지비 및 취업준비금 지원(2022 신규 사업), 아동발달계좌(CDA) 사업 등 주요 자립 준비 청년 지원 제도는 모두 국가에서 할당되는 예산으로 지원 중인 국시비 지원사업인 점을 알 수 있었다.

셋째, 2023년 4월 20일자로 제정된 <서울특별시 관악구 자립 준비 청년 등의 자립 지원에 관한 조례>를 바탕으로 조례 구성 방향에 대해 논의해봤다. 해당 조례 역시 조례 항목의 어미가 "해야 한다"보다는 "할 수 있다"로 규정되어 있는 경우가 많았다. 김육영 의원은 이에 대해 1차 인터뷰와 마찬가지로 성북구에서 자립 준비 청년 지원에 관한 조례가 제정된다면, 조례 각 항목의 어미를 "해야 한다"로 규정해야 반드시 예산이 뒷받침될 수 있으며 유명무실한 조례가 되는 것을 방지할 수 있다는 점을 강조했다.

3) 자립 준비 청년협회

(1) 목적

자립 준비 청년협회는 자립 준비 청년 당사자들이 설립한 협회로써 당사자의 요구와 목소리를 듣고자 했다. 본 협회에서 하는 자립 준비 청년 지원사업들을 알아보고 사업을 진행하는 과정에서 느꼈던 부족한 점이나 서울시, 지자체 등에서 지원해줬으면 하는 부분, 조례에 포함되었으면 좋겠는 지원 분야 등을 알아보고자 인터뷰 대상자를 선정했다.

(2) 인터뷰 내용 요약

① 활동 진행 상황 설명 : 현재 시민정치리빙랩 과목에서 하고자 하는 조례 발안에 관해 설명하고, 성북구에 자립 준비 청년 지원 관련 조례를 발의하고자 한다는 설명을 진행했다.

② 자립 준비 청년협회에서 하고 있는 자립 준비 청년 지원사업

- 협회 자체적으로 재정을 모아 사업을 진행하고 있으며 교육, 자립 준비 청년 학교, 진로 및 경제 교육 강연, 장학제도 등의 사업을 진행하고 있다.
- 장학제도의 경우에는 생활비 또는 일회성 장학금이 아니라 경제적 형편으로 하지 못했던 활동을 지원하는 형식으로 진행하고 있으며, 연말에 장학금 수혜자들이 장학금 수혜로 어떠한 도움을 받고 꿈을 실현할 수 있었는지 이야기하는 행사가 있다.

(3) 지원사업을 진행하면서 부족하다고 느꼈던 부분

① 지원사업 홍보 : 자립 준비 청년들이 경제적 자립을 못해서 자살률이 높다고 하는데, 현시점에서 자립 수당도 30만 원에서 40만 원으로 올라갔고 스스로 노력한다면 자립이 가능할 것으로 생각할 수 있을 것이다. 하지만 자립 준비 청년들은 자립 준비 청년 지원사업에 대한 정보를 찾는 것에 어려움을 느끼고, 정보를 알아도 어떻게 지원하고 어떻게 혜택을 받는지 모르는 경우가 많으므로 홍보가 필요하다.

② 자립 준비 청년 전담 요원 인력 확충 : 최근 사회복지사 전담 요원이 생겨서 자립 준비 청년을 케어하는 제도가 생겼는데, 자립 준비 청년은 계속 늘어나고 있지만 전담 요원은 180명에 불과하다. 한 전담 요원이 약 3,000명의 자립 준비 청년을 케어해야 하는 실정이기 때문에 전담 요원 인력을 확충해서 자립 준비 청년을 지원하는 제도를 마련해야 한다.

③ 심리상담의 지속성 확보를 위한 상담 인력 확충 : 서울시에서 정신적 상담 및 건강 프로그램 지원사업 제도가 잘 마련되어 있으나 대부분 일회성 상담에 그치기 때문에 자립 준비 청년들이 속마음을 이야기하기 힘들다. 자립 준비 청년협회에서도 심리적, 정신적 상담은 꾸준한 커뮤니케이션을 통해 진행하기 있으므로 이 역시 상담 인력을 확충해야 한다.

④ 체계적인 융합 교육 : 자립 준비 청년들이 시설에서 퇴소했을 때 받는 경제적 교육은 컴퓨터 영상 강의로 듣는 게 끝이다. 전문가한테 체계적인 교육을 받아도 힘든 게 현실인데, 온라인 교육에 그치기 때문에 체계적인 교육이 이루어지지 않을 뿐만 아니라 자립 준비 청년이 경제적 자립을 이루기 어렵게 한다. 따라서 교육, 심리, 경제 등이 하나로 융

합된 체계적인 교육이 필요하다.

3. 조례 구성안

구체적인 내용을 정하기에 앞서 어떤 지원과 방법을 지원대상자들이 원하는지에 대한 파악이 선행되어야 한다고 판단했다. 실효성이 있는 조례안을 마련하기 위해서는 행정적 절차가 강제될 수 있도록 하는 규범력이 조례안에 포함되어야 한다. 예를 들어 조례에서 어떤 사항을 규정하는 표현이 '~해야 한다'로 규정될 수 있는 반면, '~할 수 있다' 또는 '~하도록 노력해야 한다'라는 식의 표현이 나타날 수 있다. 전자의 경우 해당 사항에 대해 강제성을 부여하는 특징이 있는 반면에 후자의 경우 해당 사업 부서의 재량하에 해당 사업의 실시 여부나 정도를 임의로 정할 수 있다. 이처럼 행정 부서에서 조례안의 강제성을 받지 않는 경우에는 조례가 제정되더라도 실질적인 주민의 삶에는 영향을 미치지 못할 수 있다는 점에서 실효성이 떨어진다. 이러한 상황을 예방하기 위해서는 조례안을 구성하는 단계에서부터 관철하고자 하는 조례의 내용은 구체적인 표현에 강제성을 부여하는 식으로 규정해야 할 것이다.

서울 내 타 구의 조례를 분석한 결과, 자립 준비 청년의 지원 방안에 대한 조례가 마련되어 있는 구는 7개였다. 조례의 내용을 살펴보면 조례의 핵심인 구청장의 책무에 대해서 '~해야 한다'라고 규정해 강제성을 부여하는 구는 강남구, 구로구, 성동구 세 지역이었다. 나머지 네 지역은 구청장의 책무에 대해서 '~하도록 노력해야 한다'라고 규정해서 구청장에게 자립 준비 청년의 지원에 대해 절대적인 강제성은 부여하고 있지 않았다.

김육영 성북구 의원과 면담을 실시한 결과, 조례를 구성하는 실무에서는 '~해야 한다', '~하도록 노력해야 한다', '~할 수 있다'로 이어지는 강제성의 정도에 대해 대부분의 논의가 이루어진다는 것을 알 수 있었다. 추후에 구의원, 사업 부서와 함께 간담회를 가질 기회가 있을 것으로 판단되는데, 앞의 내용을 바탕으로 해서 자립 준비 청년의 지원 내용에 관해 우리가 관철하고자 하는 지원 내용은 표현의 영역까지 고려해야 할 것이다. 이를 기반으로 다음과 같은 조례안을 작성했다.

성북구 자립 준비 청년의 자립 지원에 관한 조례안

제1조(목적) 이 조례는 자립 준비 청년의 자립을 도모하고 지역공동체의 건전한 일원으로 정착할 수 있도록 행정적·재정적인 지원에 필요한 사항을 정함을 목적으로 한다.

제2조(정의) 이 조례에서 사용하는 용어의 뜻은 다음과 같다.

1. "자립 지원대상 아동"이란 「아동복지법」(이하 "법"이라 한다) 제39조 제1항에 따른 15세 이상의 보호 대상 아동을 말한다.
2. "자립 준비 청년"이란 다음 각 목의 어느 하나에 해당하는 사람을 말한다.
   가. 법 제16조에 따라 보호조치 종료 또는 해당 시설에서 퇴소한 지 5년이 지나지 아니한 사람
   나. 「청소년 복지 지원법」 제31조에 따른 청소년 복지시설에서 퇴소한 지 5년이 지나지 아니한 사람

제3조(다른 조례와의 관계) 자립 준비 청년의 지원에 관하여 다른 조례에 특별한 규정이 있는 경우를 제외하고는 이 조례에서 정하는 바에 따른다.

제4조(시장의 책무) ① 구청장은 자립 준비 청년이 자립 지원 정책을 통하여 건전한 지역사회의 구성원으로 정착할 수 있도록 행정적·재정적 지원을 위한 시책을 마련하여야 한다.

② 구청장은 자립 지원대상 아동 및 자립 준비 청년의 자립 지원 정책 수립 시 관

련 당사자들의 참여를 보장하고 의견을 수렴하여 적극 반영하여야 한다.

제5조(지원계획의 수립) ① 구청장은 보호 아동·자립 준비 청년의 자립을 위한 자립 지원 계획을 매년 수립·시행하여야 한다.

② 1항의 자립 지원계획에는 다음 각 호의 사항이 포함되어야 한다.

1. 자립 지원계획의 목표와 방향

2. 제6조에 따른 자립 지원사업에 관한 사항

3. 제7조에 따른 자립 지원 전담기관의 설치 및 운영에 관한 사항

4. 제14조에 따른 실태조사에 관한 사항

5. 자립 지원을 위한 재원조달에 관한 사항

6. 그 밖에 구청장이 필요하다고 인정하는 사항

제6조(지원사업) ① 구청장은 자립 지원대상 아동 및 자립 준비 청년의 자립을 위하여 다음 각 호의 지원사업을 발굴·시행하여야 한다.

1. 자립에 필요한 자립정착금 및 자립수당 지급

2. 경제적 자립 및 자산형성을 위한 교육 및 재정관리 지원사업

4. 지원 프로그램에 관한 구체적 홍보사업

5. 지속적인 신체적·정신적·정서적 상담 및 건강프로그램 지원사업

6. 자립전담인력 배치, 자립 지원 시설 설치 및 운영

7. 그 밖에 구청장이 필요하다고 인정하는 지원사업

② 다음 지원사업은 특별히 지원의 목적과 취지에 맞게 구체적이고 실효적으로 시행하여야 한다.

1. 지원대상에게 지원 프로그램에 대한 직접적이고 적극적인 홍보

2. 지원대상의 신체적·정신적·정서적 상담은 일회적이지 않은 방식으로 이루어져야 한다.

3. 각 지원대상의 전담인력은 고정적이고 지원대상 수 대비 충분한 수를 유지하여야 한다.

제7조(자립 지원 협의체의 설치 및 기능) ① 구청장은 자립 준비 청년 등의 자립 지원사업을 효율적으로 지원하기 위해 자립 지원 협의체(이하 "협의체"라 한다)를 둘 수 있다.

② 협의체는 다음 각 호의 사항을 협의한다.

1. 제5조 제2항에 따른 자립 지원계획에 관한 사항

2. 제6조에 따른 지원사업에 관한 사항

3. 그 밖에 위원장이 필요하다고 인정하는 사항

제8조(협의체의 구성) ① 협의체는 위원장과 부위원장 각 1명을 포함한 9명 이내의 위원으로 구성한다.

② 위원은 다음 각 호의 어느 하나에 해당하는 사람 중에서 구청장이 임명 또는 위촉한다.

1. 서울특별시 성북구 의회 의원

2. 관계 공무원

3. 아동 관련 시설 및 단체의 종사자

4. 변호사, 의사 또는 교사의 자격이 있으면서 아동 분야에 학식과 경험이 풍부하다고 인정되는 사람

5. 자립 준비 청년 등

6. 그 밖에 구청장이 필요하다고 인정하는 사람

③ 위원장은 소관 업무 담당 국장이 되고, 부위원장은 위원 중에서 호선한다.

제9조(위원의 임기) 위촉직 위원의 임기는 2년으로 하며, 두 차례만 연임할 수 있다.

제10조(위원의 해촉) 구청장은 위원이 다음 각 호의 어느 하나에 해당하는 경우에는 위원을 해촉할 수 있다.

1. 위원 스스로가 해촉을 희망하는 경우

2. 장기 치료가 필요한 질병 또는 6개월 이상의 해외여행 등으로 직무를 수행하기 어려운 경우

3. 위원회 직무와 관련하여 알게 된 비밀을 누설하였거나 그 내용을 개인적으로 이용한 경우

4. 위원회의 직무와 관련하여 비위 사실이 있거나 위원직을 유지하기에 적합하지 않다고 인정되는 비위 사실이 발생한 경우

5. 직무 태만, 품위손상이나 그 밖의 사유로 인하여 위원으로 적합하지 아니하다고 인정되는 경우

제11조(위원장의 직무) ① 위원장은 협의체를 대표하고, 협의체의 업무를 총괄한다.

② 부위원장은 위원장을 보좌하며, 위원장이 부득이한 사유로 직무를 수행할 수 없는 때에는 부위원장이 그 직무를 대행하며, 위원장과 부위원장이 모두 부득이한 사유로 그 직무를 수행할 수 없을 때는 위원장이 미리 지명한 위원이 그 직무를 대행한다.

제12조(회의) ① 협의체 회의는 위원장이 필요하다고 인정하거나, 재적 위원 3분의 1 이상의 요구가 있을 경우 소집한다.

② 위원장이 회의를 소집하려는 경우에는 회의 개최 7일 전까지 회의의 일시·장소 및 안건 등을 각 위원에게 서면으로 통지해야 한다.

③ 협의체 회의는 재적 위원 과반수의 출석으로 개의하고 출석위원 과반수의 찬성으로 의결한다.

제13조(간사) 협의체의 사무를 처리하기 위하여 간사 1명을 두며, 간사는 소관업무 담당 팀장으로 한다.

제14조(실태조사) ① 구청장은 제5조에 따른 자립 지원계획을 효율적으로 수립·시행하기 위하여 자립 준비 청년 등의 생활·주거·진로·취업 등과 관련된 실태 조사를 실시할 수 있다.

② 제1항에 따른 실태조사 방법 및 내용 등에 필요한 사항은 구청장이 따로 정한다.

제15조(예산의 보조) 구청장은 제6조에 따른 지원사업을 추진하는 데 필요한 경비의 전부 또는 일부를 예산의 범위에서 보조할 수 있다.

III. 결론 : 본 조례의 기대 효과

1. 개인적 측면 : 자립 준비 청년협회 관계자 인터뷰를 바탕으로

성북구 자립 준비 청년 관련 조례가 해당 조례의 수혜자 개인적인 차원에서 미칠 수 있는 효과는 자립 준비 청년협회의 인터뷰를 통해서 충분히 예측할 수 있다. 우선 해당 조례는 타 구 조례에서는 대개 갖추어지지 않은 자립 준비 전담 요원 충원 지원에 관한 내용 및 자립 지원 관련 정보 제공 등을 추가했다는 점에서 의의가 있다. 해당 조항을 추가한 이유는 실제로 자립 준비 청년들이 앞과 같은 사항을 추가하기를 원했기 때문이다.

자립 준비 청년협회 부회장은 인터뷰에서 "지원금의 형식으로 국가에서 제공되는 지원은 생각보다 활성화되어 있다. 그러나 이런 금액적인 지원보다 더 절실히 필요한 것은 자립 준비 청년이 해당 지원들에 대해서 검색 및 이용할 수 있는 능력 고취 및 기타 사회에서 자리 잡고 살아갈 수 있는 수준까지 가르쳐 줄 수 있는 교육 제공이다"라는 의도의 발언을 한 바 있다. 또한 덧붙여 자립 준비 청년의 사회진출에 대한 심리적 장벽이 상당한 만큼, 해당 청년들에 대한 심리상담 및 기타 적응 프로그램 역시 필요할 것이라는 의견을 밝힌 바 있다.

성북구에 실제로 거주하는 자립 준비 청년들의 의견은 인터뷰 거절로 인해 직접 들어보지 못했으나, 앞의 인터뷰에 따르면 대부분의 자립 준비 청년이 앞과 비슷한 어려움을 겪는 것으로 파악된다. 또한 해당 협회가 설립된 목적 역시 금전적 지원과 더불어 진정으로 청년들이 자립할 수 있도록 정보 및 교육을 제공하고, 공동체적 소속감을 느낌으로써 심리적으로 안정감을 찾을 수 있는 데 있는 만큼 그 필요성이 상당함을 알 수 있었다. 그래서 성북구 조례를 구상하는 데 있어 교육 및 심리상담 지원이 필수적으로 들어갈 수 있도록 했다.

이와 같은 조례 구상 방안을 통해 성북구 거주 자립 준비 청년들은 서울시 차원에서 지원받은 자립 지원금과 더불어, 성북구 차원에서 제공되는 교육 및 심리상담을 받을 수 있다. 해당 조례는 국가로부터 제공되는 지원을 잘 파악하고 활용할 수 있게 하며, 자립 준비 청년이 심리적 안정을 찾는 데 도움을 준다. 자신의 진로를 개척하고, 안정적인 사회구성원으로 정착하는 데 본 조례의 역할이 있다.

2. 사회적 측면 : 성북구 특징을 바탕으로

해당 조례의 사회적 기대 효과를 알기 위해서는 성북구의 특징에 대해 정리해볼 필요가 있다. 우선 최근 3년간 서울시 자치구별 재정자립도 현황에 있어서 성북구는 서울시 25개 자치구 중 19위여서 상대적으로 낮은 재정자립도를 보였다. 성북구 김육영 의원과의 인터뷰에서도 성북구 자체가 다른 서울 자치구와 비교해서 재정자립도가 높은 편이 아니므로, 실효성 있는 조례를 만들어 확실하고 지속적인 예산 배정을 통한 지원이 필요함을 역설했다.

현재 성북구는 자립 준비 청년 관련 조례가 마련되어 있지 않다. 하지만 자립 준비 청년 분포에 있어서는 상대적으로 다른 자치구에 비해 많은 자립 준비 청년들이 거주하고 있음이 파악되었다. 자세한 수치는 비공개 자료라 언급할 수 없으나, 김육영 의원과의 인터뷰에서 제공받은 수치로 봤을 때 서울시 전체의 자립 준비 청년 분포에서 상당히 많은 부분을 차지하고 있음이 파악되었다. 성북구에 존재하는 보호 대상 아동 관련 기관들의 인터뷰 거절로 인해, 성북구에 왜 자립 준비 청년이 상대적으로 많이 분포하는지, 그리고 성북구에 거주하면서 느끼는 불편함 혹은 원하는 개선점이 없는지에 대해서 파악하지 못했다는 점이 한계점이나, 그 수치상으로만 판단했을 때도 자립 준비 청년 관련 조례가 반드시 마련되어야 한다는 결론에 도달했다.

이처럼 성북구는 낮은 재정자립도 및 높은 자립 준비 청년 분포라는 특징을 가지고 있다. 그렇기에 해당 특징들을 모두 고려해, 우선 자립 준비 청년을 지원하는 조례가 필요하며, 그 조례의 조항들이 모두 실효성이 있어야 했다. 그래서 해당 조례를 구상하는 데 있어 다른 자치구에서 시행하는 자립 준비 청년 관련 조례의 형식과 유사하게 작성하되, 예산 및 자립 지원 방안에 대한 항목들에 있어서는 '~해야 한다'라고 강제성을 부여하는 종결어미를 사용해서 구청장의 책임을 강화했다.

해당 조례는 성북구에 거주하는 자립 준비 청년에게 지원금, 교육, 상담 지원 등을 연속적으로 제공해줌으로써 성북구가 기존에 가졌던 문제점, 즉 자립 준비 청년이 많이 존재함에도 마땅한 지원 방안이 서울시 차원의 지원 이외에는 존재하지 않았다는 점을 해결해줄 수 있을 것으로 기대된다.

3. 국가적 측면 : 해당 조례가 국내 조례 및 법체계에서 가지는 의미를 바탕으로

마지막으로 국가 차원에서 해당 조례가 가질 수 있는 의미에 대해 논해보도록 하겠다. 현재 '자치법규정보시스템' 사이트에 '자립 준비 청년'이라는 키워드로 검색을 하면 총 29건의 조례가 나온다. 해당 조례들은 모두 2022년, 2023년 안에 재개정 된 것으로서 이를 통해 자립 준비 청년이라는 존재가 사회적으로 현재 많은 관심을 받고 있음을 알 수 있다. 이처럼 단기간에 해당 사안과 관련해 많은 조례가 제정되고 기존의 것들이 새로 개정된 이유에는 '보호 종료 아동'에서 '자립 준비 청년'으로 명칭이 바뀌는 과정에서 해당 용어가 언론에 많이 보도되었으며, 그 과정에서 자립 준비 청년들의 사회적 고립 및 높은 자살률의 문제들에 대해 문제의식을 느낀 이들이 많았기 때문이라고 볼 수 있다.

하지만 이처럼 단기간 많은 조례가 만들어지는 것에 대해 마냥 긍정적이라고 판단할 수는 없다. 관련 조례들을 분석한 결과 앞서 언급한 것처럼 '~해야 한다'라는 종결어미 대신 '~할 수 있다'라는 종결어미를 사용하거나, 자립 지원에 대한 예산 편성 및 자세한 방안에 대해서 언급하고 있지 않은 조례들이 상당수 있었고, 이 경우에는 사실 사회적 관심을 반영해 만들어졌지만, 실효적으로 사용될 가능성은 상당히 낮다고 볼 수 있다. 이런 조례들이 많아지게 된다면 사회적 문제에 대한 실질적인 해결책은 제시되지 않은 채 실효적이지 않은 조례들만 쌓이게 되는 문제가 발생할 수 있다는 점에서 오히려 역효과가 발생할 수 있다는 점에 주목해야 한다.

그렇기에 성북구 자립 준비 청년 관련 조례를 만듦에 있어서는 다른 자치구들과의 비교 분석을 통해 최대한 실효적인 조항들을 구성하려고 노력함으로써 해당 조례가 자립 준비 청년에 대한 사회적 관심이 높아진 현재 정말 실효적으로 도움을 줄 수 있도록 했다.

본 조례를 통해 성북구 차원에서 자립 준비 청년에게 도움을 줄 수 있을 뿐만 아니라, 실효적인 조례의 좋은 예시가 되어, 사회 전체가 자립 준비 청년들을 위한 진정한 지원 인프라를 구축할 수 있는 방향으로 나아가는 데 하나의 가이드라인이 되었으면 하는 바람이다.

부록

1. '성북구 자립 준비 청년 지원에 관한 조례안' 마련 간담회
(2차 인터뷰)

인터뷰 대상 : 성북구 의회 김육영 의원(보건복지위원장), 고아라 정책지원관
일시 : 2023. 05. 12. 10:30~11:30(약 1시간)
방법 : 대면

A : 시민정치리빙랩 7조 조원
B : 의회 측(김육영 의원, 고아라 정책지원관)
(인터뷰 속기 과정에서 발언자가 명확히 구분되지 않아, 7조 조원과 의회 측을 각각 A, B로 표시해서 작성했습니다.)

1) 조례 대상자 통계

B : 2022년 하반기 5분 자유발언 때만 해도 자립 준비 청년 지원 조례가 약 11개였어요. 그새 관련 조례가 많이 제정되어 전국에 약 22개 정도예요. 가장 최근에는 관악구에서 제정되었는데, 사실 내용은 타 자치구와 크게 다르지 않아요. 자립 준비 청년이 어느 구에는 많은데 어느 구에는 또 얼마 안 돼요. 소수의 주민을 위해 조례를 제정할 때 부담스러운 부분이 분명 있긴 하죠.

A : 네, 저희도 타 자치구와 성북구의 자립 준비 청년 인원을 고려해봤는데요. 타 자치구와 비교해도 성북구에 거주하는 자립 준비 청년 인원이 절대 적지 않고, 오히려 많은 편에 속하는 것 같습니다. 조례가 제정된 후 해당 조례의 수혜자가 적지 않다는 이유로도, 관련 조례가 마련될 이유가 충분하다는 생각이 들었습니다. 5분 자유발언에서 자립 준비 청년에 대한 지원 대책 강화를 촉구하시면서도 관련 조례안이 발의되지 않은 이유에 대해 여쭈어도 될까요?

B : 우리 성북구에도 약 50여 명의 자립 준비 청년이 있으니 성북구 의원들과 집행부 차원에서 관심을 두자는 의미에서 5분 자유발언을 하게 된 거죠. 그 후 점차 논의가 이루어지는 과정에서 확실히 조례의 필요성이 인정되면 제정되는 건데, 그 단계까지 가지는 못했어요.

A : 결국 자립 준비 청년에 대한 정확한 지원 현황을 기반으로 해서 구체적으로 어떤 부분에서 부족한지 파악하는 게 선행되어야 할 것 같습니다. 조례의 필요성이 더욱 명확해지기 위해서요. 그전에 여쭤보고 싶었던 것이 성북구에 거주하는 자립 준비 청년 수의 정확한 통계인데요. 저희가 찾아본 바로는 약 50명이 조금 되지 않는 수였는데, 혹시 의회 차원에서 조사한 수와 근접할까요?

B : 저도 관련 사업 부서에서 전달받기로 54명입니다. 현재 자립수당을 받는 대상자 기준으로 추출한 수가 이 정도예요. 5분 자유발언 때도 말했듯이, 몇 년 이내에 퇴소할 아동까지 포함하면 그 수는 더 늘어날 것으로 예상합니다. 보호 종료 아동(현 자립 준비 청년)에 더해 보호 아동까지 고려해야 해요. 대략 30명 정도 되고요.

A : 의회 내 자립 준비 청년을 담당하는 사업 부서에서 나온 비공식 통계자료인가요?

B : 네, 그렇죠.

A : 확실히 서울에 거주하는 전체 자립 준비 청년 대비 성북구에 거주하는 자립 준비 청년이 많네요. 자립 준비 청년에 대한 사회적 관심이 높아지면서 여러 자치구에서 현재 활발히 제·개정이 이루어지고 있는데, 중앙정부 차원의 지원이 부족했던 것으로 이해해도 될까요?

B : 네. (웃음) 제가 복지 전공자의 시선으로 바라보면, 어떤 제도도 충분하지는 않다고 생각해요. 결국 협의회에서 예산 범위 내에서 조정하게 되니까요.

2) 지원사업 관련 조항

A : 타 구 조례 구성안을 전반적으로 살펴봤을 때, 지원사업 조항을 제외하고서는 대부분 비슷했습니다. 특히 지원사업은 자치구마다 그 양상이 조금씩 다르고, 또 상당히 추상적인 것을 알 수 있었습니다. 자립 준비 청년이 겪는 어려움이 자치구마다 큰 차이를 보이지는 않는다는 점에서 이러한 지원사업 양상의 차이는 단순히 자치구의 역량에 의해 결정되는 것인지 여쭙고 싶습니다.

B : 지원사업 조항을 보시면 되게 짧지만, 사실 뜯어보면 엄청나요. 자립 지원사업, 주거 사업 등 아시겠지만 사실 주거 사업의 경우에도 주거 하나를 마련하는 게 되게 복잡합니다. 자치구 노력만으로 가능한 게 아니라 LH 등 지원체계를 구축할 수 있는 다른 집단과도 충분한 협의가 필요하니까요. 이런 지원사업의 경우, 실질적인 정부 사업과 많이 비교해보시면서, 또 타 구에서 만든 지원사업 조항이 실효성이 있었는지

함께 조사해보시면 구성하시는 데 도움이 될 거예요.

3) 실태조사 관련 조항

A : 네, 역시 지원사업 조항의 실효성 검증이 꼭 필요하다는 조언 감사합니다. 자립 준비 청년 지원에 관한 조례 대부분에 '실태조사' 조항이 있는데, 자치구 차원의 실태조사에도 많은 예산 배정이 필요한가요?

B : 네, 실태조사 조항의 경우에는, 특히나 문구가 짧으니 엄청 쉬워 보이잖아요. 사실 이것도 엄청나게 예산이 많이 드는 일이라 쉽지 않아요. 추가로 궁금한 점 있으면 질문 주세요. (웃음)

4) 정치적 이슈화로 인한 타 구 조례 제정 사례

A : 결국 조례 제정이 예산 배정과 직결되기 때문에, 중앙정부의 지원이 부족해 자치구 차원의 지원이 동행되어야 한다는 인식이 있다고 할지라도 조례 제정으로 이어지기는 쉽지 않은 것 같아요. 현실적으로 약 50명이 넘는 정도의 조례 대상자가 존재할 때, 조례를 만들기 충분하다는 공감대가 형성되기 어려울까요?

B : 일단 조례가 아니더라도 서울시의 상위 조례가 제정된 상태잖아요. 그러면 이제 자치구 차원에서는 따지고 보면 서울시가 상위법이에요. 그 법을 기준으로 저희가 어떤 사업을 추구할 때는 지방자치단체장의 방침으로도 가능한 부분이 있거든요. 예컨대 조례가 없어도 가능한 사업들이 상위법 근거하에 가능하다는 거죠. 그래서 약 50명의 대상자가 절대적으로 많다, 적다를 두고 이야기하기에는 어려운 부분이 있어요. 타 구에서도 어떤 사회적인 이슈를 기반으로 관심을 끌기 위해 조례를 발의하는 경우가 많아요. 실질적인 필요성은 불분명해도 결국 정치

는 이슈이기 때문에, 이슈가 되면 할 수 있는 부분들이 있거든요.

A : 네, 결국 조례 대상자의 절대적인 수를 두고 조례 마련의 공감대를 형성하는 데는 무리가 있는 것 같습니다. 사회적 관심으로 인한 정치적 이슈화와 같이 복합적으로 이해해야 할 부분이네요.

B : 그렇죠. 타 구 의회 홈페이지 들어가시면 검토 보고서를 보실 수 있어요. 자치구 현황 분석 자료도 있고요. 타 구가 정말 해당 조례가 필요해서 만들었는지, 그 보고서 논리를 찬찬히 훑어보시면 어느 정도 파악하실 수 있을 거예요.

5] 매칭 사업 관련 조항

A : 매칭 사업 조항 관련해서, 사실 가장 많은 예산이 소요되는 사업일 수도 있다는 생각이 들었는데요. 후견자 자격 검증, 자립 준비 청년과의 성향 유사성 파악 등 절대적인 수치로 판단할 수 없는 영역에서는 아무래도 이를 모니터링할 수 있는 인력이 매우 필요하니까요. 하지만 자립 준비 청년이 보호가 종료된 아동을 포함함을 감안했을 때, 후견인 매칭사업만큼 중요한 게 또 있을까 싶었습니다. 자치구에서 해당 사업을 고려할 때, 예산 관련해서 고민하는 구체적인 과정을 여쭤봐도 될까요?

B : 매칭 사업이라는 게 중앙 정부 차원에서 30%, 자치구 차원에서 30% 등 쭉 내려오거든요. 총합해서 100% 매칭 사업을 하게 되는데, 이 단계의 사업이 끊어지면 후에 성북구가 다 부담해야 하는 상황이 올 수도 있다는 거예요. 이 사업을 추진하는 집행부에서 현 정부가 어떤 계획이 있는지 가장 잘 알겠지만, 예산의 불안정한 배정 때문에 고민하는 부분도 분명 있죠.

6) 협의체(위원회) 설치 관련 조항

A : 타 구의 조례를 살펴보면 협의체라든지 혹은 위원회를 많이 구성하는데요. 성북구 청년 지원에 관한 조례 내에도 협의체가 있더라고요. 성북구 자립 준비 청년 지원에 관한 조례를 마련할 때, 기존 청년 지원 조례 내의 협의체에 하위 부서를 두는 방식으로 운영하면 불필요한 과정을 간소화함으로써 더 실효적이지 않을까 하는 생각을 했습니다. 이러한 방안이 새로운 협의체를 설치하는 것보다 실효적으로 작동할 여지가 있을까요?

B : 그렇죠. 자립 준비 청년 지원에 관한 조례에 기존 협의체를 활용하는 방안을 채택할 경우, 하나의 안건으로 상정해서 논의할 수 있게끔 조례에 명시하면 되겠죠. 기존의 구성을 어느 정도 활용할 경우, 인력 구성과 같은 불필요한 행정 낭비를 줄일 수 있으니까 더 실효적이라고 볼 수 있어요. 복지 소관 업무를 담당하다 보니 성격도 비슷하고요.

7) 관련 사업 부서 및 당사자와의 인터뷰 필요성(+어려움)

A : 조례 필요성, 실효성 등을 다방면으로 검토해보려고 하지만, 사실 가장 중요한 것은 이들의 목소리를 직접 듣는 것일 텐데요. 혹시 저희가 실무 담당자분과 인터뷰할 기회를 얻을 수 있을까요?

B : 실무 담당자는 아동보호시설을 직접 관리하기 때문에 다양한 경험을 할 테지만, 자립 준비 청년 당사자가 개인정보와 같은 이유로 그들의 이야기를 들려주길 원하지 않을 수도 있어요. 그 점에서 제약이 있을 수는 있겠지만, 필요하다면 실무 담당자와 인터뷰할 기회를 얻을 수 있고요.

A : 네, 감사합니다. 저희가 현재 자립 준비 청년협회 관계자와 인터뷰 계획

에 있는데, 해당 인터뷰를 토대로 실무 담당자분과의 만남을 고려해봐야 할 것 같습니다. 다시 한번 도움 주셔서 감사합니다.

2. 자립 준비 청년협회 관계자 (행정실장) 인터뷰

인터뷰 대상 : 자립 준비 청년협회 제찬영 행정팀장
일시 : 2023. 06. 01. 3:30~4:30 (약 1시간)
방법 : 비대면

1) 인터뷰 시작 : 자립 준비 청년협회 소개

유성규 : 인터뷰에 앞서 저희가 하는 활동에 대해 설명드리겠습니다. 우선, 저희가 성북구에서 자립 준비 청년 지원 관련 조례를 만드는 게 프로젝트 목표 거든요. 그래서 자립 준비 청년들이 실제로 어떤 지원이 있어야 하고, 이게 지금 시행되는 서울시 정책들이나 이런 것들에 부족한 점은 무엇인지, 그리고 협회 쪽에서도 어떤 프로그램을 진행하는 데 있어서 서울시나 아니면 지자체에서 지원받았으면 좋겠다 싶은 부분들을 저희가 궁금해서 그 부분들에 대해서 여쭤보려고 인터뷰 요청드렸습니다. 그래서 우선 협회에 관해 간단하게 소개해주시면 감사할 것 같아요.

자립 준비 청년협회 제찬영 행정팀장(이하 제찬영 팀장) : 네, 현재 저는 인천대학교에 재학 중이고요. 회장님이 군대에 가서 지금 제가 임시 대표를 맡고 있습니다. 자립 준비 청년협회는 다른 협회와는 다르게 자립 준비 청년들의 모임으로 해서 자립 준비 청년 당사자로 이루어진 첫 번째 단체고요. 저희 자립 준비 청년협회는 자립 준비 청년들만 있는 곳입니다. 지역마다 팀장이 있고, 그 밑에 수행하는 청년들이 있습니다. 현재 본부에는 한 15명에서 20명 있고, 전국으로 하면 150명 정도가 자립 준비 청년들을 위해서 열심히 일하고 있습니다.

2) 자립 준비 청년협회 설립 목적 및 참여 경로

김정원 : 네, 감사합니다. 자립 준비 청년협회에 들어가게 된 계기가 궁금한데, 국가 및 서울시 차원에서 자립 준비 청년에 대한 지원이 부족하다고 느껴져서 그런 것인지, 혹은 다른 이유가 있으셔서 그런 것인지 그 경로가 궁금합니다.

제찬영 팀장 : 제가 현재 나이가 22세이고, 퇴소한 지는 만 3년 되었거든요. 그런데 솔직히 이렇게 시설을 퇴소하고 나서는 옆에 있던 보육사나 사회복지사 선생님들이 안 계시고, 어쨌든 저 혼자잖아요. 지금 만 18세 정도면 아직 철이 든 상태도 아니고, 물론 18세 정도면 혼자 할 수 있는데, 이게 아무래도 부모님이 있는 것보다는 혼자 떨어져서 자립하게 되면 힘든 점도 많잖아요. 그래서 제가 다른 단체에 갔다가 이제 거기서 회장님을 먼저 뵙게 되었고, 우연히 회장님께서 자립 준비 청년협회의 목적을 말씀해주셨어요. 자립 준비 청년들이 리더가 되고, 리더를 양성해서 그 리더로 양성된 사람들이 이제 자립 준비 청년들을 위해 좀 목소리를 내주면 좋겠다는 식으로 말씀하셨고, 그래서 저한테도 한번 해보지 않겠냐고 부탁하셔서 자립 준비 청년협회 일을 하고 있습니다. 솔직히 국가적인 지원 제도가 마련되어 있다고 해도 만 18세 때 시설에서 갑자기 나가버리게 되면 그런 제도를 잘 활용도 못 해요. 그런 것 때문에 자립 준비 청년 후배들에게 지원 정책을 잘 알려주면 아무래도 지금보다는 좀 더 자립을 더 성공적으로 할 수 있지 않을까 해서 자립 준비 청년협회를 지원하게 되었습니다.

3) 자립 준비 청년협회 차원의 지원 현황

김정원 : 그러면 추가로 여쭐 사항이 있는데, 앞서 이제 어린 나이에 퇴소하게 되면 국가에서 제도적인 지원이 있다고 하더라도 그것을 잘 활용하지 못해서 그런 부분을 해소하고자 참여하신 거라고 저는 이해를 했거든요. 그러면 예를 들어서 현재 자립 준비 청년협회에서 서울시에서나 혹은 다른 구 차원에서 제공하고 있는 지원을 이제 다른 18세 미만의 학생들에게 어떻게 잘 알려주고 있는지 그 정확한 구체적인 예시가 있을까요?

제찬영 팀장 : 저희는 지금 서울시에서 지원받고 있는 것은 아니고요. 자체적으로 저희가 돈을 좀 모아서 하는 게 세 가지예요. 교육, 자립 준비 청년 학교, 그리고 이제 나가는 사람들에게 진로 강연이라든지, 아니면 경제 교육을 강연하고 있어요. 그러니까 일단 저희가 자립 정책을 잘 알아야 후배들을 교육할 때도 좀 알려줄 수 있는 게 있잖아요. 그래서 저희 협회 내에서 자립 준비 청년 학교를 한 달에 한 번씩 하고 있는데, 기업 회장님이나 교육, 경제 쪽의 리더분들을 모시고 저희가 교육도 하고 토론도 하고 이런 방식으로 저희 협회를 운영하고 있고… 그리고 또 한 개는 이제 저희가 이제 학기 중에는 했었는데, 방학 중에는 지역을 돌아다니면서 자립을 준비하고 있는 후배들에게 경제 교육이라든지, 아니면 사회에서는 어떤 것을 보장받을 수 있는지 그런 것들을 알려주는 그런 여러 가지 활동을 하고 있습니다.

김정원 : 네 감사합니다.

4) 자립 준비 청년협회 지원사업 진행에 있어서의 한계점

유성규 : 다음으로는 지금 여러 가지 지원사업들을 이야기해주셨는데, 혹시

그 사업을 하시는 과정에 있어서 서울시라든가 그런 지자체에서 지원받으시는 게 있는지, 없다거나 부족하시다면 어떤 부분에서 특히 부족하다고 느끼시는지를 말씀해주시면 감사하겠습니다.

　제찬영 팀장 : 기사를 보면 경제적 자립을 못 해서 자립 준비 청년들이 자살률이 높다고 하는데, 솔직히 이번에 자립 수당도 30만 원에서 40만 원으로 올라갔습니다. 조금만 더 일하고 열심히 산다면 경제적인 자립을 할 수 있고, 아니면 민간사업에서도 자립 준비 청년들을 위한 장학금 관련해서 공지 같은 게 올라오거든요. 그런데 지금 경제적인 자립이 왜 안 되냐고 말씀하신다면, 정보를 찾는 것도 개인마다 다르잖아요. 그 능력 자체가 약간 다른 것 때문에도 있고, 그리고 찾아도 어떻게 지원할지도 모르고, 이런 것을 못 하는 것 같아서 홍보 쪽이나 이런 것을 좀 더 잘한다면 경제적 자립은 성공할 수 있는데, 저는 그래도 가장 필요한 게 약간 심리 같아요. 왜냐하면 자립 준비 청년들은 어릴 때부터 부모님이랑 따로 살고, 부모님이 없는 사람도 있고 이러니까. '어릴 때부터 나는 왜 부모가 없이 살아서, 왜 부모가 없어서 이 정도밖에 안 되지?'라고 생각하는데, 이제 외부에 나가게 되면 얘는 "부모님이 없어서 저 정도밖에 못 해, 아니면 부모님이 없어서 저 정도밖에 할 수 없을 거야" 이런 말을 들으면 자존감이 떨어질 수밖에 없잖아요. 그런 말을 계속 듣다 보면 누구한테 말도 먼저 못 걸고 그래서 저는 그런 것을 정신적으로 케어해줄 수 있는 사람이 필요하다고 생각해요. 최근에 사회복지사 전담 요원이 자립 중인 청년들을 케어하는 제도가 생겼어요. 솔직히 그 제도도 별로인데, 자립 중기 청년은 매년 2,000명씩 증가하는데, 이제 사회복지사는 180명 정도밖에 없어서 한 사람이 거의 한 3,000명을 케어해야 해요. 이게 그렇게 된다면 이제 제도를 좀 더 수정해서 기

댈 수 있는 어른, 아니면 기댈 수 있는 형, 선생님 같은 사람만 있어도 이런 정책이 조금만 더 잘되도 약간 심리적 부담은 좀 더 덜하지 않을까 생각합니다.

최예원 : 다른 질문을 드리기에 앞서 잠시 화면을 공유하도록 하겠습니다. 화면 잘 보이시나요?

제찬영 팀장 : 예, 잘 보입니다.

최예원 : 이게 경기도 자립 준비 청년의 자립 지원에 관한 조례거든요. 그래서 저희도 처음에는 자립 준비 청년에 대한 인식이 점점 제고되고 있고, 관련 조례가 되게 많이 시행되고 있다고 생각했는데요. 그런데 왜 우리가 지금 재학 중인 고려대학교가 있는 성북구 지역에는 관련 조례가 없을까를 조사하다가 그러면 조례를 제정하자는 목적에서 이 프로젝트를 시행하게 되었어요. 그랬을 때 지금 이게 제8조 지원사업 관련된 내용이거든요. 저희가 이 부분을 만들게 된다면 어떻게 구체화할 수 있을까 싶어서 이제 처음에 의원님이랑 인터뷰하고 그러면, 자립 준비 청년 관련해서 관계자 인터뷰를 한번 해보라는 조언을 얻고 이제 인터뷰를 부탁드렸어요. 그래서 지금 말씀해주신 부분이 이 5번이랑 그리고 특히 이 후견인 제도나 자립 전담 인력 관련해서 말씀해주신 것 같아요. 그런데 저도 굉장히 문제를 느꼈던 부분이 이 자립 전담 인력이 부족하다는 부분이었거든요. 그래서 만약에 지자체 차원에서 이 조례가 형성된다면 의무적으로 구청장이 이 부분에 예산을 배정해야 하기 때문에 되게 청년분들에게 도움이 많이 될 거라는 생각이 들었어요. 근데 이 5번 부분 관련해서는 제가 알기로 서울시 차원에서 행복 상담 지원 이런 프로젝트도 굉장히 많이 하고 있는데, 정보를 획득하는 경로가 부족해서 정작 시행되고 있는 제도조차도

활용을 많이 못 하고 있다는 내용을 알게 되었거든요. 혹시 그런 부분을 뭔가 연계해주는 측면에서 이 협회가 역할을 하는 것인가요?

제찬영 팀장 : 저희 협회에서도 이런 정신적인 상담을 많이 하는데, 애초에 자립 준비 청년 친구들이 이런 말을 꺼내기 별로 안 좋아하고, 솔직히 이런 프로그램이 있으면 하면 좋죠. 그런데 이게 거의 일회성이 잖아요. 이런 상담 같은 게. 그러니까 이제 만나보고 친해져야 이야기를 할 텐데 일회성이고 이러다 보니까 마음의 문을 못 열어서 가는 게 두렵지 않을까 생각을 하고, 저희 협회에서도 심리적이나 정신적 상담은 꾸준히 만나서 커뮤니케이션을 통해서 필요한 사람에게는 해주고 이런 식으로 하고 있습니다.

5) 자립 준비 청년 조례 관련 제언
(1) 장학금 및 재정적 지원

최예원 : 감사합니다. 몇 가지 더 여쭤보고 싶은 게 있었는데, 저희가 이제 성인협회에서 어떤 활동하는지를 조금 조사해보니까 장학금 제도도 있더라고요. 혹시 그런 장학제도에서 소요되는 비용 같은 부분은 자립 준비 청년들이 직접 모아서 사용하는 것인가요? 혹은 외부 기업에 후원받는 것인가요?

제찬영 팀장 : 저희가 하는 게 이제 고려대학교 회장님이 지금 석사 졸업 예정인데, 고려대학교 교우회에서도 연락이 와서 지금 후원하는 중이에요. 라이언스 클럽이라고 기부하는 단체에서도 후원받아서 장학생을 선발해서 하는 것도 있고, 자립 준비 청년 중에서도 돈을 버는데 후원하고 싶다는 그런 사람들이 이제 실제적으로 하는데 저희 장학금은 자기 도전 장학금이에요. 그러니까 만약 생활비로 주거나 일회성으로 주는 게 아니라 자기가 만약 하고 싶었던 것이 있는데 그것을 경제

적인 상황에서 못하게 되었을 때 이제 그런 것을 한번 도전해봐라 이런 식으로 해서 장학금을 주고요. 연말에 자립 준비 청년 축제를 해요. 이제 그때 약간 세바시처럼 자기가 어떻게 돈을 써왔고, 나의 꿈은 어느 정도 실현이 가능했는지 이런 것을 이야기하면서 연말에 행사를 준비하고 있고요. 솔직히 장학금 제도는 민간단체에서 좀 더 노력해서 저희도 많이 만나봐야겠지만 이게 어느 정도 장학금 제도가 좀 원활히 이루어진다면 자립 준비 청년들이 좀 더 도전과 희망을 가지고 자립하는 데 더 좋지 않을까 생각하고 있습니다.

최예원 : 저희가 아무래도 이게 지자체 차원에서 아직 이 조례가 부재하다는 점에서 그 조례를 만들고, 조례에 어떤 내용이 구체적으로 들어가면 좋을까 하는 차원에서 인터뷰를 부탁드린 거였잖아요. 그래서 저희가 생각했을 때도 이 자립 준비 청년을 위해 이 협회가 할 수 있는 일을 사실 지자체 차원에서 해줘야 하는 일이 아니었나, 그리고 이 협회가 결국은 민간단체이기 때문에 가지고 있는 재정상의 부담도 있을 거고, 또 지속적인 어려움도 분명히 있을 거라고 생각해요. 그런 부분을 만약에 지자체 차원에서 조금 넘겨받아서 그 역할을 수행해준다면 훨씬 더 도움이 되실 것 같나요?

제찬영 팀장 : 네. 저는 지자체에서 해야 한다고 생각하고요. 솔직히 저희가 할 수 있는 부분과 시나 도에서 할 수 있는 부분이 다르다고 생각해요. 왜냐하면 서울시에서 할 수 있는 역량이 저희 자립 준비 청년협회보다는 훨씬 더 영향력도 있고, 사람들을 더 끌어모을 수 있기 때문이요. 저는 솔직히 저희가 못하고 있다고는 생각은 안 하지만, 그래도 지자체에서 자립 준비 청년들을 위한 제도나 교육을 해준다면 괜찮다고 생각합니다. 그런 제도가 있어야 된다고 생각합니다.

(2) 교육 및 심리상담

김정원 : 지금까지 인터뷰를 들으면서 제가 느낀 것을 정리해보면 재정적인 지원도 물론 중요하지만, 어떤 심리적인 네트워크를 형성하고 그런 것에 있어서 지금 많이 주력하시는 것 같아서 굉장히 뜻깊은 일을 하시고 있다는 생각이 들었습니다. 근데 제가 조금 궁금했던 것은 이렇게 자립 준비 청년협회에서 인적 네트워크를 쌓고, 심리적인 정서 상담이나 이런 것을 해주시는 것 같은데요. 그런 것이 실제로 조금 가시적인 영향력을 발휘하고 있는지, 그러니까 정말 정서적인 안정이 되어서 자립 준비 청년들한테 힘이 되고 있는지 그런 통계자료나 혹은 그런 게 아니더라도 실무자로서 느끼는 그런 영향력이 있는지 여쭤보고 싶습니다.

제찬영 팀장 : 저희가 한번 교육을 가거나 심리적인 상담을 하면 통계적인 자료는 없지만, 매우 힘을 받았고 힘을 얻는다고 생각합니다. 왜냐하면 자립 준비 청년이 아닌 사람보다는 자립 준비 청년이 더 공감해줄 수 있는 부분이 저는 어느 정도는 있다고 생각해요. 그렇게 교육하고 상담을 통해서 DM 같은 것도 오면, 진짜 자살하고 싶었는데 희망과 용기를 얻고 한 번 더 도전해볼까 생각한다는 사람들도 많았고요. 이런 것을 듣고 나도 더 성공해보고 싶어서 정책 같은 것, 아까 장학금 같은 것도 알려달라고 하면, 저희는 그것에 맞추어서 장학금도 어떤 조건을 수립해야 장학금을 받을 수 있다는 것도 알려주고 있습니다.

김정원 : 그리고 한 가지 조금 개인적으로 여쭤보고 싶은 것도 있는데, 사실 저희가 실무자들과의 만남을 조금 많이 해보고 해야 조례를 하는 데 있어서 조금 더 실질적인 도움이 될 거라고 생각했거든요. 하지만 아까 말씀해주셨던 것처럼 사실 자립 준비 청년들이 아무래도 심리적 장벽이 아직은 한국에서 많이

존재한다고 생각해요. 그래서 저희가 여러 다른 기관에도 인터뷰 요청을 했을 때 사실 안 하신다고 거절하신 분도 굉장히 많았거든요. 그런데 응해주셔서 굉장히 감사한 마음이면서도 이렇게 활동을 적극적으로 하시고 이런 것들을 말씀하시는 데 있어서 뭔가 좀 거리껴지시는 부분은 없는지. 그러니까 그런 개인적인 사유가 있는지 혹시 여쭤봐도 될지 궁금합니다.

제찬영 팀장 : 저는 현재 인천대학교 해양학과에 재학 중이거든요. 저의 꿈이 여기서 성공해서 해양 쪽에 유명한 사람이 되는 거예요. 그래서 이게 어떻게 보면 제가 자립 준비 청년 성공 케이스가 되는 거잖아요. 어쨌든 해양 분야에서 탑이 되면, 그런 것을 통해 후배들이 저를 멘토로 삼고, 힘차게 자립을 좀 더 성공적으로 했으면 좋겠다는 마인드에서 현재 TV 인터뷰에도 출연하고요. 기자들도 많이 만나서 정책이나 이런 것도 다 잘 반영하려고 하고요. 솔직히 부모님이 저희를 버린 거지, 사회가 저희를 버린 것은 아니잖아요. 그런 것을 믿고 이렇게 좀 더 저부터 노력하면 아마 후배들도 잘 따라오지 않을까 싶어서. 저도 솔직히 자립 준비 청년이라고 말을 꺼내는 것이 옛날에는 좀 그랬는데요. 요즘은 그래도 자립 준비 청년이라고 밝히는 게 좀 더 자신감도 한층 올라간 것 같고, 솔직히 마음이 좀 불편했는데 약간 편해진 것도 있습니다.

김정원 : 인터뷰에 응해주신 것도 굉장히 감사하고, 그런 목적의식을 가진 게 사실 같은 또래로서 굉장히 되게 멋있다는 생각이 들고, 또 개인적으로 굉장히 응원하고 싶습니다. 그래서 저희가 이제 인터뷰한 것을 바탕으로 보고서도 작성하고, 실제로 기회가 된다면 조례 발의하는 것까지 할 계획인데, 저희가 기회가 된다면 이런 내용을 그때그때 업데이트를 해드릴 수 있으면 좋을 것 같다는 생각이 드네요. 다른 분들 더 인터뷰하실 것 있나요?

(3) 최우선 고려 사항

박하영 : 저 하나만 더 질문드리겠습니다. 아까 지자체 차원에서 지원 제도가 마련되어야 한다고 생각하는 입장이라고 하셨는데, 저희가 이제 조례를 제정하는 데 있어서 가장 필요한 지원 측면이 무엇이라고 생각하시는지 궁금합니다. 예를 들어서 지원한다고 하면 교육 지원, 재정적 지원, 심리적 지원, 주거 지원 등 여러 가지 측면이 있는데, 그중에서 가장 필요하다고 생각하시는 지원 측면이 어떤 부분인지 말씀해주시면 감사할 것 같습니다.

제찬영 팀장 : 솔직히 시설에 있을 때는 선생님들이 공과금도 내고, 아니면 경계 같은 것을 저희가 관리하는 게 아니라 사회복지사 선생님들이 다 해주잖아요. 그런데 제가 최근 했을 때만 해도 경제 교육이나 이런 교육을 컴퓨터로 듣는 시기였어요. 저는 이것도 문제라고 생각하는 게 사실 전문가한테 직접적으로 교육을 체계적으로 들어도 솔직히 못 하는 게 현실인데 이런 것을 온라인으로 하잖아요. 이런 교육이 체계적으로 이루어지지 않는다면 지금과 마찬가지로 자립에 실패하는 사람이 많아질 거예요. 이런 것을 빨리 개선하지 않는다면 아무래도 자립 준비 청년들이 자살하는 일이 생기거나 자립 준비 청년들이 못 사는 이미지로 전락할 수밖에 없다는 게 저의 생각입니다. 그래서 저는 교육, 심리, 경제 이런 것들이 하나로 다 융합되어서 체계적인 교육이 필요하다고 생각합니다.

(4) 기타 고려 사항

최예원 : 마지막 질문을 드릴게요. 저는 이제 처음에 본 조례를 만들면서 생각을 했던 게 서울시 차원의 제도 자체가 부재해서, 제도가 매우 부족해서 청년들이 힘들다기보다는 기존에 있던 제도를 충분히 활용하지 못하고, 또 그 제

도를 활용할 수 있는 기회 부족이 가장 큰 문제라고 생각했는데요. 그 때문에 지자체에서 모니터링하는 과정이 필요한데, 그 인력이 부족해서 어려움이 더 커지는 것이고요. 말씀을 들어보니 같은 부분에서 보완이 필요하다고 생각하시는 것 같아서 혹시 어떤 부분에 조금 더 비중을 두는 게 바람직하다고 생각하시는지 궁금합니다.

제찬영 팀장 : 그러니까 그 제도를 활용하는 사람들은 빙산의 일각이에요. 그러니까 자립 준비 청년들이 100명이라고 치면 한 10명 정도만 계속 이런 것을 공유하는 식이고, 나머지 90명은 그런 정보가 있는지도 모르고, 정보를 어떻게 찾는지도 모르고 그런 사람들이 대부분이다 보니까 이것을 좀 더 효과적으로 홍보하는 것도 필요하겠죠. 그렇지만 이런 것을 알릴 수 있는 전담 요원들도 지금보다는 충분히 많아져야 공평해질 것 같다고 생각하고요. 그리고 무엇보다도 지자체에서 홍보나 교육을 통해서 좀 더 나은 사회가 되기를 바라고 있고, 그렇게 되어야 된다고 생각하고요. 그리고 자립 준비 청년들이 그런 것을 받게 된다면 지금보다는 더 나은 내일을 향해 꿈꾸지 않을까 저는 그렇게 생각합니다.

6) 인터뷰 마무리

최예원 : 네, 답변 감사합니다. 사실 저희가 이 프로젝트를 진행하면서 모르는 부분도 너무 많았고, 이제 의원님이랑 또 관계자분이랑 인터뷰하면서 알게 되는 부분도 되게 많아요. 그래서 이 부분을 저희가 최대한 잘 반영할 수 있도록 노력하겠습니다. 혹시 저희한테 질문이 있으시다면 편히 주세요.

제찬영 행정팀장 : 질문은 없고요. 자립 준비 청년들을 위해서 자립 준비 청년이 아니신데도 이렇게 목소리를 내주시는데, 어쨌든 정치라는 게 목소리를 내고 이러는 거잖아요. 목소리를 어쨌든 내주셔서 감사

하고, 저희 자립 준비 청년들도 이런 목소리를 내는 것도 중요하지만, 저희 스스로도 '나는 도전을 해야겠다. 나는 그래도 이런 경제적인 지원이나 이런 것을 받고 있으니까 좀 더 잘해야지' 하는 마음을 가질 테니 함께 응원해주셨으면 감사하겠습니다.

본 조 전원 : 네. 인터뷰에 응해주셔서 굉장히 감사합니다. 저희가 마지막으로 말씀드릴 부분이 이 회의가 지금 자동으로 기록이 되고 있었는데, 이 회의를 외부에 공개할 생각은 없고, 혹시 인터뷰 내용을 기반으로 보고서를 작성할 때 이 영상을 다시 돌려보는 것 정도로 활용하는 것도 괜찮을까요?

제찬영 팀장 : 네, 괜찮습니다.

본 조 전원 : 인터뷰에 응해주셔서 너무 감사하고, 저희가 다음에 뭔가 실질적인 결과가 보인다면 전해드리도록 하겠습니다.

제찬영 행정팀장 : 감사합니다.

PART 02

우리의 문제,
우리 손으로

성북구 대학생 주거비 지원 조례

전가은 | 이송하 | 김지원 | 김형우

성북구 대학생 주거비
지원 조례

전가은 | 이송하 | 김지원 | 김형우

Ⅰ. 서론

1. 연구배경

1) 연구주제와 문제의식

'청년'은 생애주기 단계의 과도기에 있는 연령으로, 경제활동능력이 낮기에 높은 주거비 부담 및 열악한 주거수준 등 심각한 주거 문제에 직면할 수밖에 없다. 한국주거학회의 주거실태조사 결과는 청년 가구의 높은 임차 비율과 임대료로 인한 주거비 부담이 청년세대의 고용 불안정으로도 이어질 수 있음을 보여준다(인승훈, 강순주 2017). 특히 청년기의 많은 부분을 차지하는 '대학생' 시기에는 지속해서 학업에 몰두해야 하기에 고정적인 자기 소득이 없거나, 소득이 있더라도 스스로 주거비나 생활비를 감당하기에는 역부족인 경우가 대부분이다. 이러한 대학생 신분의 청년들이 부모나 친척 집과는 멀리 떨어진 다른 지역 소재의 대학에 재학하고자 할 경우, 이들은 학기 중 기숙사 또는 월세나 전세

등의 부동산 임대차 계약을 통해 주거 공간을 마련하고, 상당한 액수의 주거비를 지출해야 한다. 이때 부모의 충분한 경제적 지원이 이루어지지 않는다면, 대부분의 일반 대학생들은 결국 반지하, 옥탑방, 매우 협소한 원룸 등 열악한 주거 공간을 선택할 수밖에 없으며, 이에 따라 주거 빈곤층으로 내몰리게 될 가능성이 크다. 따라서 정부 및 지방 당국은 부모에게서 독립해 생활하는 대학생들의 주거 문제에 관심을 기울일 필요가 있다. 물론 청년 중에는 대학 진학을 포기하거나 이를 선택하지 않는 이들도 일정 비율 존재하나, 본 연구 및 조례는 본래 주거지로부터 멀리 떨어진 대학에 다니기 위해 부모에게서 독립하는 청년 대학생들에 대한 주거 지원을 골자로 하고 있으므로 해당 사항은 논외로 하겠다.

정리하면, 본 연구의 핵심 주제는 '대학생 계층의 주거 문제'다. 구체적인 연구대상 지역은 서울특별시 성북구로 설정했으며, 선정 이유는 다음 2)번 항목에서 후술한다. 연구의 핵심 목표는 성북구 대학생, 구체적으로는 성북구 소재 대학교에 재학 중인 대학생들에 대한 주거비 지원으로, '성북구 대학생 주거비 지원 조례'의 발의를 최종적인 목표로 설정했다. 해당 조례안의 발의를 통해 대학생 독립 가구의 경제적 부담 중 큰 비중을 차지하는 주거비 부담을 줄여 주거비 걱정 없이 학업에 전념할 수 있도록 돕고자 하며, 동시에 성북구 내에 속한 대학을 다니고자 부모에게서 독립해서 성북구에 거주하는 대학생들의 주거환경 수준을 향상시키고자 한다.

2) 대상 지역 선정 이유

본 연구가 주목하고자 하는 지역은 성북구다. 성북구의 인구는 대략 43만 명으로, 이 중 15.2%가 20~29세다. 성북구는 다른 지역구와는 다르게 그 핵심 연령층이 20대로 형성되어 있으며, 이는 전국 및 서울, 경기보다 많은 실태다. 특히나 현재의 인구 변동 추이는 청년 가구의 비중이 점차 증가할 것임을 시사하고 있다(자료 2-1 참조). 따라서 성북구는 청년 가구를 보호할 수 있는 적극적인 지원책을 마련할 필요가 있다. 나날이 높아지는 전월세 가격은 경제적으로 취약한 청년 계층이 감당하기에는 다소 부담스러운 가격일 수밖에 없기 때문이다.

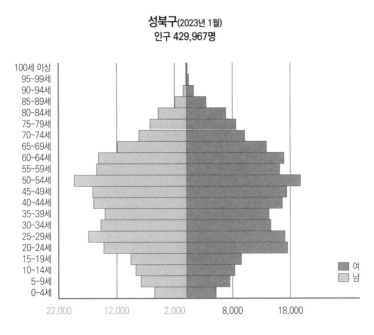

구분	전국	서울	경기	성북구
20대 인구 비중	12.89%	14.89%	13.26%	15.19%
30대 인구 비중	13.02%	15.07%	14.01%	13.34%
합계	25.91%	29.96%	27.27%	28.53%

자료 2-1. 연령별 성북구 인구 분포(상)와 성북구의 20~30대 인구 비중(하)
| 출처 : 성북 공공데이터 플랫폼

나아가 앞선 연구배경에서 언급한 바와 같이, 청년 계층 중에서도 가장 경제적으로 취약한 이들 중 하나는 대학생인데, 성북구는 청년 인구와 더불어 유독 대학생들이 많이 거주하는 지역이기도 하다. 따라서 성북구는 기본적으로 청년복지정책에 대한 수요가 높은 지역임에 동시에, 해당 청년층의 대다수가 대학생이라는 특수한 신분이기에 대학생을 타깃한 복지가 시행될 수 있는 최적의 지역이기도 한 셈이다. 이러한 현황들을 종합했을 때 서울특별시 성북구를 연구대상 지역으로 선정한 이유는 크게 세 가지로 구분할 수 있다.

첫째, 성북구는 서울 자치구 가운데 관내 대학의 수가 가장 많다. 서울특별시 성북구에 속한 대학은 고려대학교, 성신여자대학교, 동덕여자대학교, 국민대학교, 한성대학교, 한국예술종합학교, 서경대학교로 총 7개다. 서울시 내의 다른 지역구의 경우 관내 대학교의 수가 높은 순대로 노원구 6개, 서대문구 6개, 종로구 4개, 동대문구 3개의 대학교가 존재하며, 평균적으로는 한 지역구당 2~3개의 대학교가 있다는 것을 확인할 수 있다. 이는 서울시 내의 다른 지역과 비교했을 때 상대적으로 더 많은 수의 대학생들이 성북구에서 생활하거나 거주한다는 의미로, 성북구가 그 어느 지역구보다도 대학생을 위한 지원 정책에 많은 관심을 가지고 힘을 써야 함을 시사한다. 또한 이러한 실태에도 불구하고, 성북구에는 현재 대학생을 타깃으로 한 복지정책이 전혀 시행되고 있지 않다는 점 역시 본 조례의 필요성을 가중한다.

자료 2-2. 서울시 지역구별 관내 대학 분포도 | 출처 : 경남대입정보센터

　둘째, 성북구 대학 기숙사의 낮은 기숙사 수용률이다. 대학의 기숙
사는 주로 학교와 거주지가 먼 학생들에게 우선권을 제공하며, 학생들
의 거주비 부담을 줄이고 양질의 생활환경을 제공하는 데 그 목적이 있
다. 그러나 대학교육연구소가 발표한 통계자료에 따르면, 본 연구자들
이 재학 중인 고려대학교의 경우만 해도 2022년 기준 기숙사 수용률이
10.8%로 전국 4년제 대학교 평균 기숙사 수용률의 절반 정도밖에 미치
지 못했다(강홍민 2018). 이러한 상황을 해결하고자 고려대학교는 2013년
부터 개운산 기숙사 신축을 추진해왔으나, 주민들의 반대로 인한 구청
의 승인 거부로 벌써 10년째 제자리걸음 중에 있다. 주민 중에서도 주

된 반대 세력은 임대업을 주요 수입으로 삼고 있는 이들로, 기숙사 신축은 학생들의 하숙 및 전월세 수요를 감소시키며, 이는 임대업자들의 장기적인 생계 위협과 직결된다는 우려를 표하고 있다. 기숙사 신축 승인 권한을 가진 기초자치단체의 입장에서는 성북구 주민이 아닌 고려대학교 학생들보다 지역 임대업자들의 눈치를 더 볼 수밖에 없고, 양측의 입장이 모두 강경하기에 한쪽 편을 들어 주기가 힘든 상황이라고 한다. 고려대학교와 총학생회 측에서는 기숙사 신축을 위한 방안을 마련하고, 주민들과의 협상을 시도하는 등 꾸준한 노력을 하고 있지만, 여태껏 그 입장 차이는 쉽게 좁혀지지 않고 있다. 결국 이로 인한 최대 피해자는 거주지가 학교와 멀리 떨어져 있음에도 기숙사에 입주하지 못해 비싼 가격에 원룸 혹은 오피스텔을 구해야 하는 재학생들일 것이다. 이처럼 기숙사 신축이라는 목표는 실현 시기가 매우 불명확하며, 달성 가능성에 대한 근본적인 의문 역시도 배제할 수 없다.

이는 단순히 고려대학교만의 문제가 아니다. 성북구 관내 대학의 기숙사 수용률은 차례로 국민대 11.7%, 동덕여대 10.7%, 서경대 11.1%, 성신여대 9.7%, 한성대 11.1%, 한예종 13.2%다. 성북구 관내 대학의 기숙사 평균 수용률은 11%로 전국 기숙사 평균 수용률이 23.8%임을 고려했을 때,[3] 이는 매우 열악한 수준임을 알 수 있다.

셋째, 성북구의 높은 월세와 급증하는 월세 가격이다. 2021년 부동산 중개 플랫폼 다방의 서울 오피스텔 매물 평균 월세 조사 결과에 따르면, 오피스텔 월세 매물이 가장 비싼 곳은 바로 성북구였다(양지윤 2021).

---

[3] 대학알리미 모바일. 기숙사수용률 참조.
　https://m.academyinfo.go.kr/main/main0680/doInit.do?programId=main0740

서울시 소재 오피스텔 월세 매물을 보증금 1,000만 원으로 환산해 평균 월세를 산정한 결과 서울시 월세 평균은 83만 원으로 집계되었으며, 성북구의 월세 평균은 105만 원으로 서울 내 자치구 중에서도 가장 높은 수치를 기록했다. 높은 월세뿐만 아니라 월세 가격의 상승률도 문제다. 지난 1년간 월세 평균 상승률의 경우, 서울시 전체의 월세 평균은 12.2% 상승한 반면, 성북구의 월세 평균은 무려 29.6% 상승했다. 더욱이 최근 물가상승과 함께 월세 수요가 급증하며, 서울시 주요 대학가 근처의 월세 가격은 더욱 급증하고 있다. 이는 학업을 위해 성북구에 거주하고 있는 많은 수의 대학생들이 엄청난 수준의 주거비 부담을 겪고 있음을 의미하기에 더욱 시급한 대책 마련이 필요한 것으로 보인다.

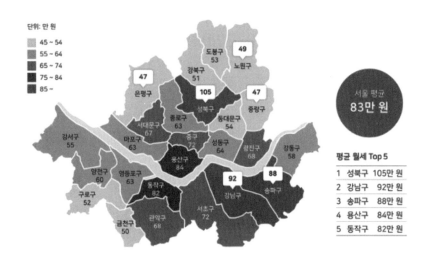

자료 2-3. 서울시 지역구별 오피스텔 매물 평균 월세 | 출처 : 부동산 앱 다방

즉, 성북구는 서울시에서 가장 대학교가 많은 지역구임에도 불구하고, 다른 지역구와 비교해봤을 때 기숙사 수용률이 매우 저조하고 월세

교실 밖의 정치학

가격이 매우 높게 형성되어 있다. 학업으로 인해 대부분이 고정적인 소득을 갖지 못하는 대학생의 입장에서 이러한 성북구의 지역적 특성은 성북구 대학생들에게 엄청난 부담을 안겨주며 주거권을 위협하기 때문에 성북구를 연구대상 지역으로 선정했고, 본 연구를 바탕으로 성북구 대학생 주거 지원 조례를 발안하고자 목표하게 되었다.

2. 연구방법

본 연구에서는 문헌연구법, 질문지법, 면접법의 세 가지 연구 방법을 사용해서 연구를 진행했다. 첫째, 문헌연구법을 통해 기존 제도 및 조례 분석을 진행했다. 현실적이며 실효성 있는 조례안 발의를 위해서는 기존의 청년 주거 복지 제도가 어떻게 시행되고 있으며, 관련 조례에는 무엇이 있고 어떻게 실행되고 있는지를 살펴볼 필요가 있다. 더불어 기존의 제도 및 조례가 갖는 한계를 살펴보고, 이를 개선한 새로운 조례를 만들어나가야 할 필요가 있다고 판단해서 문헌연구법을 통한 제도 및 조례 간의 비교 분석을 시행했다.

둘째, 질문지법을 통해 성북구 대학생들의 주거 현황 및 인식을 확인하고자 했다. 성북구 대학생들에게 실질적으로 도움이 되는 지원을 실시하기 위해서는 당사자인 대학생들의 주거 현황과 그들이 주관적으로 느끼는 주거 관련 문제 및 각각의 심각성을 파악하는 것이 필수적으로 선행되어야 한다. 이에 온라인 설문지를 통해 성북구 내 대학에 재학 중이면서 보호자와 독립해서 성북구에 거주하는 대학생을 대상으로 해서 대학생 주거비 부담 실태를 확인하고, 조례의 구체적 설계안을 확립하고자 했다. 세부적으로는 '기숙사에 대한 인식, 임대료 지불 형태, 주거비 지출 규모, 임대료 인상 경험, 월평균 총소득, 주관적 주거비 부담 정도' 등에 관한 질문을 통해 주거비 부담 실태를 확인하고자 했으며, '주거 복지의 필요성 인식, 선호하는 주거 지원 유형' 등에 관한 질문을 통해 대학생 주거 복지의 필요성을 다시금 제기하고 조례의 구체적인 설계를 도모하고자 했다.

셋째, 면접법을 통해 조례의 방향성을 구축하고자 했다. 질문지법만으로는 파악하기 힘들었던 부분과 대학생들의 심층적인 생각을 파악하기 위해 성북구 내 자취 및 하숙 등의 형태로 독립해 거주하고 있는 고려대학교 재학생들을 대상으로 인터뷰를 진행했다. 또한, 실현 가능성 있는 조례안을 제안하기 위해서는 전문가, 특히 현직자의 의견을 듣는 것이 중요하다고 판단했고, 이에 성북구의 복지 부처 담당자와 인터뷰를 진행했다. 성북구청 복지정책과 1인 가구 지원업무를 총괄하고 있는 주무관과의 인터뷰를 통해 현재 진행되고 있는 청년 주거 복지 사업들을 위주로 청년 주거 복지의 현황과 개선의 방향성에 대해 논의했고, 본 연구를 통해 제안하고자 하는 성북구 대학생 주거비 지원 조례에 대한 실현 가능성과 조례의 방향성에 대해 질문했다. 더불어 조례안 발의를 실제로 진행하는 위치인 시의원의 현실적인 분석과 조언이 조례안의 통과로 이어질 수 있다고 판단해서 서울특별시의회 기획경제위원회 소속으로서 1인 가구 주거복지 분야를 중심적으로 다루고 계신 김인제 의원과 면담을 진행했다.

II. 본론

1. 현행제도 및 조례 분석

1) 성북구 내 조례

앞서 설명한 바와 같이 성북구는 청년, 특히 소득이 없는 대학생들이 적절한 주거지를 구하기 매우 힘들다. 그러나 성북구 내 청년 주거지원에 관한 조례는 거의 전무하며, 이는 다른 지역에 비해서도 훨씬 적은 수준이다.

성북구에서 시행한 청년 주거복지 관련 조례는 대략적으로 <서울특별시 성북구 1인 가구 지원 조례 제6조>로, 이는 크게 네 가지 사업에 관한 것이다. 첫 번째 사업은 <성북구 청년월세 한시 특별지원사업>으로, 만 19~34세 이하 부모님과 별도 거주 무주택 청년을 대상으로 해서 약 1년간 월 최대 20만 원의 임대료를 지원하는 것을 골자로 한다. 두 번째 사업은 <한 지붕 세대공감>이라는 룸셰어링 프로젝트로, 이는 청년을 대상으로 보증금 없이 시세보다 저렴한 임대료를 내고 어르신과 함께 룸셰어링을 할 수 있도록 중개하는 제도다. 세 번째 사업은 <함께 알아볼까요? 도와줘! 싱글홈>이라는 사업으로, 이는 청년을 대상으로 해서 전문 부동산 상담 서비스를 제공하고, 나아가 계약 현장까지 전문가가 동행해주는 것을 골자로 한다. 네 번째 사업은 <창업인을 위한 수요자 맞춤형 매입임대주택 도전숙>으로, 이는 1인 사업가, 예비 창업가, 혹은 사회적 기업인에 해당하는 청년을 대상으로 해서 공공임대주택인 도전숙을 제공하는 제도다.

청년월세 한시 특별지원사업

- □지원대상 : 청년
- □주요내용
  - (대상) 만 19~34세 이하 부모님과 별도거주 무주택 청년
  - (소득) 청년 원가구 소득이 기준 중위소득 100% 이하이면서 청년 본인소득이 기준 중위소득 60% 이하
  - (지원 한도) 월 최대 20만원 임대료 지원
  - ※ 신청 : 2023년 8월까지, 지원 : 2024년 9월까지
- □문의사항 : 생활보장과 02-2241-2387

한지붕 세대공감 (룸쉐어링)

- □지원대상 : 청년
- □사업내용
  - 어르신 : 방 1실당 100만원 이내의 도배, 장판 등 SH공사의 환경개선공사 실시 및 생활상 필요활동 분담
  - 대학(원)생 : 보증금이 없이 시세보다 저렴한 임대료(30만원 내외) 및 학교 근접 주거 공간 확보
- □문의사항 : 주택정책과 02-2241-2705

「함께 알아볼까요? 도와줘! 싱글홈」

- □지원대상 : 청년
- □사업내용
  - 신청방법: 서울1인가구 포털 홈페이지(https://1in.seoul.go.kr/)또는 전화신청

1. 전문상담 서비스	2. 안심동행 서비스	3. 정책제공 및 연계 서비스
- 전·월세계약 맞춤형 부동산 상담 - 공적장부 권리분석 지원 - 부동산 임대계약서 유의사항 안내 등	- 물건확인 현장동행 - 주거환경점검 및 조언 등 - 필요시 계약상담 동시 진행	- 관내 공공임대 정보 - 주택개보수 지원 정보 - 금융지원 정책

- □문의사항 : 부동산정보과 02-2241-4612

창업인을 위한 수요자 맞춤형 매입임대주택「도전숙」

- □지원대상 : 청년
  - 입주자 공고일 기준 서울시 거주하는 성년자인 무주택세대구성원 중
  - 1인 창조기업, 예비창업자, 사회적기업인이며 소득 및 자산기준에 해당하는 자
- □사업내용 : 주거공간과 사무공간을 동시에 제공하는 공공임대주택 도전숙을 공급함
- □문의사항 : 일자리정책과 02-2241-3983

자료 2-4. 서울특별시 성북구 1인 가구 지원 조례 제6조 관련 사업 개요 | 출처 : 성북구청

앞의 조례가 규정하는 네 가지 사업 중 <성북구 청년월세 한시 특별지원사업>은 임대료에 대한 금전적인 지원이 이루어진다는 점에서 이번 프로젝트에서 계획하는 조례의 내용과 상당히 유사하다. 그러나 해당 사업과 본 보고서에서 제시하는 조례는 크게 세 가지 차별성을 가지는데, 첫째는 지원대상이 '청년' 전체가 아닌 '대학교 재학생'으로 보다 구체적으로 타깃팅 되어 있다는 점이고, 둘째는 지원 기간에 제한을 두지 않아 지속적인 지원을 보장한다는 점이다. 셋째는 앞선 두 가지 차별

성의 결과와도 같은 것으로, 공적 수혜에 대한 지역구의 책임과 의무를 명확화할 수 있다. 차별성 및 새로운 조례의 의의에 관한 구체적인 내용은 II-1-2)에서 후술한다.

한편, 현재까지도 시행 중인 나머지 세 가지 사업의 경우에는 그 내용이 제한적이거나 간접적인 방식의 지원이 이루어져 '주거비 부담'에 대한 실질적인 복지가 시행되고 있다고 보기 어렵다. 먼저 룸셰어링의 경우 다른 사람과 주거지를 공유해야 하는 불편함이 존재하기에 실질적으로 청년들이 이를 많이 이용하지 않으며, 공공임대주택의 한 형태인 도전숙의 경우에는 지원대상이 청년층 중 극히 일부로 제한된다는 단점이 있다. 또한, 부동산 계약 과정에서의 전문적인 도움은 주거비 자체의 부담을 줄여주지는 않을뿐더러 주거지원금과 배타적이지 않다.

이를 종합해보면, 현재 성북구에는 대학생을 대상으로 한 직접적 주거지원 조례나 제도가 거의 존재하지 않는다. 안성시나 서대문구로 대표되는 기타 지역들의 경우에는 현재 대학생 주거지원과 관련된 조례가 하나 이상 존재하고 있음에도 불구하고,[4] 서울시 관내 대학 수가 가장 많은 성북구에는 대학생들의 주거권이 잘 보장되어 있지 않은 것이 현실이다.

---

4 안성시의 경우 <안성시 관외 대학생 주거안정비 지원 조례>가, 서대문구의 경우 <서울특별시 서대문구 대학생 임대주택 공급 및 지원 조례>가 시행되고 있다.

2) 성북구 외 지역구의 조례

연번	자치구명	조례명	제정일자
1	금천구	서울특별시 금천구 1인가구 지원 조례	2017. 05. 15
2	은평구	서울특별시 은평구 1인가구 지원 조례	2018. 11. 01
3	서초구	서울특별시 서초구 1인가구 지원 조례	2018. 12. 13
4	동대문구	서울특별시 동대문구 1인가구 지원 조례	2020. 04. 02
5	광진구	서울특별시 광진구 1인가구 지원 조례	2020. 05. 19
6	마포구	서울특별시 마포구 1인가구 지원 조례	2020. 09. 24
7	성동구	서울특별시 성동구 1인가구 지원 조례	2021. 09. 16
8	중랑구	서울특별시 중랑구 1인가구 지원 조례	2021. 09. 29
9	강동구	서울특별시 강동구 1인가구 지원 조례	2021. 09. 29
10	관악구	서울특별시 관악구 1인가구 지원 조례	2021. 11. 11
11	동작구	서울특별시 동작구 1인가구 지원 조례	2021. 12. 09
12	용산구	서울특별시 용산구 1인가구 지원 조례	2021. 12. 31
13	서대문구	서울특별시 서대문구 1인가구 지원 조례	2022. 05. 04

자료 2-5. 서울시 내 1인 가구 지원 조례 시행 자치구 현황 | 출처 : 정재욱(2022)

자료 2-5와 같이, 서울시에서는 25개 자치구 중 총 13개 자치구에서 청년층을 대상으로 한 주거복지가 포함된 1인 가구 지원 조례가 다수 시행되고 있다. 그 종류와 개수는 매우 다양하나, 주거비에 대한 금전적 지원을 제공하는 주거지원금 관련 제도들은 공통적으로 다음 두 가지 한계를 지님을 알 수 있었다.

첫째, 주거비 지원에 관한 현행 정책들은 정기적·체계적 지원이 이루어지기보다는 특정 기간에 일시적으로 시행되는 일회성 정책인 경우가 많아, 학생들 입장에서는 지속적인 지원을 기대하기 어렵다. 앞서 소개한 성북구의 사례 외에도, 국토교통부가 시행 중인 청년월세지원사업의 경우에도 저소득 독립청년에게 최대 20만 원의 지원금을 약 12개월 간 지원하는 데 그친다(국토교통부 2022). 또한 포천시 청년 주거비 지원 조례 역시 약 150명의 청년을 대상으로 일회성 지원금을 지급하는 것을 주 사업 내용으로 하고 있다. 대학생들의 경우에는 대부분 4년 이상을 대학교 근처에서 거주해야 하기에, 기간이 정해진 주거지원책은 잠시나마 대학생들의 주거비 부담을 덜어 줄 수는 있으나 그 효과는 매우 일시적이다. 반면, 실제로 청년들은 현재 정부에서 시행 중인 정책 중 '주거비 보조' 정책과 '관리비 혹은 공공요금 할인' 항목에 대한 강한 선호와 필요성을 드러내고 있다. 또한 약 63%에 달하는 청년들이 그러한 주거비 지원의 1차 책임자를 가족과 친지(26.5%)가 아닌 국가로 지목한 바 있다(윤소원 외. 2021). 따라서 정부 및 지방 당국은 실제 제도의 수혜 대상인 대학생 세대가 가장 필요하다고 생각하는 주거비에 대한 금전적 지원을 지속해서 유지함으로써 대학생과 보호자에 대한 주거비 부담을 실질적으로 감경시켜 줄 의무를 지닌다. 이러한 맥락에서 본 보고서에서 제시하는 조례는 실질적인 대학생들의 요구와 필요성을 반영한 지속적이고 직접적인 지원을 시행하고자 한다는 점에서 큰 차별성을 가진다.

둘째, '청년'층을 대상으로 한 주거복지 조례는 다수 존재하나, '대학생'을 대상으로 한 주거지원 조례 및 정책은 상대적으로 미비하다. 자치법규정보시스템에 '청년'과 '주거'를 키워드로 검색한 결과 노원구의 '청년주거 기본 조례', 성동구의 '청년 1인 가구 지원에 관한 조례안', 군포시의 '청년 전월세 보증금 대출이자 지원 조례(조례 제 1888호)' 등 총 667건의 조례가 검색되었으나, '대학생'과 '주거'를 키워드로 한 검색 결과는 101건에 그쳤다는 데서도 이는 여실히 드러난다. 이처럼 대학생이 사회초년생, 혹은 저소득층이나 노년층과 같은 다른 주거불안계층에 비해서 상대적으로 소홀히 다루어진 데는 대학생이라는 주거 계층이 가지는 특수성에 있다(배병우 2013). 서론에서 언급한 바와 같이, 대학생은 직장에 다니는 사회초년생 등과는 달리, 짧게는 2년에서 4년 이상을 소득이 없는 상태로 학업에 집중해야 하며 사회진출을 준비하는 단계에 있다. 또한 부모에게서 독립해서 자취나 하숙의 형태로 주거하는 대학생의 대부분은 자신의 주거비 및 생활비의 상당 부분을 부모의 지원에 의존한다(정은주 1996). 따라서 대학생을 부모로부터 완전히 독립한 별도의 1인 가구로 판단하거나 이들의 소득을 구분, 정의해 지원을 실시하는 데 한계가 존재한다. 현재는 '청년' 계층뿐 아니라 '대학생'에 대한 주거지원의 필요성이 점점 대두되어 앞서 언급한 검색 결과와 같이 대학생을 대상으로 한 조례가 다수 추진되고 있다. 그러나 여전히 대부분의 지원은 '청년'층을 대상으로 하고 있기에 대학생 계층의 특수성을 적절히 반영한 주거지원책은 현저히 미비한 상황이다. 따라서 본 보고서에서 제시하는 조례와 같이 그 지원대상을 대학생으로 구체적으로 명시한다면, 무수입 혹은 낮은 수입 상태에서 부모에게 경제적으로 의존하며 경제활동보다는 학업에 열중하는 대학생 시기의 특성을 반영한 핀셋 복지가 가능하다. 예를 들어, 대상을 청년 일반에서 대학교 재학생으로 축소하는 대신, 그 기간을 늘려 보다 지속 가능하고 실질적인 주거비 지원이 가능하게 하는 등의 정책 시행이 가능해진다.

3) 현행 제도의 시사점

현행 주거지원책에는 앞에서와 같은 한계점도 존재했으나, 본 보고서에서 제안하는 조례를 계획하는 데 참조한 부분도 존재한다. 먼저 국토교통부가 주관한 <청년 월세지원사업>의 경우, 지원대상에 '보증금

5,000만 원 이하 및 월세 60만 원 이하인 주택에 거주(월세가 60만 원을 초과하더라도 월세 환산액(환산율 2.5%)과 월세액의 합계액이 70만 원 이하인 경우에 한해 지원 가능)'라고 규정하며 월세의 상한을 두고 있다. 이는 고액의 월세를 구할 수 있는 이들을 지원대상에서 제외함으로써 복지의 실효성을 확보하기 위한 조항으로, 본 보고서에서 제안하는 조례의 가안에도 유사한 조항을 삽입했다.

또한 Ⅱ-1-2)에서 제시한 현행 정책들이 내부적으로 가지는 한계점들에 더해, 청년들이 직접 현행 주거 지원책들의 한계로 꼽은 것은 '홍보 부족'이기도 했다. 일례로 한국주거학회에서 2017년 발행한 보고서에 따르면, 공공임대주택을 비롯한 정부 차원의 주거 지원책의 가장 부족한 점으로 홍보 부족을 꼽은 대학생들이 48.9%에 달했다. 실제로 성북구에서 시행되고 있는 '도전숙'을 인지하고 있는 응답자는 전체 응답자의 3.8%에 불과했고, '두레주택(4.4%)'이나 '희망하우징(14.7%)'을 인지하고 있는 응답자의 비율도 상당히 낮은 편이었다. 이를 통해 이후 본 보고서에서 제안하는 조례가 시행될 때는 조례에서 규정하는 책임자(지방자치단체장)가 이러한 실태를 숙지하고 지원사업의 홍보에도 힘써야 한다는 교훈을 얻을 수 있었다.

2. 성북구 대학생 주거실태 검토 및 조례의 타당성

1) 학생 질문지를 통한 주거실태 및 인식 분석

성북구 소재 대학생들의 주거 관련 현황과 주거 관련 인식, 그리고 주거 복지 관련 인식을 조사하기 위해 온라인 설문 조사를 진행했다. 구체적인 질문은 '한 달 주거비 지출 규모, 월평균 총소득, 주거 복지 욕구, 주관적 주거비 부담 정도, 거주지 만족도' 등으로 구성되었다. 주거실태 및 만족도 조사는 성북구 소재 대학생 108명을 대상으로 이루어졌으며 그 결과는 다음과 같다.

(1) 대학생들의 주거 관련 현황

① 한 달 주거비 지출 규모

한 달 주거비 지출 규모는 어느 정도입니까?(관리비 포함, 전세의 경우 관리비만)

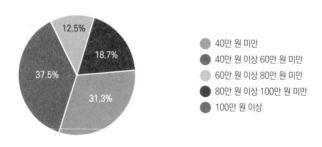

● 40만 원 미만
● 40만 원 이상 60만 원 미만
● 60만 원 이상 80만 원 미만
● 80만 원 이상 100만 원 미만
● 100만 원 이상

자료 2-6. 한 달 주거비 지출 규모

자료 2-6은 성북구 소재 대학생을 대상으로 '한 달 주거비 지출 규모'를 조사한 결과다. 지출 규모에 대해 '40만 원 미만'이라고 응답한 학생이 31.3%였고, '40만 원 이상 60만 원 미만'이라고 응답한 학생은 37.5%였다. 또한 '60만 원 이상 80만 원 미만'이라고 응답한 학생은 12.5%였고, '80만 원 이상 100만 원 미만'이라고 응답한 학생은 18.7%였다.

약 30%의 대학생들이 60만 원 이상의 높은 월세를 부담하는 것으로 조사되었다. 특히, 80만 원 이상의 매우 높은 월세를 부담하는 대학생들의 비율도 18.7%인 것으로 보아 성북구의 주거비가 상당히 높게 형성되어 있다고 볼 수 있다.

② 월평균 총소득

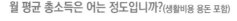

월 평균 총소득은 어느 정도입니까?(생활비용 용돈 포함)

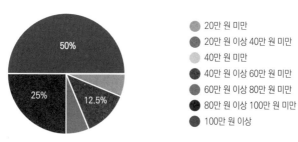

- 20만 원 미만
- 20만 원 이상 40만 원 미만
- 40만 원 미만
- 40만 원 이상 60만 원 미만
- 60만 원 이상 80만 원 미만
- 80만 원 이상 100만 원 미만
- 100만 원 이상

자료 2-7. 월평균 총소득

자료 2-7은 성북구 소재 대학생을 대상으로 '월평균 총소득(용돈 포함)'을 조사한 결과다. 월평균 소득에 대해 '20만 원 미만'이라고 응답한 학생이 6.2%, '40만 원 이상 60만 원 미만'이라고 응답한 학생이 12.5%, '60만 원 이상 80만 원 미만'이라고 응답한 학생이 6.3%였다. 또한 '80만 원 이상 100만 원 미만'이라고 응답한 학생은 25%였고, '100만 원 이상'이라고 응답한 학생은 50%였다.

약 75%의 대학생의 월평균 소득이 80만 원 이상이라고 응답했다. 이는 상당히 높은 수치라고 볼 수 있다. 이러한 결과가 나온 데는 다양한 이유가 있겠지만, 높은 월세를 혼자서 전부 부담하기 어려워 상당수의 부모님이 금전적 지원을 해준 것으로 예상된다. 학생들은 자신의 수입 내에서 주거비를 모두 감당할 수 없어서 주로 부모님께 금전적 지원을 받고, 설문 결과는 이것을 모두 포괄한 총소득이기 때문에 높은 수치가 나온 것으로 볼 수 있다.

③ 임대료 인상 요구 경험

최근 1년간 임대료 인상을 요구받은 경험이 있나요? 만약 그렇다면, 그 인상폭은 어느 정도였나요?

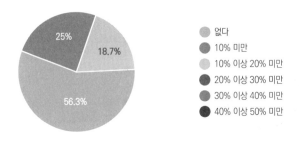

● 없다
● 10% 미만
● 10% 이상 20% 미만
● 20% 이상 30% 미만
● 30% 이상 40% 미만
● 40% 이상 50% 미만

자료 2-8. 임대료 인상 요구 경험

자료 2-8은 성북구 소재 대학생을 대상으로 '최근 1년간 임대료 인상을 요구받은 경험이 있는지'를 조사한 결과다. 전체 학생 중 '있다'라고 응답한 학생은 43.7%였으며, '없다'라고 응답한 학생은 56.3%였다. 전체 학생 중 '10% 미만의 인상을 요구받은 학생'은 25%였으며, '10% 이상 20% 미만의 인상을 요구받은 학생'은 18.7%였다.

절반 가까이 되는 대학생들이 최근 1년간 임대료 인상을 요구받은 적이 있다고 응답했다. 10% 이상 20% 미만이라는 큰 수치의 임대료 인상을 요구받은 학생도 20% 가까이 되는 것으로 보아 이는 현재 대학생들에게 주거비가 큰 부담으로 작용하고 있고, 이러한 부담은 점점 증가하고 있다는 것을 알 수 있다.

(2) 대학생들의 주거 관련 인식

① 주거비에 대한 주관적인 부담

현재 지출하고 있는 주거비에 대해 얼마나 부담을 느끼시나요?(주관적인 부담 정도)

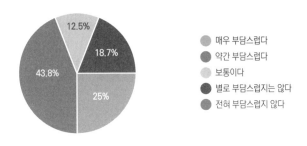

자료 2-9. 주거비에 대한 주관적인 부담

자료 2-9는 성북구 소재 대학생을 대상으로 '주거비에 대한 주관적인 부담'을 조사한 결과다. 전체 학생 중 '별로 부담스럽지 않다'라고 응답한 학생은 18.7%였고, '보통이다'라고 응답한 학생은 12.5%였다. 또한 '약간 부담스럽다'라고 응답한 학생은 43.8%였으며 '매우 부담스럽다'라고 응답한 학생은 25%였다.

'매우 부담스럽다'와 '약간 부담스럽다'라고 응답한 학생이 약 69%에 달했다. 현재 주거비에 대해 대다수 대학생이 많은 부담을 느끼고 있음을 알 수 있었고, 이러한 부담의 원인에는 역시 성북구의 매우 높은 월세가 존재한다.

② 거주지에 대한 만족도

현재 거주하고 계신 거주지에 대한 만족도는 어느 정도인가요?(가격 대비 시설, 위치 등등)

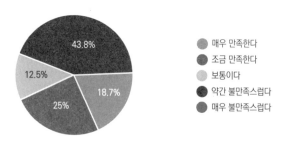

● 매우 만족한다
● 조금 만족한다
● 보통이다
● 약간 불만족스럽다
● 매우 불만족스럽다

자료 2-10. 거주지에 대한 만족도

자료 2-10은 성북구 소재 대학생을 대상으로 '거주지에 대한 만족도'를 조사한 결과다. 전체 학생 중 '약간 불만족스럽다'라고 응답한 학생은 43.8%였고, '보통이다'라고 응답한 학생은 12.5%였다. '조금 만족한다'라고 응답한 학생은 25%였으며 '매우 만족한다'라고 응답한 학생은 18.7%였다.

40% 이상의 대학생들이 현재 거주하고 있는 거주지에 대해 불만족한다고 응답했다. 여기에는 다양한 요인이 작용했을 수 있지만, 위치나 시설 등을 고려할 때 가장 중요하게 저울질되는 것은 가격이다. 결국 전반적인 주거비가 높기 때문에 시설과 타협할 수밖에 없었고, 이의 결과 거주지에 대한 만족도가 낮게 나타난 것으로 보인다.

③ 기숙사 거주 의향과 그 이유

본인이 재학하고 있는 대학교의 기숙사에 들어갈 수 있다면, 기숙사에 거주할 의향은 있으신가요?

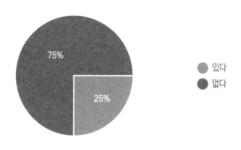

자료 2-11. 기숙사 거주 의향

('없다'고 대답한 분들만) 그 이유는 무엇인가요?

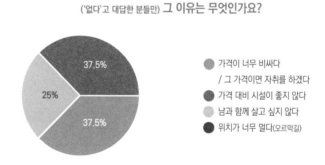

자료 2-12. 기숙사 거주 의향이 없는 이유

　자료 2-11은 성북구 소재 대학생을 대상으로 '기숙사 거주 의향'을 조사한 결과다. 전체 학생 중 '없다'라고 응답한 학생이 75%였고, '있다'라고 응답한 학생이 25%였다.

　'없다'라고 응답한 학생들을 대상으로 그 이유를 조사한 결과는 자료 2-12와 같다. 이에 대해 '높은 가격 때문에'라고 응답한 학생이 37.5%

였고, '가격 대비 시설이 열악하다'라고 응답한 학생이 37.5%였다. 또한 '남과 함께 살고 싶지 않아서'라고 응답한 학생이 25%였다.

앞의 대학생을 대상으로 '본인이 재학 중인 대학교의 기숙사에 대해서 가지고 있는 생각'을 자유롭게 기술하게 한 결과, 다양한 응답이 존재했다. '시설 대비 가격이 비싸다', '수용 인원이 너무 적다', '각종 규제에 대한 불만', '1인실의 부존재' 등이 의견이 주를 이루었다.

(3) 대학생들의 주거 복지 관련 인식
① 선호하는 주거 지원 방식

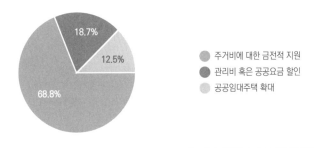

다음 중 가장 선호하거나 필요하다고 생각하시는 주거지원 방식은 무엇입니까?

18.7%
12.5%
68.8%

● 주거비에 대한 금전적 지원
● 관리비 혹은 공공요금 할인
● 공공임대주택 확대

자료 2-13. 선호하는 주거 지원 방식

자료 2-13은 성북구 소재 대학생을 대상으로 '선호하는 주거 지원 방식'을 조사한 결과다. 전체 학생 중 '주거비에 대한 금전적 지원'이라고 응답한 학생이 68.8%였고, '관리비 혹은 공공요금 할인'이라고 응답한 학생은 18.7%였다. '공공임대주택 확대'라고 응답한 비율은 12.5%였다.

주거비에 대한 금전적 지원이 필요하다고 응답한 대학생이 과반을

교실 밖의 정치학

이룬 것으로 보아 만약 실제로 주거 지원이 시행된다면, 주거비에 대한 금전적 지원이 가장 효과적으로 대학생들의 주거비 부담을 줄여줄 수 있을 것으로 생각된다.

② 대학생 주거 복지에 대한 욕구

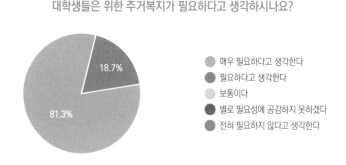

대학생들은 위한 주거복지가 필요하다고 생각하시나요?

- 매우 필요하다고 생각한다
- 필요하다고 생각한다
- 보통이다
- 별로 필요성에 공감하지 못하겠다
- 전혀 필요하지 않다고 생각한다

자료 2-14. 대학생 주거 복지에 대한 욕구

자료 2-14는 성북구 소재 대학생을 대상으로 '대학생 주거 복지에 대한 욕구'를 조사한 결과다. 전체 학생 중 '대학생을 위한 주거복지가 매우 필요하다고 생각한다'라고 응답한 학생은 81.3%였고, '필요하다고 생각한다'라고 응답한 학생은 18.7%였다. 거의 모든 학생이 대학생을 대상으로 한 주거 복지를 요구한다고 볼 수 있다.

또, 응답자 전원이 대학생들을 위한 주거복지가 필요하다고 응답했다. 이러한 결과는 성북구에서 실질적으로 주거 지원이 이루어지지 않고 있어서 나타난 것으로 이해된다.

결론적으로, 성북구의 대학생들은 대부분 주거비에 대한 상당한 부담을 느끼고 있음을 알 수 있었다. 이러한 주거비에 대한 부담은 높은 월세와 그에 상응하지 못하는 열악한 시설 등이 원인으로 작용한 것으로 보인다. 또한, 기숙사의 경우도 마찬가지로 높은 기숙사비와 그에 미치지 못하는 거주 환경, 1인실의 부재 등으로 인해 학생들이 기숙사 입사를 기피하는 것을 알 수 있었다. 거의 모든 학생이 대학생을 위한 주거 복지가 필요하다고 느꼈으며, 여러 주거 복지 형태 중에서도 금전적 형태의 지원이 가장 필요하다고 응답했다. 본 설문지 조사를 통해, 성북구 대학생들을 위한 금전적 주거 지원이 시급하다는 것을 알 수 있었다.

2) 학생 인터뷰를 통한 주거 현황 및 인식 분석

(1) 인터뷰 목표 및 진행 과정

성북구 대학생들의 주거 현황 및 인식을 확인하고, 이들에게 실질적으로 도움이 되는 방식의 지원을 하기 위해서 학생 인터뷰를 진행했다. 고려대학교에 재학 중이며 성북구 내에서 자취, 하숙 등의 형태로 독립해서 거주하고 있는 대학생들을 대상으로 진행했다. 이를 통해 실제 지원대상으로 설정한 대학생의 주거 현황과 그들이 인식하고 있는 주거 관련 문제를 직접 파악할 수 있었다. 또한 '기숙사에 대한 인식, 임대료 지불 형태, 주거비 지출 규모, 임대료 인상 경험, 월평균 총소득, 주관적 주거비 부담 정도' 등에 관한 질문을 통해 현재 대학생 독립가구의 주거에 관한 인식 및 현황을 파악했다.

(2) 주요 인터뷰 내용

인터뷰는 크게 다음의 세 가지 질문으로 나누어 진행했다.

성북구 대학생 대상 인터뷰

(정치외교학과 김OO / 화학생명공학과 이OO / 수학과 신OO / 경제학과 정OO)

1. 현재 알고 있는 대학생들을 위한 성북구 주거 복지에는 무엇이 있나요?

• 잘 모릅니다.

: 열심히 고생해서 찾아보지 않는 이상 본인에게 도움이 될 만한 복지 정책에 관한 정보를 얻기가 힘들 것 같아서 굳이 시간 내서 찾아보지 않았습니다.

: 학교 선배로부터 '도전숙'이라는 청년 주거 지원 프로그램에 관해 들어본 적이 있으나, 해당 제도의 경우 지원대상이 너무 한정되어 있고, 사업자 등록 절차도 까다로워 따로 신청하지 않았습니다.

• 다른 학생들에 비해서는 잘 알고 있습니다.

: 성북구청 홈페이지를 방문해서 주거 복지 정책에 대해 찾아본 적이 있으나 모두 지원대상 자격에 해당되지 않아 신청할 수 없었기에 잘 기억나지 않습니다.

: 청년을 위한 창작주택인 '안암생활'에 대해 들어봤으나 입주 가능자 수가 너무 적고 공고가 잘 나지 않았던 것으로 기억합니다.

2. 현재 대학생들을 위한 성북구의 주거 복지에 대해 어떤 인식을 가지고 있으신 가요? 지원 정책이 충분하다고 생각하시나요? 아니면 부족하다고 생각하시나요?

• 지역구 차원의 홍보가 부족합니다.

• 학생 주거 복지에 대한 정보를 시간 내서 찾아보지 않는 이상은 관련된 정보를 얻기 힘듭니다.

• 여전히 주거 복지가 많이 부족합니다.

• 성북구의 경우 다른 지역에 비해 대학생 주거 복지가 상대적으로 적습니다. 마포구에 거주하는 대학생 친구는 신청 가능한 주거 지원 정책이 여러 개 있었으나 본인의 경우 신청할 수 있는 정책이 하나도 없었습니다.

• 주거 복지가 부족합니다. 월세가 인상됨에 따라 주변에 주거비 부담을 느끼는 친구들이 주변에 훨씬 더 많아지고 있으나 그에 따라 대학생 주거 지원 정책이 늘어나고 있지는 않습니다.

- 소득을 기준으로 대상을 선정하는 것이 대부분인데, 이는 너무 제한적입니다.
- 주거 복지는 꽤 있는 것 같지만 본인이 해당되는 것이 하나도 없습니다.

3. 현재 거주하고 계신 집을 선택한 결정적인 요인은 무엇인가요?

- 가격
  : 많은 돈을 벌 수 없는 상황이기에 조금 좋지 않더라도 비싸지 않은 집에 살려고 합니다.
  : 원룸도 월세가 너무 비싸서 친구와 둘이서 월세를 나눠 낼 수 있는 투룸을 선택합니다.
- 기숙사 주거의 불편함 해소
  : 기숙사 거주 시 냉장고를 이용할 수 없고, 배달 음식도 시켜 먹을 수 없는 등 식생활에 있어 큰 불편함을 느껴 자취를 시작했습니다.
  : 생활 습관이 다른 사람과 함께 사는 게 너무 힘들어 기숙사를 벗어나려고 한 게 가장 큰 요인으로 작용했습니다.
  : 현재 재학 중인 대학교의 기숙사는 고학년이 되면 들어가기 굉장히 힘들고, 자리가 잘 나지 않아서 불가피하게 자취를 선택했습니다.

(3) 시사점

해당 인터뷰를 통해 다음과 같은 사실을 확인할 수 있었다. 인터뷰에 참여한 대학생들은 대부분 현재 자신이 성북구에 거주하고 있음에도 불구하고, 주거 복지 관련 정책에 대해서 잘 알지 못하고 있었다. 그 이유로는 주거 복지 정책들이 다양한 홈페이지와 웹사이트에 흩어져 있어 접근 경로가 간편하지 않고 통일되어 있지 않다는 점과 홍보가 부족하다는 점이 있다. 그러나 무엇보다도 지원대상의 과도한 제한과 복잡한 절차가 강력한 원인인 것으로 파악된다. 주거 복지 정책에 대한 정보는 많은 학생이 상당히 노력해야 찾아볼 수 있는 것으로 여겨지며, 막상 그러한 노력을 통해 정보를 얻었을 때는 지원대상에 해당되는 정책이 없는 경우가 많았던 것이다. 주거 복지 정책에 대해 상대적으로 잘 알고 있는 학생들 또한 주거비를 지원받을 수 있는 대상이나 공공 주택 입주가 가능한 대상에 해당하지 않는 경우가 많았다며 어려움을 토로했다. 따라서 이를 통해 성북구 대학교에 재학 중이며 독립해서 성북구에 주거 중인 대학생들에게 주거 복지 혜택을 제공할 수 있는 제도가 상대적으로 많지 않음을 재확인할 수 있었다.

앞과 같이 현재 성북구의 주거 복지 정책 개수와 같은 객관적 지표뿐만 아니라, 학생들의 주거 복지 정책에 대한 주관적 지표 또한 부정적인 것으로 나타났다. 인터뷰 대상자 중 한 학생은 자신과 비슷한 경제적 상황에 있는 다른 친구는 마포구 주거 복지 정책으로 지원받은 경험이 있지만, 성북구의 주거 복지 정책 미비로 자신은 지원받지 못했다고 주장하기도 했다. 이러한 답변을 통해 타 지역구에 비해서 성북구에 주거 복지 정책의 수가 적고 대상이 한정되어 있다는 인식이 매우 강하다는 것을 확인할 수 있다. 실제 수요에도 불구하고 주거 복지의 낮은 공급 및 지원대상의 제한성으로 인해 이들은 주거 복지에 대한 부정적인 인식을 가지고 있었고, 이는 성북구의 주거 복지 정책 확대가 시급한 문제임을 시사한다. 성북구는 실제로 타 지역에 비해 주거 복지와 관련된 정책이 상대적으로 미비하기 때문에 이러한 문제를 해결하고 정책 강화가 필요하다는 점 역시 지방 당국의 노력이 요구되는 지점이다.

한편, 인터뷰를 진행하며 대부분의 학생들에게 가격과 기숙사 주거의 불편함이 현재의 거주지를 선택하게 된 결정적 요인임을 알 수 있었다. 지방 출신의 학생들은 대학 주변에 새롭게 주거지를 구해야 하는 동시에, 대학을 다니며 많은 수업과 과제 등의 학업 수행을 이어 나가야 하기에 이들 대부분은 주거지의 주요 선택 기준으로 가격을 꼽으며, 주거비에 대한 부담감이 매우 크다고 토로했다. 또한 대학교 기숙사의 경우 애초에 수용률이 매우 낮아 새내기들이 주로 들어가며 고학년은 높은 성적제한 등으로 들어갈 수가 없는 것이 현실이라는 의견과 더불어, 식생활의 불편함이나 완전히 처음 보는 사람과 함께 좁은 방에서 지내야 하기 때문에 서로 다른 생활 습관으로 스트레스를 받아 자취를 시작했다는 학생도 있었다. 이러한 불가피한 이유로 자취를 선택할 수밖에 없었던 학생들이 많이 존재한다는 사실을 인터뷰를 통해 확인할 수 있었다. 집에서 멀리 떨어진 대학을 다닌다거나 기숙사에 들어가지 못했다는 이유로 불가피하게 자취나 하숙을 해야 하는 학생들은 가격 등의 불가피한 이유로 가장 중요한 식생활의 세 가지 요소 중 주거의 온전한 자유를 누리지 못하고 있다. 앞과 같은 상황은 주거 복지를 통해 일정 수준 완화될 수 있으며, 이러한 노력은 성북구의 청년복지를 위해서도 꼭 필요하다. 본 인터뷰를 통해 성북구 대학생들의 현재 주거 복지에 관한 인식과 현황, 그리고 이를 개선하기 위한 주거 복지 강화의 필요성을 확인할 수 있었다.

3) 성북구청 1인 가구 지원팀 주무관님 인터뷰를 통한 1인 가구 복지 정책 파악

(1) 인터뷰 목표 및 진행 과정

본 조례에 대한 전문가의 의견과 성북구의 1인 가구 정책들에 대한 정보를 얻고자 주무관님과의 인터뷰를 진행했다. 작성한 조례 가안을 토대로 해당 조례의 실현 가능성에 대한 조언을 구하고, 성북구의 주거복지 현황에 대해서도 여러 질문을 드리고자 했다. 구체적으로는 본 조례가 금전적 형태의 주거 지원을 계획하고 있기 때문에, 청년 혹은 대학생 대상 복지를 위해 사용되고 있는 예산의 규모에 대한 정보를 얻고자 했다. 사전에 준비한 질문지를 김서연 주무관님께 제공해드렸고, 주무관님께서 준비하신 답변을 공유해주시며 논의하는 방식으로 진행되었다.

(2) 주요 인터뷰 내용

성북구청 1인 가구 지원팀 주무관님 대상 인터뷰
(성북구청 1인 가구 지원팀 김서연 주무관님)

1. 성북구의 오피스텔 월세가 서울에서 가장 비싼 것으로 조사되었는데, 이러한 가격 형성의 근본적인 원인이 있는가?

성북구가 도심에서 가깝다는 점과 최근 길음 뉴타운, 장위동, 월곡동 등 아파트가 많이 생겨나고 있는 점이 높은 가격 형성에 영향을 미친 것이라고 추정된다. 하지만 소위 '부촌'이라고 불리는 강남, 서초 송파보다도 월등하게 높은 가격을 형성한 이유는 아직 정확하게 파악하지 못했다.

2. 본 조례 기획 이유 중 하나인 기숙사 확충 계획의 지속적인 무산은 앞으로도 해결 불가능한 문제인가?

이는 성북구에서 강제적으로 해결할 수 없는 문제다. 대학 측에서 민관과 협력해서 이를 해결하고자 노력해야 한다.

3. 현재 성북구에 책정된 1인 가구 혹은 청년 지원 예산은 어느 정도인가?

현재 1인 가구 지원 센터에서 동아리 생활과 관련해서 지원할 예정이고, 이는 약 5,600만 원 정도로 책정이 되어 있다. 또한 다른 시비 예산도 존재한다. 싱글홈 관련 정책 예산, 안심 물품(도어락 등의 주거안전 관련 서비스) 예산 등이 1억 원 넘게 책정되어 있고 사업이 진행 중에 있다. 그 외의 정확한 예산을 전달해주기에는 어려움이 있다.

4. 소득분위기준에 해당되는 인구 규모에 따라 필요한 예산 수준이 달라질 텐데, 구청 측에서 사전적으로 주민소득을 파악해서 예상 소비 예산을 산정할 수 있는가?

사전적으로 주민 소득을 파악하는 방법으로는 통계청의 자료를 활용할 수밖에 없다. 하지만 통계청 자료의 경우에 조사 대상을 대학생으로 한정해서 발표된 자료가 없을 것으로 생각된다. 실질적으로 주민 소득을 파악하는 것은 신청받은 이후에 사후적으로만 알 수 있다. 본 조례의 경우에 보편적 복지로 추진할 계획이라면 학생들의 소득을 파악하기보다는 일단 성북구 내의 대학생 1인 가구의 규모를 측정하는 것이 가장 중요하다고 생각된다.

(3) 성과 및 시사점

1인 가구 실태조사 결과, 대학생만을 타깃으로 한 설문은 아니었지만, 1인 가구 모두가 주거에 대한 욕구가 있음이 강조되고 있음을 언급했다. 또한 성신여자대학교 교수님께서 "주거비 지원의 목적은 성북구에 계속 살게 하려는 목적이 크나, 대학생들은 취업 이후에 대부분 다른 지역으로 이동하는 경우가 많다. 이러한 이동에는 다양한 원인이 존재하겠지만, 성북구의 비싼 주거비가 하나의 큰 원인으로 작용하기 때문에 대학생들을 타깃으로 한 주거 복지 방안이 필요하다"라고 주장하신 점을 언급하셨다. 또한 현재까지 시행 중인 성북구 주거복지 사업에 대해서는, 그 내용이 제한적이거나 간접적인 방식의 지원이 이루어져 '주거비 부담'에 대한 실질적인 복지가 시행되고 있다고 보기 어렵다는 점에 동의한다는 의견을 표출했다. 이러한 부분은 본 조례의 당위성을 강화시켜주는 내용이라고 볼 수 있다고 여겨진다.

(4) 인터뷰의 조례 반영 및 한계

'서울특별시 중구 저소득 대학생 교통비 지원에 관한 조례'와 '서울특별시 대학생 학자금대출 이자 지원에 관한 조례'를 언급하면서, 인터뷰 이전에 작성했던 조례 가안이 조금 더 구체적인 내용을 포함하면 좋을 것 같다고 조언해주셨다. 또한, 용어에 있어서 그 용어의 정의를 상위법에서 인용하거나 새롭게 정의해 모호함이 없게 해야 한다는 점을 파악할 수 있었기에 이를 바탕으로 조례의 용어들을 보다 구체적으로 정의하고 조례 가안의 구체성을 강화했다.

성북구의 주거복지 예산에 관해 구체적인 자료를 얻고 싶었지만, 이에 대해서 정확한 내용을 전달해주기에는 어려움이 있다고 하셨기에 본 조례를 위한 정확한 예산을 추정하는 데는 한계가 존재했다. 하지만 만약 실제로 본 조례를 시행하게 된다면 주거 지원액은 지원대상에게 학기 중 매달 5~8만 원 정도가 적당할 것 같다고 언급하셨고, 이에 예산과 관련해 조례 설계 단계에서의 큰 문제는 존재하지 않을 것임을 추측할 수 있었다.

4) 김인제 의원님 인터뷰를 통한 조례 방향성 구축
(1) 인터뷰 목표 및 진행 과정

본 조례를 제정함에 있어 가장 중요하지만 팀 내외로 논란이 있었던 부분은 조례의 지원대상을 선정하는 기준을 어떻게 설정할지에 관한 것이었다. 초기 구상에서는 성북구 지역의 대학생 대상 장학금의 개념으로, 소득분위에 상관없이 주거지원금을 지급하되, 예산의 제약으로 인해 거리와 성적이라는 지원대상 선정 기준을 두었다. 그러나 이에 대해서는 형평성에 문제가 있을 수 있다는 의견이나 지원금이 최고의 효율성을 가지기 어렵다는 비판 등이 많았다. 김인제 의원님은 5월 4일 시민정치리빙랩 강의시간에 직접 특별 강연을 해주신 분으로, 지원대상을 비롯해 본 조례의 기본 구상에 큰 도움을 주신 분이기에 강의시간 중, 그리고 이후 개인적으로 메일을 통해 총 두 차례의 질의응답 과정을 가졌다.

(2) 주요 인터뷰 내용

김인제 의원님 대상 인터뷰

(서울특별시의회 기획경제위원회 소속 의원님)

1. 저희가 조례의 지원대상 선정 기준에 소득분위를 넣지 않았다. 대신 거리나 성적을 고려해보려고 하는데 조언을 부탁드린다.

물론 지원자격에 명시적으로 소득분위의 제한을 두지는 않아도 된다. 그러나 아무래도 주거지원금 지급 조례는 공적 기관에서 시행하는 복지제도의 일환이기에 형평성을 고려하지 않을 수 없다. 실제로 소득분위가 결격사유로 명시되어 있지 않은 복지제도의 경우에도, 학자금 지원 구간 혹은 건보료(건강보험료) 등의 소득을 확인할 수 있는 서류를 일차적으로 제출하도록 하고 이를 고려하는 절차를 거치는 경우가 많다. 조례 자체의 취지나 기타 내용은 상당히 괜찮은 것 같기에, 지원대상 선정기준과 관련해서 보편적 복지 차원에서 접근하는 것이 어떻겠나.

2. 성북구민이 아닌 성북구 내 대학생들을 성북구의 예산으로 지원하려는 본 조례의 목적을 어떻게 정당화할 수 있을 것인가?

주거지 이전을 본 조례의 지원대상자들에게 의무화하는 조항을 추가하는 방안을 고려 중이라고 하셨는데, 괜찮은 것 같다. 그러나 이와 별개로 지방 정부에는 본디 해당 지역에 거주하는 이들뿐 아니라 그 지역을 생활권으로 하는 생활인구까지 보호할 의무 및 능력이 있다. 마치 서울로 출퇴근하는 경기도민들이 서울시의 도로

와 쓰레기통, 가로등 등을 이용하는 것과 같은 맥락이다. 실제로 다른 조례들을 봐도, 지역민분 아니라 지역의 경제에 기여하는 등의 주요 생활인구의 복지를 위한 조례들이 다수 존재한다. 다만 집주인들은 세입자가 주거지 이전을 해버릴 경우 꼼짝없이 세금을 내야 하기 때문에 탈세의 목적으로 이를 막기도 하는데, 세입자의 입장에서 집주인의 반대를 무릅쓰고 주거지 이전을 실행할 능력이 있을까에 대한 고민은 필요할 것 같다.

3. 예산과 관련해서 정확한 수치 자료를 얻기 힘들어, 지원의 규모를 예측하는 데 어려움이 있다. 조례의 각 조문은 얼마나 구체성을 띠어야 하는가?

말씀해주신 여러 정보의 제약들이 존재하고 그러한 현황들이 매년 변화하는 탓에, 특히 예산과 관련한 조항들은 정확한 액수나 규모를 명시하지 않아도 괜찮다. 대부분이 이를 해당 조례가 규정하는 사업의 책임자에게 결정권을 부여한다. 본 조례의 경우라면, '구청장은 매년 청년(대학생)주거복지 대상자 현황을 조사하고 그 예산계획을 수립해야한다', 혹은 '구청장은 청년(대학생)주거복지위원회를 설치하고 대상자 발굴, 지원 범위 등 위원회 심의를 통해 결정한다'라고 명시하면 될 것 같다.

4. 해당 지원비가 실질적으로 주거에 사용될 것이라고는 어떻게 장담할 수 있는가? 주인들이 지원금의 존재를 알고 월세를 올리면 의미가 없어지는 것이 아닌가?

집주인은 물론 수익을 창출하는 것이 목적인 이들이기에 월세를 상향하고자 할 수도 있다. 그러나 본인의 세입자 학생이 월세를 지원받는지의 여부는 본 조례의 구조상 집주인이 알 수가 없는 것도 사실이다. 결국 강제적으로 그러한 우려 사항을 막을 수는 없으나, 조례에 세입자로 하여금 집주인에게 수혜 사실을 알려야 한다는 의무를 규정하지 않는 수준으로 조례의 역할은 다한다. 더불어 본 조례가 명시하고 있는 임대료 상한 제한 설정 역시 우려하고 있는 상황을 방지하는 데 도움이 될 것으로 보인다.

(3) 목표 달성과 관련한 성과

가장 큰 성과는 지원대상 선정 기준과 관련한 내용이다. 기존에는 거리와 성적을 소득분위에 우선해서 고려하며, 소득분위는 가급적이면 지원대상의 선정 기준에서 고려하지 않으려고 했다. 소득분위가 높게 책정되더라도 실질적 월세 부담이 높은 학생층이 많다고 판단했기 때문이다. 그러나 의원님께서는 본 조례를 보편적 복지의 일환으로 고려하라고 하시면서, 주거비 지원 조례는 말 그대로 성북구민이 아닌데 성북구에 거주하는 대학생들의 주거비를 지원하고자 하는 의지를 담은 조례이지, 성적이나 거리 등의 부가적인 항목을 일일이 따지고자 하는 순간, 조례로서의 의미를 상당 부분 상실하게 된다는 조언을 해주셨다. 또한 비성북구민을 지원하는 조례 내용의 정당성과 관련해서는 각 지방정부가 가지고 있는 지역 생활인구에 대한 지원 의무를 언급하며, 조례의 취지에는 큰 문제가 없음을 확인해주셨다. 마지막으로 본 조례에 사용될 수 있는 예산의 규모를 쉽게 예상하기 어려웠는데, 실제로 성북구청 1인 가구 지원팀 소속 주무관님과의 인터뷰를 통해서도 이에 관한 정확한 수치 정보를 얻는 데는 무리가 있었다. 그러나 의원님의 조언을 바탕으로 실제 조례들을 다시금 검토해보니, 현금 지급과 관련한 많은 조례가 그 액수 및 예산 범위를 조례의 조문으로 정확히 명시하지 않고 이를 책임자의 결정으로 규정하고 있었다.

(4) 개선점 및 한계점

보편적 복지의 일환으로서 본 조례가 가질 의의 및 효용에 공감해 지원대상 선정 기준에서 거리 및 성적에 대한 기준을 전면 삭제하고 소득분위만을 추가했다. 또, 세입자가 집주인의 뜻에 반해서 주거지 이전을 주장하기 힘들 것이라는 현실적 한계와 생활인구에 대한 지방정부의 지원 의무를 함께 고려해서 본 조례의 수혜자들에게 주거지 이전을 의무화하지는 않았다. 마지막으로, 주거지원금의 예산과 관련한 부분은 본 조례의 책임자로 설정한 구청장이 매년 새롭게 결정하도록 명시하며 조례의 현실성을 더할 수 있었다.

앞과 같이 조례를 수정할 시에는 '성북구민임에도 불구하고 부모와 독립해서 대학교 근처에서 거주하는 이들에 대한 지원을 제한할 방법이 없다'라는 비판이 가능할 것으로 예상된다. 그러나 이는 '성북구 소재 대학교에 재학 중이면서 부모와 독립해서 성북구에 거주하는' 대학생을 지원하고자 하는 조례의 의도에 가장 충실할 수 있는 방안으로, 만약 앞의 지적과 같은 상황이 발생한다고 하더라도 조례의 기본 취지에 어긋나지 않으므로 별도의 제재를 가하지 않을 예정이다. 또, 부모가 성북구에 거주 중임에도 독립을 할 수 있는 학생이라면 애초부터 소득분위로 인해 지원대상에서 배제될 것이며, 만약 지원대상에 해당한다면 더더욱 특별한 사정이 있을 것으로 판단되기에 제재를 가할 필요성 역시 크지 않을 것이다.

3. 조례 제안

1) 조례 가안

이에 다음과 같은 조례 가안을 제안하고자 한다.

제1조(목적) 이 조례는 경제적 여건과 관계없이 누구나 의지와 능력에 따라 학업에 전념할 수 있는 기회를 제공함으로써 교육의 공공성 강화와 대학생 및 학부모의 부담을 경감하여 성북구의 교육 복지 확대를 통해 교육 도시 성북을 구현하고자 대학생 주거비 지원에 관한 사항을 규정함을 목적으로 한다.

제2조(정의) 이 조에서 사용하는 용어의 뜻은 다음과 같다.

1. "대학교"란 「고등교육법」(이하 "법"이라 한다) 제2조 제1호부터 제4호까지의 규정에 따른 학교를 말한다.
2. "대학생"이란 대학교에 재학(당해 학기에 입학 또는 복학 예정인 경우를 포함한다)하고 있는 학사학위취득 과정 중인 학생을 말한다.
3. "주거비"란 주거를 위하여 주택 소유자와 원룸, 투룸, 하숙, 고시원 등 월세 계약을 체결하고 매월 지출하는 월세 비용을 말한다.

제3조(지원대상) 이 조에서 말하는 모든 기준을 만족해야 한다.
1. 주거비 지원대상은 신청일 현재 본인이 성북구(이하 "구"라 한다)에 위치한 대학교에 재학 중이며 보호자와 독립하여 성북구에 거주 중인 대학생일 것.
2. 보증금 3,000만 원 이하 및 월세 70만 원 이하인 주택에 거주할 것(2023년 조례 제정 연도 기준)
3. 2항의 기준액은 경기 변동을 반영하여 매년 구청장이 새롭게 정할 수 있다.

제3조의 2(지원 예외 대상)
1. 휴학 중이거나 휴학 예정인 경우
2. 다른 법령, 제도, 조례 등에 따라 주거비를 지원받고 있는 경우
3. 그 밖의 방법으로 대학생 주거비를 지원받고 있는 경우

제4조(주거비의 지원 등) 성북구청장(이하 "구청장"이라 한다)은 예산의 범위 내에서 대학생 주거비의 일부를 지원할 수 있으며, 지원 금액과 그 범위의 기준은 매년 구청장이 정한다.

제5조(신청 및 지원 절차)
1. 본 조례에 따라 주거비를 지원받으려는 대학생은 매 학기가 시작되기 전 성북구 대학생 주거비 지원 신청서를 작성하여 구청장에게 제출하여야 한다.
2. 제1항에 따른 주거비 신청 이후라도 주소 등 변동사항이 있을 때에는 변동이 있은 날로부터 30일 이내에 변동사항을 구청장에게 통보하여야 한다.
3. 구청장은 지원 신청서를 확인하여 지원 사항을 결정하고, 주거비를 해당 신청인이 지정한 계좌로 입금하여야 한다.

제6조(주거비 지원 시기)
대학생 주거비는 매 학기별 지원을 원칙으로 한다.

제7조(환수) 구청장은 주거비를 지원받은 자가 다음 각 호의 어느 하나에 해당하는 경우에는 지원한 주거비를 환수하여야 한다.

1. 거짓이나 그 밖에 부정한 방법으로 주거비를 지원받은 사실이 확인될 경우
2. 제3조에 따른 지원 요건을 충족하지 아니한 사람이 주거비를 지원받은 사실이 확인될 경우
3. 제3조의2 단서에 해당하는 대학생이 주거비를 지원받은 사실이 확인될 경우

제8조(구청장의 책무) 구청장은 제2조에 해당하는 대학생의 주거안정과 주거수준의 향상을 위해 주거 복지 정책 및 사업을 지속적으로 추진하고, 필요한 예산을 확보하기 위해 노력하여야 한다. 또한 본 조례의 시행 후 과정 또는 결과에 관한 평가를 해야 하고, 그에 따른 사후 대책을 마련해야 한다.

제9조(시행규칙) 이 조례의 시행에 필요한 사항은 규칙으로 정한다.

2) 지원의 정당성

본 조례가 가지는 지원의 정당성은 서론에서도 언급된 바 있어 추가적인 내용과 함께 정리하도록 하겠다.

첫째, 본 조례는 경제력이 낮아 높은 주거비를 지불하기 힘든 대학생에게 금전적 지원을 실시함으로써 그 부담을 줄여주는 효과를 가진다. 청년 가구의 지나친 주거비 부담은 청년세대의 고용 불안정으로까지 이어질 수 있고, 우울 등의 정신건강에도 악영향을 미칠 위험성이 있다. 본인이 원래 살던 지역과는 다른 지역의 대학교를 다녀야 하는 등의 불가피한 사정으로 보호자와 독립해서 주거비를 부담하는 학생들은 청년 중에서도 주거비 부담을 상대적으로 더 많이 느낄 수밖에 없다. 학업에 집중해야 하는 대학 생활을 병행하면서 돈을 버는 것은 쉽지 않은 일이기 때문이다. 이러한 상황에서 전월세 가격은 점점 더 높아지고 있는 만큼, 대학생들의 부담은 나날이 높아지고 있다. 증가하는 주거비 부담 속

에서 대학생들은 반지하 등 열악한 주거환경 속에서 생활해야 하는 불가피한 상황에 마주하기도 한다. 주거 빈곤층으로 전락할 가능성이 존재하는 것이다. 이렇게 주거비로 인해 어려움을 겪는 대학생들에게 본 주거비 지원 조례는 청년 인구의 경제적 부담을 조금이나마 낮추어 주며, 그들이 주거 빈곤층이 되는 것을 예방할 수 있다. 특히 성북구 대학 기숙사의 경우 서울시 평균의 절반에도 미치지 못하는 낮은 수용률로 학생들의 주거부담을 더욱 가중하고 있다. 학생들의 주거비 부담을 낮추어줄 수 있는 대학 측에서의 가장 큰 지원 방식인 기숙사가 실질적으로는 학생들에게 도움이 되지 못하고 있는 것이다. 이런 문제를 해결하기 위해 기숙사 신축이 십몇 년간 논의되기도 했지만, 지역 임대업자들과의 현실적인 이해관계 충돌로 인해 기숙사 신축은 그 시작점조차 보이지 않는 경우가 대다수다. 앞서 언급했듯이 성북구 안암에 위치한 고려대학교의 사례만 봐도, 지역 임대업자들과 학생들의 이러한 갈등은 빠른 시일 안에 쉽게 해결될 것으로 보이지 않는다. 결국 이로 인해 학생들은 높은 비용의 주거비를 울며 겨자 먹기식으로 부담해야 하는 악순환이 반복되고 있다. 이러한 문제 상황을 완화하고, 당장 수입을 늘리기도, 실거주지를 옮기기도 힘든 대학생들의 상황을 고려해서 적극적으로 지원해줄 수 있는 조례를 만들 필요성이 분명히 존재하는 것으로 보인다.

둘째, 성북구는 20대 인구를 핵심 연령층으로 하고 있으며, 청년 가구의 비중은 계속해서 증가할 전망이다. 성북구는 이러한 지역적 상황을 고려해서 '청년창업거리'를 만들어 청년들의 활발한 창업 활동을 지원하는 등 청년을 위한 사업을 많이 펼치고 있다. 특히나 성북구는 관내 대학의 수 또한 서울 자치구 중 가장 많은 것으로 밝혀졌다. 많은 대학교가 있는 만큼 성북구 내에는 다른 지역구보다 상대적으로 많은 대학생이 보호자와 독립해서 거주하고 있으며, 이들은 생활인구로서 지역 경제 활성화에 이바지하고 있다. 특히나 대학가의 경우 대부분의 경제 주체가 대학생으로 한정되어 있고, 대학생들이 많지 않은 방학 시기에는 실제로 학기 중에 비해 상권이 활발하지 못한 것을 볼 수 있다. 그러므로 성북구는 이러한 대학생들의 기본적인 생활 수준과 사회적 비용 부담에 관심을 가지고 적극적으로 지원책을 마련해서 지역 경제 활성화와 이들의 발전을 위해 노력할 수 있도록 해야 한다. 그러나 이러한 필요성과는 반대로 현재 성북구는 다른 지역구에 비해 대학생들의 주거 복지를 위한 조례가 미비한 편이다. 서울특별시 내 여러 기초자치 단체에서는 1인 가구 지원 조례를 제정하고 있고, 성동구와 노원구의 경우 청년주거 지원에 관한 조례가 존재한다. 하지만 성북구에는 청년복지 관련 조례가 많지 않고, 대학생 주거 지원 정책 또한 다른 지역에 비해 미비한 수준이다. 따라서 대학생 주거 지원 관련 조례인 본 조례를 적극 시행해서 지역구의 생활인구 보호에 힘써야 한다.

셋째, 본 조례는 포괄적 조례로서 생활인구의 보호와 지역 경제 활성화를 가능하게 한다. 본 조례는 기본적으로 성북구에 거주하고 성북구를 생활권으로 하는 청년들의 주거비 고민을 해결하고 부담을 완화하고자 하는 의지가 있다. 이에 대해 일각에서는 성북구를 주민등록상 주소지로 하는 주민들이 낸 세금으로 성북구를 주소지로 하지 않은 사람들에게 혜택을 주어서는 안 된다고 주장하는 반대의 목소리가 나올 수도 있다. 그러나 이는 사회가 가진 특수성으로 인한 것으로 불가피한 측면이 존재하고, 포괄적 지원을 위해 선행 조례나 정책에서는 이를 감안해서 주소지가 해당 지역이 아닌 국민에게도 지원해주는 경우가 많다.

또한 사회에서의 다양한 경험적 사례를 살펴봤을 때, 매도인이 세금 회피를 위해 주소지 이전을 하지 못하도록 하는 경우도 빈번하게 존재한다. 주택임대차계약을 할 때 특약으로 전입신고를 하지 않기로 하는 조항을 넣는 것이다(최현주 2011). 이러한 경우 주소지 이전을 대학생들이 자의적으로 할 수 있는 것이 아니고, 오히려 불이익을 받게 될 가능성이 존재한다. 따라서 성북구로 주소지 이전을 하지 않았다는 이유로 지원받지 못하는 것은 본 조례의 목적에 부합하지 않기 때문에 주소지 이전 여부를 기준으로 지원대상을 선정하지 않는 것이다.

지방정부가 각 지역의 거주인구를 포함해, 생활인구까지를 보호할 수 있는 헌법적 권한을 가지고 있다는 사실도 본 조례의 포괄성을 뒷받침한다. 꼭 그 지역의 주민이 아니더라도 공중화장실, 공원 등의 공공시설과 같은 다양한 부가적 혜택을 이용할 수 있는 것처럼 주소지를 근거로 생활인구에 대해 중대한 차등 대우를 실시해서는 안 된다. 생활인구는 그 지역에서 생활비와 주거비, 문화생활 향유를 위한 비용 등 다양한 목적의 경제적 자본을 사용하고, 이는 지역 경제를 활성화하는 데에 기여하기 때문이기도 하다. 따라서 본 조례는 생활인구의 보호와 지역경제 활성화의 측면에서도 그 지원의 정당성이 타당하다고 할 수 있다.

이렇듯 본 조례는 성북구에 거주함과 동시에 성북구에서 경제활동을 포함한 대부분의 생활을 하는 청년들에게 주거비를 지원해서 기본적인 주거권을 보장한다는 정당성 및 의의를 지닌다.

3) 지원대상자 선정 기준

본 조례는 주거비 지원을 목적으로 하는 만큼, 그 지원대상의 범위가 매우 중요하다. 지역 주민들의 세금이 사용되는 것이기에 합리적 정당성을 가지고 명확한 대상을 정해 지원이 시행되어야 할 것이다. 따라서 해당 본문에서는 지원대상자의 선정 기준과 기준 책정 이유에 관해서 설명하고자 한다. 이에 더해 지원 예외 대상자의 선정 기준과 그러한 기준을 책정한 이유에 관해서도 설명할 것이다.

앞의 조례 가안과 같이 지원대상자 선정 기준을 (1) 성북구 소재 대학교에 재학 중인 대학생이어야 할 것, (2) 성북구에 거주해야 할 것, (3) 보호자와 독립해서 거주해야 할 것, (4) 기준 보증금과 월세 범위에 포함되는 주택에 거주해야 할 것으로 구체화했다.

(1) 본 조례는 성북구에 거주하는 청년, 그중에서도 특히 대학생의 주거 비용 부담을 줄이고자 하는 목적이 있다. 따라서 서울특별시 성북구 소재 대학교인 고려대학교, 성신여자대학교, 동덕여자대학교, 국민대학교, 한성대학교, 한국예술종합학교, 서경대학교의 총 7개의 대학에 재학 중인 대학생으로 지원대상을 구체화했다. 이는 본 조례가 성북구 조례안으로서 성북구 소재의 대학교에 다니며 성북구를 생활권으로 하는 대학생들을 지원하고자 함을 의미한다.

(2) 또한 성북구에 거주 중인 대학생을 지원대상으로 했다. 대학교 입학 전의 거주지 또는 고향이 지방인지 아닌지의 여부, 거리와는 관계없이 성북구에 거주하는 것을 근거로 지원하고자 한다. 이 역시도 성북구를 생활권으로 해서 대부분의 경제 활동과 일상생활을 성북구를 중심으로 하는 대학생들을 지원하고자 하는 본 조례의 목적에서 비롯한 것이다.

(3) 보호자와 함께 거주하는 경우, 대학교에 다니기 위한 주거비가 별도로 발생하지 않기 때문에 이 경우는 지원대상에서 제외했다. 보호자의 주민등록상의 주소지를 확인하는 방식으로 주거비 지원을 신청한

대학생의 독립 여부를 증명하도록 한다.

(4) 마지막으로 본 조례는 지원대상자의 주거비 가격에 따라, 보증금 3,000만 원 이하 및 월세 70만 원 이하인 주택에 거주하는 대학생으로 지원 자격을 제한했다. 이는 주거비 지원을 받을 대학생들이 이를 악용해 너무 고가의 집을 선택하지 못하도록 함이다. 또한 더 중요한 이유로는, 본 주거비 지원 조례에 대해 알게 된 집주인이 의도적으로 월세를 높이지 않도록 하기 위한 목적이 있다.

지원대상자에서 제외되는 대학생은 기숙사에 거주 중이거나 본 조례 이외에 다른 법령, 제도, 조례 또는 그 밖의 방법으로 공적 지원을 받는 경우다. 후자는 중복수혜를 막기 위해 지원대상에서 제외했으며, 기숙사에 거주 중인 학생들의 경우에도 일반적인 자취나 하숙의 방식보다 저렴한 비용을 부담하고 있고, 학교 차원에서 제공하는 혜택을 누리고 있기에 지원대상에서 제외했다. 또한, 본 조례에서 지원하고자 하는 주거비는 장학금의 개념이 아니기 때문에 성적 등으로 차등을 두지 않고자 한다.

4) 주거비 지원 형태

본 보고서에서 제안하는 조례는 주거비 지원을 통한 부담 경감이 목적이기 때문에 그 비용을 금전적으로 지원하는 방법이 가장 적절하다고 판단된다. 앞서 살펴본 주거비 지원 관련 선행 정책과 조례 중 <성북구 청년월세 한시 특별지원사업>의 경우에도 임대료에 대한 금전적 지원을 통해 주거비 부담을 낮추는 방안을 채택했다. 이처럼 본 조례는 사후적 환급 형식의 금전적 지원을 원칙으로 한다. 대학생이 본 조례에 따른 주거비 지원을 신청할 때는 부동산 임대차 계약서와 계약서에 명시

교실 밖의 정치학

된 집주인에 대한 월세 이체내역을 통해 본인의 거주와 거주비 지불내역을 증명하도록 한다. 이에 따라 사후적으로 주거비의 일부를 환급해주는 형태다. 주거비 지원 금액과 범위의 기준에 대해서는 매년 성북구청장이 정하도록 했다. 성북구청장은 가능한 예산 범위 내에서 지원 금액을 정하도록 하고, 가구별 지원 금액에 맞게 지원금액을 지원하도록 한다. 성북구 1인 가구 지원팀 주무관님과의 인터뷰를 근거로 했을 때, 지원금액은 대략 월 5~8만 원 내외가 될 것으로 예상된다.

4. 기대효과 및 실현가능성

1) 기대효과

첫째, 본 조례는 성북구 대학생들의 주거비 부담을 경감시켜준다는 기대효과가 존재한다. 대학생들은 공부와 별개로 생활비를 충당해야 하는 경우가 많다. 특히, 주거비는 대부분의 학생이 큰 부담을 느끼는 분야 중 하나다. 특히나 서울 오피스텔 평균 월세 1위인 성북구에서 거주하는 학생들은 다른 지역구에 비해 주거비에 더 큰 부담을 느낄 수밖에 없다. 이 조례를 통해 성북구 대학생들은 일정 부분의 주거비를 지원받을 수 있게 되어, 생활비의 부담이 경감될 것으로 예측된다.

둘째, 대학생들에게 학업에 전념할 수 있는 기회를 폭넓게 제공한다. 직접 충당해야 하는 생활비가 줄어들면서 생기는 여유 시간은 대학생에게 학업에 전념할 수 있는 기회를 제공한다. 학업에 전념할 수 있다는 것은 학생들이 좋은 성적을 얻고, 다양한 경험을 하며 원하는 진로를 선택할 수 있는 기회를 놓치지 않도록 도와준다. 또한 최소한 다른 학생들과의 공평한 학업의 기회를 보장하는 데 이바지한다는 점에서 의미가 있다. 자신의 예산보다 높은 주거비를 지불하기 위해 학업보다는 돈을 버는 일에 급급해할 가능성을 조금이나마 줄일 수 있다는 것이다. 경제적 여건에 관계없이 누구나 의지와 능력에 따라 학업에 전념할 수 있는 기회를 제공함으로써 교육의 공공성 강화와 대학생 및 학부모의 부담을 경감해 성북구의 교육 복지 확대를 통해 교육 도시 성북을 구현하고자 한다. 이 조례의 지원을 통해 대학생들은 대학생 시기에만 할 수 있는 다양한 경험들을 쌓는 데 시간을 할애하고, 이를 바탕으로 희망하는 진로를 향해 나아갈 수 있을 것이다.

셋째, 성북구의 브랜드 가치를 제고시킬 수 있을 것이다. 도시 브랜드는 도시의 경쟁력을 구축하는 데 중요한 수단으로 여겨진다. 도시 브랜딩은 도시 서비스 환경 개선이나 도시 거버넌스 등과 같은 다양한 분야의 사업적 성공을 통해 이루어질 수 있다. 그리고 앞에서 언급한 도시 거버넌스에는 지역의 조례나 복지 정책 등이 포함된다. 대학생들의 경제적 부담을 덜어주고 그들의 미래를 위한 다양한 기회를 놓치지 않게 해주는 본 조례는 성북구에게 '더불어 살아가는 따뜻한 복지 도시'와 같은 이미지를 창출해낼 수 있게 하고, 이러한 이미지를 하나의 슬로건으로 자리 잡게 하는 데 기여할 수 있다. 결과적으로 본 조례로 성북구는 다른 지역과 차별화된 지역 이미지를 구축할 수 있고, 이는 지역의 가치를 높이며 더 많은 주민을 유치할 수 있게 한다. 또한 대학생들에게 성북구의 이미지와 인식을 높일 수 있으며, 대학생들이 지역 내에서 더 오랫동안 거주할 가능성도 늘어날 것으로 예상된다.

넷째, 지역 경제의 활성화를 불러올 수 있다. 코로나19로 인해 2020년부터 2022년까지 3년간 자영업자들은 많은 경제적 손실을 얻었다. 그러나 그 이후로도 경기 침체가 심화, 지속되면서 민간사업자의 신용도가 떨어지고 대출 수요가 더욱 가파르게 증가하면서 높은 금리가 책정되고 있는 것이 현실이다(임영신 2023). 이러한 상황에서 대학생들에게 주거비의 일정 부분을 지원하는 조례는 지역 경제에도 긍정적인 영향을 줄 수 있다. 대학생들이 돈을 지출하는 경우, 대부분 지역 내에서 소비가 이루어지기 때문이다. 이 조례를 통해 학생들의 주거비가 일정 부분 감소한다면, 그것은 여유 자금의 증가를 의미하며 학생들이 지역 내에서 더 많은 소비를 할 수 있게 된다. 이는 지역 내 상인들의 매출 증가와 그에 따른 경기 활성화, 더 나아가 일자리 창출에도 기여할 것이라고 예상된다.

다섯째, 본 조례가 성공적으로 시행되고 유지된다면, 대학생 주거비 지원 조례가 성북구를 넘어 다른 지역에까지 확산될 가능성이 존재한다. 지방자치제도는 근본적으로 지역의 개별 특수성을 고려해서 정책을 만들어내기 때문에 지역 간의 정책적 다양성과 특이성이 확산될 가능성이 클 것이라고 예상된다. 하지만 실제로 많은 사례에서 지방자치단체 간 정책의 다양성과 특이성보다는 동질성과 유사성이 관찰되었다(고길곤 2020). 특히 청년기본조례는 전국적으로 확산되어왔고, 현재 매우 많은 도시와 지역에서 시행되고 있다. 이러한 사례에 비추어 봤을 때, 앞에서 말한 청년기본조례와 보호하고자 하는 핵심 가치가 같은 청년 지원에 관한 우수한 복지 조례도 이와 같이 전국적으로 확산될 가능성이 크다고 충분히 짐작할 수 있다. 성북구 대학생 주거비 지원 조례는 현재 존재하는 성북구 1인 가구 지원 조례를 종합적이고 체계적으로 지원하기 위해 제안되었기 때문에 앞에서 언급한 조례의 확산 가능성이 더욱 크다고 볼 수 있다. 따라서, 이 조례의 성공을 출발점으로 대학생 복지의 체계화가 이루어질 수 있고, 동시에 대학생의 주거 복지가 다른 지역구로도 확산될 가능성이 크다는 것을 예상할 수 있다.

결론적으로, 인구 구조변화에 따라 1인 가구가 지속해서 증가할 추세임을 감안할 때, 사회·경제적 변화에 대비한 정책적 대응이 필요한 현 시점에서 대표적인 1인 가구인 대학생의 안정적인 생활, 사회적 관계망 강화 등 종합적인 시책추진을 위한 제도 마련은 그 입법 취지가 타당하다고 볼 수 있으며, 그 필요성이 인정되고 시의적절하다 사료된다.

2) 실현 가능성

우선 취지의 정당성에 대해 성북구는 관내 대학의 수가 서울 자치구 중 가장 많은 지역구라는 점, 관내 대학들의 기숙사 수용률이 전국 대학교의 기숙사 수용률의 절반에도 미치지 못한다는 점은 성북구에 대학생을 대상으로 하는 지원 조례가 필요하다는 점을 체감하게 한다. 또한 성북구가 2021년 기준, 서울시에서 오피스텔 월세가 가장 비싼 자치구라는 점과 1년간 월세 상승률이 서울시 평균의 2.5배에 달한다는 점에서 대학생들의 주거비 부담이 매우 크다는 점을 충분히 인지할 수 있다. 따라서 대학생들의 주거비와 관련한 문제를 해결하고자 하는 이 조례의 취지는 정당하다고 볼 수 있다.

앞에서 서술한 기대효과를 살펴봤을 때, 학생들의 실질적인 주거비 부담을 경감시킬 수 있다는 것과 더불어 대학생들에게 학업에 전념할 수 있는 기회를 제공할 수 있다는 점에서 기대되는 효과가 높다고 할 수 있다. 이에 그치지 않고 더 나아가 지역구의 브랜드 가치를 제고시킴과 더불어 지역 경제를 활성화시켜 자영업자들의 부담감을 덜어줄 수 있다는 부분은 조례가 제정될 가능성을 높여줄 것으로 보인다. 또한 현재 사회적으로 많은 관심이 쏠리고 있는 청년복지에 관한 구체적인 지원 방안을 제시하는 이 조례는 그 취지가 정당하고, 지역 내의 다양한 문제를 해결할 수 있다고 볼 수 있다. 이러한 측면에서 바라볼 때, 예산에 관한 합의만 이루어진다면 이 조례가 실제로 제정될 가능성은 상당히 크다.

본 조례의 경우, 임차인들에게 금전적인 지원을 해주는 것이기에 임대인이 해당 조례의 존재를 인지했을 때, 월세나 보증금을 인상하고자 하는 유인이 존재할 수도 있다. 실제로 2023년 정부가 공공임대주택 임차인들의 부담을 감소시키고자 종부세 완화를 추진했지만, SH공사 측에서 임대주택 임대료를 5%까지 강행 인상하기로 결정한 바 있다(홍기원 2023). 그러나 앞에서 제시한 본 조례는 제3조를 통해 지원대상 주택의 월세 상한액을 설정하고 있다. 이러한 지원대상 주택 월세 상한 설정이 모든 악용 사례를 방지할 수 있다고 평가할 수는 없지만, 그럼에도 불구하고 조례 악용과 관련된 상당수의 문제를 미연에 방지할 수 있을 것으로 예상된다.

III. 결론

본 보고서는 '청년'층과 구별되는 '대학생' 계층의 특수성에 초점을 맞추어, 대학생을 대상으로 한 주거복지의 현황 및 필요성을 검토하고 이를 바탕으로 대학생에 대한 주거지원금 제도를 제안하고자 했다. 특히 서울특별시 성북구라는 지역구에 초점을 맞추어 조례를 설계했는데, 이는 서론 2)에서 언급한 바와 같이 성북구라는 지역이 가지고 있는 세 가지 특징 때문이었다. 성북구는 서울특별시 지역구 중 관내 대학이 가장 많으며, 기숙사 수용률은 매우 저조하고, 평균 월세는 서울시 자치구 중에서 가장 높았다. 이에 성북구청 1인 가구 지원팀 주무관 및 서울시의회 의원과의 인터뷰, 그리고 수혜당사자들에 대한 질적, 양적 인터뷰를 바탕으로 '성북구 대학생 주거비 지원 제도'라는 조례를 기획했다.

해당 조례가 규정하는 주요 사업 내용은 '성북구 소재 대학에 재학 중인 대학생에 대해 매월 주거지원금을 지급하는 것'이다. 본 조례는 보편적 복지를 골자로 하며, 조례의 수혜 대상은 성북구 내의 7개 대학 중 하나에 재학 중이면서 현재의 실거주지가 성북구인 대학생 중 부모와 독립해서 생활하고 있는 이들이다. 다만 소득분위 기준에 맞지 않거나, 대학의 기숙사에 거주하거나, 거주하고 있는 거주지의 월세가 조례에 명시된 상한선을 초과하거나, 기타 공적 지원을 수혜받고 있는 등 조례에서 규정하는 제한요건에 해당하는 대학생들은 지원대상에서 제외된다.

본 조례는 포괄적인 금전적 지원을 내용으로 하는 만큼 그 정당성을 입증할 필요가 있을 것이다. 이에 대해서는 본론 3의 2)인 지원의 정당성 부분에서 충분히 설명했고, 그 핵심 내용은 대학생 계층의 특수성 및 이에 따른 공적 지원의 필요성, 성북구의 높은 20대 인구 비율, 성북구 생활인구의 보호 및 지역경제 활성화로 정리할 수 있다. 특히 성북구에 주민등록이 되어 있지 않은 비성북구민을 성북구의 예산으로 지원해야 하는 이유 역시 위의 맥락에서 설명할 수 있는데, 성북구의 주요 생활인구이자 핵심 경제활동인구인 대학생 계층의 주거와 관련한 기본적 생활권이 현재 심각하게 침해되고 있으며, 성북구는 성북구민을 넘어 이러한 지역 내 생활인구를 보호할 기본적인 책무를 가지기 때문이다. 성북구 거주 대학생들이 처한 열악한 주거환경에 관해서는 성북구 소재 대학 재학생들을 대상으로 한 설문 조사 및 심층 인터뷰, 월세 현황 등을 통해 충분히 파악할 수 있다.

　마지막으로, 본 조례가 실제로 시행된다면 크게 다섯 가지 효과를 기대할 수 있다. 대학생들은 막대한 주거비 부담이 줄어들고, 주거비 확보를 위해 사용했던 시간을 학업 및 자기 계발에 투자할 수 있다. 성북구 차원에서는 지역 이미지를 개선해서 따뜻한 교육 도시라는 지역 브랜딩을 할 수 있고, 이를 바탕으로 지역 경제의 활성화를 도모할 수 있다. 나아가 전 국가적 차원에서는 본 조례가 1인 가구 지원이라는 최신 복지 트렌드의 일환인 만큼, 성북구의 예시가 전국으로 확대되어 대학생 복지의 보편화 및 체계화를 기대할 수 있을 것이다.

성북구 소재 대학생 주거실태 및 만족도 조사

안녕하십니까. 고려대학교에서 '시민정치리빙랩' 강의를 수강 중인 김지원, 김형우, 이송하, 전가은입니다.

저희는 현재 '성북구 주거비 지원 조례'의 가상 발안 프로젝트를 진행 중에 있으며, 그 과정에서 성북구 소재 대학교에 재학 중인 대학생 분들의 실제 주거 상황과, 현 주거 상황에 대한 주관적인 만족도를 조사하고자 합니다. 본 설문은 조례 제안 프로젝트를 진행하는 데만 사용될 예정입니다.

*저희 조가 제안하는 '성북구 주거비 지원 조례'의 대략적인 내용은 성북구 소재 대학에 재학 중인 대학생들에게 월 5~8만 원 상당의 주거지원금을 지급하는 것을 골자로 하고 있습니다. 본 조례는 성북구가 서울 소재 자치구 중에서 가장 많은 대학을 유치하고 있음에도 불구하고 대학생 특유의 주거 관련 복지제도가 미비하며, 성북구의 주거환경(주거시설, 위치, 주변 인프라 등)에 비해 성북구 내 평균 월세 가격이 타 자치구보다 높다는 점에 착안해서 만들어졌습니다.

총 설문 문항은 11문항입니다.
소중한 시간 내어 주셔서 정말 감사합니다.

문의(000-0000-0000)

▨▨▨▨▨▨@gmail.com Switch account

✉ Not shares

☁

*Indicates required question

0. 본인이 재학 중인 학교는 어디입니까?＊
(본 설문은 성북구 소재 대학교 재학생 중 자취나 하숙 등 본가를 떠나 거주하고 있는 분들만을 대상으로 하고 있습니다.)

○ 고려대학교
○ 국민대학교
○ 동덕여자대학교
○ 서경대학교
○ 성신여자대학교
○ 한성대학교
○ 한국예술종합학교

1. 현재 거주지의 종류는 무엇입니까?

○ 원룸
○ 투룸 이상
○ 오피스텔
○ 반지하
○ 하숙
○ 그 외

2. 현재 거주하고 있는 지역(동)은 어디입니까?＊

○ 안암동
○ 성북동
○ 삼선동
○ 종암동
○ 길음동
○ 보문동
○ 정릉동
○ 장위동

3. 한 달 주거비 지출 규모는 어느 정도입니까? (관리비 포함, 전세의 경우 관리비만)*

○ 40만 원 미만
○ 40만 원 이상 60만 원 미만
○ 60만 원 이상 80만 원 미만
○ 80만 원 이상 100만 원 미만
○ 100만 원 이상

4. 월 평균 총소득은 어느 정도입니까? (생활비용 용돈 포함)*

○ 20만 원 미만
○ 20만 원 이상 40만 원 미만
○ 40만 원 미만
○ 40만 원 이상 60만 원 미만
○ 60만 원 이상 80만 원 미만
○ 80만 원 이상 100만 원 미만
○ 100만 원 이상

5. 최근 1년간 임대료 인상을 요구받은 경험이 있나요? 만약 그렇다면, 그 인상폭은 어느 정도였나요?*

○ 없다.
○ 10% 미만
○ 10% 이상 20% 미만
○ 20% 이상 30% 미만
○ 30% 이상 40% 미만
○ 40% 이상 50% 미만

6. 현재 지출하고 있는 주거비에 대해 얼마나 부담을 느끼시나요? (주관적인 부담 정도)*

○ 매우 부담스럽다.

○ 약간 부담스럽다.

○ 보통이다.

○ 별로 부담스럽지 않다.

○ 전혀 부담스럽지 않다.

7. 현재 거주하고 계신 거주지에 대한 만족도는 어느 정도인가요? (가격 대비 시설, 위치 등등)*

○ 매우 만족한다.

○ 조금 만족한다.

○ 보통이다.

○ 약간 불만족스럽다.

○ 매우 불만족스럽다.

8. 다음 중 가장 선호하거나 필요하다고 생각하시는 주거지원 방식은 무엇입니까?*

○ 주거비에 대한 금전적 지원

○ 관리비 혹은 공공요금 할인

○ 공공임대주택 확대

○ 주택 구입자금 대출 지원

○ 전세자금 또는 보증금 대출 지원

○ 전문가의 주거상담 및 전문 정보 제공

○ Other :

9. 대학생들을 위한 주거복지가 필요하다고 생각하시나요?*

○ 매우 필요하다고 생각한다.

○ 필요하다고 생각한다.

○ 보통이다.

○ 별로 필요성에 공감하지 못하겠다.

○ 전혀 필요하지 않다고 생각한다.

10. 본인이 재학하고 있는 대학교의 기숙사에 들어갈 수 있다면, 기숙사에 거주할 의향은 있으신가요?*

○ 있다.

○ 없다.

10-1. (10번에서 '없다'고 대답한 분들만) 그 이유는 무엇인가요?

○ 가격이 너무 비싸다./그 가격이면 자취를 하겠다.

○ 가격 대비 시설이 좋지 않다.

○ 남과 함께 살고 싶지 않다.

○ 위치가 너무 멀다(오르막길).

○ Other :

11. 본인이 재학 중인 대학교의 기숙사에 대해서 가지고 있는 생각을 자유롭게 기술해주세요.
(ex. 시설이 별로다, 수용인원이 너무 적다, 학교와 멀다, 가격이 비싸다 등)

Your answer

PART 03

모두가
행복한 사회

서울특별시 시각장애인 일상생활 접근권 지원 조례

이재용 | 박준영 | 김서현 | 김민기

I. 서론

1. 조례 제정의 목적 및 필요성

외출을 비롯한 인간의 외부 활동은 단순히 여가만을 목적으로 하지 않는다. 모임과 같은 일상생활은 인간으로 하여금 외부와 소통하고 사회적 관계를 형성하도록 한다. 즉, 인간의 삶에서 외부 활동이란 사회적 욕구를 충족하고 생활의 질을 보장하기 위해 필수적인 조건인 것이다. 따라서, 그것을 단순히 선택의 영역에 놓인 부가적인 요소로 인식하는 것은 바람직하지 않다.

이렇듯 양질의 삶을 위해 반드시 보장되어야 할 외부 활동은 비장애인들에게는 너무나도 쉽고 당연하게 주어져 있다. 대중교통을 이용하는 것, 필요한 물건을 사기 위해 마트에 방문하는 것, 또는 식당이나 카페에서 사람들을 만나 대화를 나누는 것은 우리에게 매우 평범한 일상이다. 그러나 이러한 생활을 온전히 누리지 못하는 사람들도 존재하는

데, 미흡한 점자 보급으로 인해 외출에 제약이나 불편을 겪는 시각장애인의 경우가 그러하다.

하나의 예로, 시중에 판매되고 있는 음료 캔의 미흡한 점자 표기를 들 수 있다. 음료명의 점자 표기와 관련한 한 영상에 따르면, 편의점에 구비된 캔 음료 30여 종을 분석한 결과 표기된 점자는 '맥주', '음료', '탄산', 이 세 가지뿐이었다. 편의점에서 음료를 구입하는 간단한 일에도 시각장애인들은 매우 심각한 제약을 받게 되는 것이다. 편의점 캔 음료의 사례 외에도, 변경된 지하철 출구 명이 점자에는 반영되지 않는 등의 문제도 존재한다. 즉, 시각장애인들은 편의점과 대중교통을 비롯한 수많은 외부 시설을 비장애인과 동등한 위치에서 이용할 수 없는 것이다.

자료 3-1. 캔 음료의 점자 표시

우리 주변 곳곳의 미흡한 점자 서비스를 개선하는 일은 시각장애인의 원활한 외부 활동을 위해 필수적이다. 따라서, 점자 서비스의 개선을 장려해서 시각장애인의 정보 접근권을 보장하고, 사회적 활동을 용이하게 하는 것이 본 조례안의 목표라고 할 수 있다.

2. 지역구 선정 이유

본 조례는 서울특별시를 대상으로 제정될 예정이다. 시각장애인 관련 문제의 경우, 좁은 범위의 특정한 지역구를 설정하는 것이 쉽지 않기 때문이다. 시각장애인을 비롯한 모든 사람의 생활 반경은 거주지 근처에만 한정되는 것이 아니므로, 시각장애인 거주 비율을 기준으로 지역구를 선정하는 등의 방법은 실질적 의미를 가지기 힘들 수 있다. 또한, 전체 인구 대비 시각장애인의 수는 많지 않기 때문에 지역구를 좁게 설정할 경우, 조례의 수혜자가 지나치게 한정될 수 있다. 따라서, 점자 관련 문제는 좀 더 포괄적인 범위의 지역을 대상으로 논의될 필요가 있다.

서울특별시의 경우, 거주 인구 자체도 가장 많은 지역일 뿐만 아니라, 여러 가지 이유로 전국의 인구가 밀집되는 곳이다. 서울에 거주하거나 출퇴근, 관광, 의료, 등하교 등의 목적으로 서울을 방문하는 사람들을 모두 포함하는 서울의 일일 '생활인구'는 최대 10,399,000명에 달한다. 또한, 많은 직장과 주요 문화 시설, 상권 등도 모두 서울특별시에 집중되어 있다. 이는 조례가 서울특별시에 제정될 경우, 혜택을 얻는 시각장애인의 수가 타 지역에 비해 매우 많다는 것을 의미한다. 그와 동시에, 점자 서비스가 개선되어야 할 대상 시설의 절대적인 수와 다양성도 서울특별시가 압도적이라고 할 수 있다.

따라서, 서울특별시를 기준으로 조례를 제정할 경우 더욱 많고 다양한 적용 대상을 고려할 수 있을 것이며, 그에 따라 다른 지역에서 유사한 조례를 제정할 경우에도 본 조례가 기준과 같은 역할을 수행하게 될 것이다.

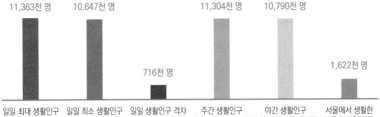

자료 3-2. 서울시 생활인구 현황(2023년 6월 기준) | 출처 : 서울 열린데이터 광장

3. 기존 조례 분석

1] 서울특별시 장애인 의사소통 권리증진에 관한 조례

서울특별시 장애인 의사소통 권리증진에 관한 조례
[시행 2020. 10. 5] [서울특별시조례 제7708호, 2020. 10. 5, 일부개정]

서울특별시(장애인복지정책과), 02-2133-○○○○

제1조(목적) 이 조례는 「장애인차별금지 및 권리구제 등에 관한 법률」에 따라 장애인의 의사소통과 정보접근에 있어서의 차별을 금지하여 장애인의 의사소통 권리 증진 및 완전한 사회참여와 평등권 실현에 이바지함을 목적으로 한다.

제2조(정의) 이 조례에서 사용하는 용어의 뜻은 다음과 같다.

1. "장애"라 함은 신체적·정신적 손상 또는 기능상실이 장기간 걸쳐 개인의 일상 또는 사회생활에 상당한 제약을 초래하는 상태를 말한다.
2. "의사소통"이란 언어, 혹은 몸짓이나 화상 등의 물질적 기호를 매개수단으로 개인 또는 공동체와의 의사결정 과정에서 자기 선택 및 결정을 위해 정신적·심리적으로 교류하는 것을 말한다.
3. "의사소통장애인"이라 함은 제1호에 따른 장애로 다른 사람과 의사소통이 어려운 장애인을 말한다.
4. "보완대체의사소통"이란 의사소통장애인의 개인별 특성에 따라 의사소통 방

법을 보완·대체하는 그림, 낱말 등 다양한 상징체계와 관련 시스템을 활용한 의사소통 방식을 말한다.

제3조(장애인의 의사소통 권리) ① 의사소통장애인은 비장애인과 동등하게 같은 활동에 참여할 수 있도록 의사소통에 있어 차별받지 않고 정당한 편의를 제공 받을 권리를 가진다.

② 의사소통장애인은 의사소통 권리 증진에 관한 시정 전반에 대해 알 권리를 가진다.

제4조(책무) ① 서울특별시장(이하 "시장"이라 한다)은 장애인의 의사소통 권리 증진과 보완대체의사소통 체계 구축을 통해 장애인의 지역사회 참여를 실현하기 위한 노력을 해야 한다.

② 시장은 의사소통장애인에게 보완대체의사소통 상징체계, 단말기 및 프로그램, 주변기기, 의사소통 조력인, 한국 수어 통역, 문자통역(속기), 점자자료 및 인쇄물 접근성 바코드가 삽입된 자료, 자막, 큰 문자자료, 화면 낭독·확대프로그램, 보청기기, 무지점자단말기, 인쇄물음성변환출력기를 포함한 각종 장애인보조기기 등의 정당한 편의가 제공될 수 있도록 필요한 기술적, 행정적, 재정적 지원을 할 수 있다. 〈개정 2020. 10. 5〉

③ 시장은 행정절차 및 서비스 제공 등에 있어서 장애인의 장애 유형 및 정도, 특성 등을 충분히 고려하여야 한다.

제5조(장애인 의사소통 권리증진 기본계획 수립) ① 시장은 장애인의 의사소통 권리증진에 관한 사항을 「서울특별시 장애인 인권증진에 관한 조례」 제5조에 따른 서울시 장애인 인권증진에 관한 기본계획(이하 "기본계획"이라 한다)에 포함하여야 한다.

1. 장애인 의사소통 권리 증진의 기반구축 및 활성화에 관한 사항
2. 장애인의 의사소통 권리증진을 위한 장애 유형별 세부계획에 관한 사항
3. 장애인의 의사소통 권리 인식개선에 관한 교육 및 홍보에 관한 사항
4. 그 밖에 장애인의 의사소통 권리 증진을 위하여 필요한 사항

제6조(홍보 및 인식개선) 시장은 「장애인복지법」 제25조, 「서울특별시 장애인 인권증진에 관한 조례」 제7조 및 제8조에 따른 장애인 인권증진에 관한 교육 및

홍보 사업에 의사소통 권리증진에 관한 홍보와 인식개선 관련 사항을 포함한다.

제7조(장애인 의사소통 권리증진에 관한 심의 및 자문) 시장은 장애인의 의사소통 권리증진에 대한 다음 각 호의 사항을 장애인인권증진위원회에서 심의 또는 자문을 받아 시행한다.

1. 장애인의 의사소통 권리증진을 위한 기본계획에 관한 사항

2. 장애인의 의사소통 권리증진을 위한 교육 및 홍보에 관한 사항

3. 장애인의 의사소통 권리증진 실태조사에 관한 사항

4. 그 밖에 장애인의 의사소통 권리 증진을 위하여 필요하다고 시장이 인정하는 사항

제8조(장애인 의사소통 권리 증진 센터 설치·운영)

① 시장은 장애인의 의사소통 권리 증진을 위하여 서울특별시 장애인 의사소통 권리 증진 센터(이하 "센터"라 한다)를 설치할 수 있다.

② 센터는 장애인의 의사소통 권리 증진을 위하여 다음 각 호의 업무를 수행한다.

1. 장애인의 의사소통 권리 증진을 위한 수단의 개발·보급에 관한 사항

2. 장애인의 의사소통 권리 증진 인식개선 교육에 관한 사항

3. 장애인의 의사소통 권리 증진 네트워크 구축에 관한 사항

4. 장애인 의사소통 권리 증진 사업의 컨설팅에 관한 사항

5. 그 밖에 장애인의 의사소통 권리 증진을 위하여 필요한 사항

③ 시장은 센터의 운영을 「서울특별시 행정사무의 민간위탁에 관한 조례」에 따라 비영리법인 또는 장애인 관련 비영리민간단체에 위탁운영 할 수 있다.

④ 제2항의 사업을 수행하는 장애인 관련 비영리 법인 또는 단체에게 예산의 범위에서 비용을 보조할 수 있다.

제9조(시행규칙) 이 조례의 시행에 필요한 사항은 규칙으로 정한다.

부칙 〈제7708호, 2020. 10. 5〉

이 조례는 공포한 날부터 시행한다.

앞의 조례에서 핵심적으로 바라봐야 할 사항은 제6조, 제9조다.

제6조(홍보 및 인식개선)는, 장애인 인권 증진을 위한 방법에 '홍보'가 꼭

필요하다는 것을 강조하고 있다. 제6조에서는 장애인복지법 제25조를 언급해서 조례가 해당 상위법에 근거를 두고 있음을 강조했는데, 이는 상위법에서 제시하고 있는 기준 및 방법에 대한 해석을 조례로 진행하는 법률적 흐름으로 바라볼 수 있다. 장애인복지법 제25조 역시 장애인 관련 인식개선을 교육 및 공익광고라는 홍보사업을 통해 실시해야 한다고 명시하고 있지만, 홍보사업에 구체적으로 어떠한 내용을 포함해야 하는지 언급하지 않았다. 이러한 점을 앞의 조례가 인식개선에 '장애인 인권 증진'을 포함시킴으로써 보완한 것이라고 볼 수 있다. 정리하자면, 제6조를 통해서 조례와 상위법 간의 보완적 관계를 알 수 있으며, 우리의 조례안 역시 시각장애인의 권리증진에 대한 사항을 포함할 근거를 충분히 확보할 수 있음을 확인했다.

제9조에서 알 수 있었던 점은 조례의 구체적 시행 사항은 규칙으로 정한다는 것인데, 이는 모든 조례에 공통적으로 해당되는 것이다. 따라서 조례안을 작성할 때에 구체적인 정책을 수립할 '근거'를 마련한다는 생각으로 좀 더 포괄적인 접근을 할 필요가 있다는 것을 알게 되었다.

2) 부천시 점자문화 진흥 조례

부천시 점자문화 진흥 조례
[시행 2021. 8. 1] [부천시 조례 제3702호, 2021. 7. 12 제정]

경기도 부천시(문화예술과), 032-625-○○○○

제1조(목적) 이 조례는 「점자법」의 시행에 필요한 사항을 규정하고 부천시 점자문화 진흥에 필요한 사항을 마련하여 시각장애인의 점자 사용 권리를 신장하고 삶

의 질을 향상시키는 것을 목적으로 한다.

제2조(점자의 효력 및 차별금지) 시각장애인에게 점자로 제공된 문서는 일반문서와 동일한 효력을 가지며, 부천시(이하 "시"라 한다)에 소속된 기관 및 그 소속 지방공기업은 사무처리에서 점자의 사용으로 인하여 차별이 발생하지 않도록 하여야 한다.

제3조(시장의 책무) ① 부천시장(이하 "시장"이라 한다)은 시각장애인의 점자사용 능력 향상과 점자의 발전 및 보전을 위하여 노력하여야 한다.

② 시장은 시각장애인이 점자를 사용하여 모든 정보에 접근·활용할 수 있도록 필요한 정책을 수립·시행하여야 한다.

③ 시각장애인의 요구에 따라 일반활자로 된 문서와 동일한 내용으로 전자점자를 포함한 점자문서로 제공하도록 노력하여야 한다.

제4조(시민의 책무) 시민은 점자의 발전 및 보전과 시각장애인의 점자사용권을 보장하기 위한 시의 정책에 적극 협력하여야 한다.

제5조(다른 조례와의 관계) 시각장애인의 점자사용 권리를 신장하고 점자의 발전 및 보전에 관하여 다른 조례에 특별한 규정이 있는 경우를 제외하고는 이 조례가 정하는 바에 따른다.

제6조(점자발전세부계획의 수립) 시장은 「점자법」(이하 "법"이라 한다) 제7조 및 제8조의 결과를 반영하여 지역실정에 적합한 부천시 점자발전세부계획을 수립하여야 한다.

제7조(실태조사) ① 시장은 점자 관련 정책의 수립에 필요한 시각장애인의 점자사용능력, 점자에 대한 인식, 점자 사용 환경 등에 관한 자료를 수집하거나 실태를 조사할 수 있다.

② 시장은 제1항에 따른 조사를 위하여 필요한 공공기관 등에 자료 제출이나 의견 진술 등을 요청할 수 있다.

제8조(공공건물 등에서의 점자의 사용) ① 시장은 시각장애인이 점자를 사용하여 모든 정보에 접근·활용할 수 있도록 시가 소유·관리하는 공공건축물에 안내표지판을 설치하고 홍보물을 비치하여야 하며, 공공건축물이 아닌 공중이용시설에 대하여는 안내표지판을 설치하고 홍보물을 비치할 것을 적극 권장하여야 한다.

② 시장은 제1항에 따른 공중이용시설에 대하여 예산의 범위에서 필요한 행정적·재정적 지원을 하여야 한다.

제9조(점자의 보급과 지원) ① 시장은 관할구역 안에 소재한 시설로서 다음 각 호의 어느 하나에 해당하는 시설이 법에서 정하는 기준을 모두 갖춘 경우에는 법 제12조에 따라 점자출판물의 제작·보급에 소요되는 비용의 전부 또는 일부를 지원할 수 있다.

1. 「도서관법」 제2조 제4호 나목에 따른 장애인도서관

2. 「장애인복지법」 제58조 제1항 제2호에 따른 장애인 지역사회재활시설 중 점자도서관 또는 점자도서 및 녹음서 출판시설

3. 그 밖에 시각장애인을 위한 복지시설 중에서 문화체육관광부장관이 점자출판이 가능하다고 인정하여 고시하는 비영리 복지시설

② 시장은 「국경일에 관한 법률」에 따른 국경일 또는 「각종 기념일 등에 관한 규정」에 따른 기념일과 시에서 주관하는 일정 규모 이상의 행사를 개최하는 경우에는 시각장애인을 위한 점자 자료 등을 제공하여야 하며, 민간이 주최하는 행사의 경우에는 행사 주최자에게 시각장애인에 대하여 점자 자료 등을 제공하도록 요청할 수 있다.

③ 시장은 재난상황 발생 시 진행상황 등을 시각장애인들이 알 수 있도록 점자 안내 책자를 제작할 수 있다.

제10조(공문서의 점자규정 준수) 시장은 공문서를 점자로 제작할 때에는 법 제10조에 따른 점자규정을 준수하여야 한다.

제11조(점자문화의 확산) 시장은 올바른 점자문화가 확산될 수 있도록 시 및 소관 공기업의 정기간행물·예산서·지역신문·인터넷 또는 전광판 등을 활용한 홍보와 교육을 적극적으로 시행하여야 한다.

제12조(기념행사의 추진) 점자에 대한 시민의 관심과 이해를 높이기 위해 법 제15조에서 정한 한글 점자 주간에 기념행사를 개최할 수 있다.

제13조(민간단체 등의 활동 지원) 시장은 점자의 발전과 보급을 목적으로 활동하는 법인 및 단체 등에 대하여 예산의 범위에서 필요한 지원을 할 수 있다.

제14조(점자 전문인력의 양성 및 활용) ① 시장은 점자 관련 전문인력을 양성·훈

련하여 점자 보급에 적극적으로 활용하여야 한다.

② 제1항의 점자 관련 전문인력은 다음과 같다.

1. 「장애인복지법 시행규칙」 제55조 제5호에 따른 점역·교정사

2. 문화체육부장관이 고시한 점자 관련 전문인력

제15조(포상) 시장은 점자 보급 및 확산 등 점자문화 진흥에 뚜렷한 공이 있는 개인, 단체 등에 대해 「부천시 포상 조례」에 따라 포상할 수 있다.

제16조(시행규칙) 이 조례의 시행에 필요한 사항은 규칙으로 정한다.

부칙 (조례 제3702호, 2021. 7. 12)

앞의 조례에서 핵심적으로 바라봐야 할 사항은 제6조, 제9조, 그리고 제15조다.

제6조는 점자법이라는 상위법에 근거해 시장이 지역의 특성에 맞는 점자발전세부계획을 제작할 수 있는 길을 만들어준 것이므로, 조례로서 의의가 깊다. 점자라는 시각장애인의 의사소통 수단을 그저 도구가 아닌 문화로 볼 수 있게끔 시장이 지방자치적인 차원에서 움직일 수 있도록 법적 근거를 마련한 것이라고 볼 수 있다.

제9조는 점자의 보급과 지원에 관한 내용이 포함되어 있는데, 조례나 규칙보다 상위체계에 있는 다양한 법들을 지원 근거로 삼고 있다는 것이 주목할 만하다. 더불어 그것의 내용이 단순히 장애인복지법뿐만이 아닌, 도서관법 혹은 국경일에 관한 법률 등 여러 법률을 포함하고 있다는 점에서, 다양한 영역에서 조례의 법적 근거를 마련할 수 있다는 것을 알 수 있었다. 여러 분야의 법률을 근거로 삼는 것은 조례의 범위를 단순히 장애인 관련 사업으로 단정 짓지 않고, 관련된 수많은 분야를 검토함으로써 조례의 수준을 보다 고차원적으로 향상시킬 수 있음을 의미

한다고 판단했다.

제15조는 점자문화 진흥에 공을 세운 개인이나 집단에게 포상하는 내용이다. 우리의 조례안은 시각장애인에 대한 점자 서비스 보급을 확대하는 것을 핵심 내용으로 하고 있는데, 해당 조례 제15조를 근거로 점자서비스 제공에 대한 유인을 포상의 형식으로 제공하는 아이디어를 얻을 수 있었다.

3) 서울특별시 성북구 시각장애인 정보접근권 지원 조례

서울특별시 성북구 시각장애인 정보접근권 지원 조례
[시행 2021. 12. 31] [성북구조례 제1434호, 2021. 12. 31, 일부개정]

서울특별시 성북구(어르신·장애인복지과), 02-2241-○○○○

제1조(목적) 이 조례는 서울특별시 성북구 시각장애인들이 사회생활을 영위하는 데 있어 일반인들에 비해 상대적으로 취약한 정보접근성 및 활용능력을 제고함으로써 시각장애인들의 삶의 질 향상과 사회 참여 증진에 기여하기 위하여 필요한 사항을 규정함을 목적으로 한다.

제2조(정의) 이 조례에서 사용하는 "시각장애인"이란 「장애인복지법」 제32조 및 같은 법 시행령 제2조의 규정에 따른 장애에 해당되는 시각장애인을 말한다.

제3조(구청장의 책무) 서울특별시 성북구청장(이하 "구청장"이라 한다)은 시각장애인들이 차별받지 않고 일반인들과 동등한 정보접근권을 보장받을 수 있도록 지원방안을 마련하고 적극 지원하여야 한다.

제4조(추진계획의 수립) 구청장은 시각장애인의 정보접근권 보장을 위한 추진계획을 「서울특별시 성북구 지능정보화 기본 조례」 제4조의 지능정보사회 실행계획에 포함하여야 한다. (개정 2021. 12. 31)

제5조(교육시설의 설치) 구청장은 시각장애인들을 위하여 별도의 시각장애인 정

보화교육시설을 설치하거나 또는 기존 시설을 활용하여 교육시설을 운영할 수 있으며, 교육시설에서는 다음 각 호의 업무를 수행할 수 있다.

1. 시각장애인의 웹 접근성 향상을 위한 교육
2. 시각장애인의 직업능력 향상을 위한 정보화 관련 전문교육
3. 거동이 불편한 시각장애인을 위한 사이버교육
4. 스마트폰, 보조기기, 점자 보조 단말기 등의 보장구 교육
5. 그 밖에 시각장애인에게 필요하다고 인정되는 분야별 맞춤 정보화교육

제6조(교육시설의 강사) ① 구청장은 시각장애인의 정보화교육을 위하여 강사를 위촉할 수 있으며, 예산의 범위에서 강사료를 지급할 수 있다.

② 제1항에 따른 강사는 시각장애인 정보화교육 경험이 있는 사람을 강사로 위촉한다.

제7조(교육시설의 위탁) ① 구청장은 필요한 경우 교육시설을 위탁하여 운영할 수 있으며 운영에 필요한 경비를 예산의 범위에서 지원할 수 있다.

② 제1항에 따라 교육시설을 위탁하는 경우에는 「서울특별시 성북구 사무의 민간위탁에 관한 조례」의 규정을 준용한다.

제8조(교육대상자의 선정) 구청장은 시각장애인 정보화교육 대상자를 선정할 때에는 다음 각 호의 순서에 따라 우선순위를 정한다.

1. 교육을 통해 사회 참여 가능성이 높은 시각장애인(경합 시에는 시각장애인 기초생활수급자 우선 선정)
2. 기초생활수급자
3. 차상위계층
4. 2호 내지 3호에 속하지 않는 저소득계층
5. 그 밖에 구청장이 필요하다고 인정하는 사람

제9조(협력체계 구축) 구청장은 시각장애인의 정보접근권을 위하여 중앙행정기관, 전문기관·단체 등과 상시적인 협력체계를 구축할 수 있다.

제10조(보고 및 감사) 구청장은 교육시설의 효율적인 운영을 위하여 필요한 경우에는 시설 및 운영에 관한 사항을 보고하게 하거나, 관계 공무원으로 하여금 장부 또는 서류를 조사·감사하게 할 수 있다.

제11조(시행규칙) 이 조례의 시행에 관하여 필요한 사항은 규칙으로 정한다.

부칙

이 조례는 공포한 날부터 시행한다.

부칙 (2021. 12. 31. 조례 제1434호) (서울특별시 성북구 지능정보화 기본 조례)

제1조(시행일) 이 조례는 공포한 날부터 시행한다.

제2조(다른 조례의 개정) 「서울특별시 성북구 시각장애인 정보접근권 지원 조례」 일부를 다음과 같이 개정한다.

제4조 중 「성북구 정보화 기본 조례」 제5조의 성북구 정보화 시행계획"을 "「서울특별시 성북구 지능정보화 기본 조례」 제4조의 지능정보사회 실행계획"으로 한다.

앞의 조례는 시각장애인들이 사회생활을 영위하는 데 있어 일반인들에 비해 상대적으로 취약한 정보 접근성을 가지고 있음을 명시하고 있다. '시각장애인의 정보접근권'이라는 동일한 문제를 '서울특별시 성북구 시각장애인 정보접근권 지원 조례'는 시각장애인 개인에 대한 교육으로 해결하려고 시도한다면, 본 조례안('서울특별시 시각장애인 일상생활 접근권 지원 조례')은 시각장애인의 접근권을 개선할 사회적 '환경'을 만든다는 차이점이 있을 것이다. 또한 앞의 조례는 정보화 시대와 관련해 웹 또는 기타 기기에 대한 접근성에 중점을 두는 반면, 본 조례안은 음식점 방문과 같은 일상생활에서의 접근권에 관심을 두고 있다는 것도 또 다른 차별점이라고 할 수 있다.

II. 본론

1. 면담 내용 분석

조례의 필요성을 확인하고, 내용 및 방향성을 구성하기 위해 총 7건의 면담을 진행했다(고려대 장애학생지원센터 서포터즈 '모해', 고려대학교 다양성위원회 체인지 메이커스 '기립' 팀, 그림제과, 딘타이펑 명동점, 한국시각장애인연합회, 우리동작장애인자립생활센터, 서울특별시의회 이소라 의원).

먼저 고려대 장애학생지원센터 서포터즈 '모해'와의 면담을 통해 장애인 복지에 대한 전반적인 이해를 높이고, 고려대학교 다양성위원회 체인지 메이커스 '기립' 팀을 통해 점자 메뉴판과 관련한 구체적 경험을 들을 수 있었다.

또한 조례의 주요 당사자인 업주와 시각장애인에 대한 인터뷰도 필수적이었다. 먼저 업주 인터뷰의 경우에는 점자 메뉴판을 도입한 지점과 그렇지 않은 지점으로 나누어 각각 그림제과와 딘타이펑 명동점과의 면담을 진행했다.

다음으로 시각장애인 당사자 인터뷰의 경우 한국시각장애인연합회, 우리동작장애인자립생활센터와 면담을 진행하면서 조례의 실효성과 보완점에 대한 의견을 얻었다. 특히 우리동작장애인자립생활센터의 경우, 점자 메뉴판 보급 사업을 실제로 진행하고 있는 기관이기 때문에 해당 사업의 구체적인 운영 경험을 들어볼 수 있었다.

서울특별시의회 보건복지부위원회 부위원장 이소라 의원과의 면담에서는 조례의 형식적 측면에 대한 도움을 얻을 수 있었으며, 장애인 관련 의제에 대한 경험 및 의견도 들을 수 있었다.

다음 내용은 해당 인터뷰들의 주요 문답 내용을 정리한 후 분석해본 것이다.

1) 고려대 장애학생지원센터 서포터즈 '모해'

고려대 장애학생지원센터 서포터즈 '모해'와 인터뷰를 진행했다. '모해'는 '모퉁이를 비추는 해'라는 의미가 있고, 장애인식 개선을 위한 다양한 캠페인을 기획 및 진행하고 있다. '모해'와 인터뷰를 통해 고려대 장애학생지원센터는 시각장애인을 위해 어떠한 활동을 하고 있는지, 추가적으로 어떤 지원이 필요한지, 장애인에 대한 인식개선이 어떤 의미가 있는지에 대해 인터뷰를 진행했다. 다음은 인터뷰의 내용을 요약 정리한 것이다.

주요 문답 내용

Q. 고려대 장애학생지원센터는 시각장애인에 대한 어떤 지원 활동을 하고 있나요?

A. 고려대 장애학생지원센터에서는 시각장애학생을 위해 점자 프린터 확대경 등의 학습보조공학 기기를 구비했습니다. 추가로 시각장애학생들의 학습을 위해 필기 도우미, 학습 도우미와 같은 교육활동지원 인력 도우미 활동을 운영하고 있습니다. 강의 자료 및 학습 교재 지원, 강의실 접근성을 높일 수 있는 점검 활동도 진행하고 있습니다.

Q. 고려대 장애학생지원센터 예산은 어떻게 지원되고 사용되고 있나요?

A. 고려대 장애학생지원센터는 고려대학교 차원의 예산 지원이 이루어지고 있습니다. 예산 지원을 통해 장애학생에 대한 지원 활동을 가능

하게 하고, 보조공학기기 구비 등을 가능하게 합니다. 또한 장애학생지원센터 리모델링과 장애학생을 위한 휴게실을 마련하기도 합니다.

Q. 고려대 장애학생지원센터 서포터즈 '모해'는 어떤 활동을 하고 있나요?

A. 모해는 장애 인식 개선을 위해 활동하고 있습니다. 장애 인식 개선을 위해 카드뉴스 제작, SNS 영상 제작 등의 활동을 진행합니다. 장애인의 날, 대동제, 고연전 등에서 장애 인식 개선을 주제로 부스를 운영합니다. KU-Message 활동에서는 장애 인식 개선과 관련된 연사 초청 강연을 진행합니다. 대부분의 활동이 장애 인식 개선에 초점을 맞추어 진행되고 있습니다.

Q. 장애인 지원단체에 필요한 지원은 어떤 것이 있나요?

A. 장애인 지원단체에 필요한 지원은 크게 예산과 활동에 관한 관심으로 나누어집니다. 예산의 경우 다양한 지원 프로그램을 운영하기 위해서는 예산이 필요하고, 서포터즈 활동 혹은 교육지원인력과 같은 활동은 근로장학금 지급과 같은 방식으로 진행되기 때문에 예산 지원은 필수적입니다. 활동에 관한 관심의 경우 많은 장애인 지원단체는 장애인의 인식 개선을 위해 활동하고 있습니다. 활동에 관한 관심이 커진다면 더욱 다양한 지원 활동과 프로그램을 운영할 수 있기 때문에 관심이 필요합니다.

Q. 장애 인식 개선은 왜 필요한가요?

A. 장애인의 삶에서 장애 인식 개선은 매우 중요합니다. 우리 사회에서 장애인에 대한 많은 차별이 존재합니다. 비장애인이 일상적으로 행

할 수 있고 당연하게 여기는 일이 장애인에게는 차별이 될 수 있습니다. 장애인에게 배리어(barrier)가 존재합니다. 이러한 장애인에 대한 많은 차별이 존재하지만, 더욱 심각한 문제는 장애인에 대한 사람들의 차별적인 생각이나 혐오 발언입니다. 사람들이 무심코 내뱉는 말과 행동, 고정관념 등은 장애인의 삶을 더 힘들게 하는 요소입니다. 장애 인식 개선을 통해 사회에 존재하는 장애인 차별을 많이 없앨 수 있습니다.

Q. 시각장애인에게 가장 시급하게 필요한 지원 분야로는 무엇이 있을까요?

A. 배리어 프리 문제에 대한 지원이 시급합니다. 시각장애인의 이동권을 더욱 보장해야 합니다. 그리고 점자나 음성 안내 등의 지원을 확대해야 합니다. 일상생활에서 시각장애인이 겪을 수 있는 불편함을 해소하기 위한 다양한 제도적, 서비스적 지원이 시급합니다. 점자 서비스가 가장 우선적으로 보급되어야 할 영역은 대중교통이며, 그리고 접근성이 좋은 공공장소에도 점자 서비스가 보급되어야 합니다.

인터뷰를 통해 가장 크게 알 수 있던 것은 장애인의 삶 속 배리어(barrier)의 존재였다. 이 배리어는 장애인의 삶에서 이동권의 문제 혹은 자유롭게 생활을 할 수 있는 권리를 방해하는 요소로 존재한다. 특히 시각장애인의 경우 일상생활을 향유함에 있어 점자 보조기구의 사용도 있지만, 다른 서비스의 제공도 적극적으로 필요하다고 판단된다. 이러한 장애인 삶의 어려움을 해결하는 것도 중요하지만, 이와 병행되어야 하는 것은 장애인에 대한 인식 개선이다. 장애 인식 개선이 병행되어야 장애인을 위한 정책이 지속될 수 있고, 새로운 정책을 시도할 때 대중의

지지를 얻을 수 있는 계기가 될 수 있을 것이다. 인식 개선을 통해 여러 정책의 당위성을 피력함으로써, 법이나 조례로 모든 분야의 지원을 확보할 수 없을 시에는 민간 부문의 자발적인 지원 또한 기대해볼 수 있을 것이다. 장애인 지원 단체들이 충분한 예산을 확보해서 더욱 전문적, 직접적인 지원을 시도할 수 있도록 하는 것도 중요하다는 생각이 든다.

2) 고려대학교 다양성위원회 체인지 메이커스 '기립' 팀

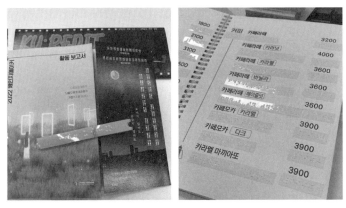

자료 3-3. 체인지 메이커스에서 제작한 리플렛 활동 보고서(좌), 점자 메뉴판(우)

체인지 메이커스 '기립' 팀은 본 조례의 주요한 주제 중 하나인 점자 메뉴판과 관련한 활동을 작년 고려대학교 다양성위원회에서 실제로 진행했던 바 있다.

주요 문답 내용

Q. 당시 체인지 메이커스에서 진행하셨던 활동에 대해 간략한 설명을 듣고 싶습니다.

A. 시각장애인 인터뷰와 설문 조사 후 리플렛을 제작하는 활동과 점자 스티커를 자판기에 부착하고, 점자 메뉴판을 제작하는 활동을 주로 했습니다.

Q. 점자 메뉴판이라는 주제에 집중하시게 된 계기는 무엇인가요?

A. 원래 점자 메뉴판에 관한 생각을 하지 못했는데, 면담 과정에서 시각장애인 분께서 먼저 말씀해주셨습니다. 매번 점원에게 메뉴를 읽어 달라고 부탁해야 하는 것이 큰 어려움이었고, 점자 메뉴판이 있는 가게가 있다면 자주 이용할 것 같다고 말씀하셨습니다.

Q. 점자 메뉴판 도입을 거절했던 식당이나 카페의 경우, 어떠한 이유로 거절했던 것인지 궁금합니다.

A. 대부분의 사장님이 직접적으로 거부하시기보다는 딱히 적극적인 관심을 보이지 않으셨습니다. 한 사장님께서는 실제 사용이 많을지 의문이라는 의견을 밝히셨습니다. 제도의 존재, 그리고 가게의 이미지 개선이나 홍보와 같은 기대효과를 사장님들께 잘 알리는 것이 무엇보다도 중요하다고 생각합니다.

• **추가로 해주신 말씀 - 점자 제작 업체 접촉 경험**
- 점자 메뉴판 제작을 위해 전문 업체와의 만남을 시도해본 적 있었는데, 아무래도 대형 업체다 보니 대량 생산과 점자 메뉴판에 부적절한 재질(두꺼운 금속)의 문제가 있어서 실제로 발주를 넣지는 못했습니다.

교실 밖의 정치학

체인지 메이커스 '기립' 팀과의 면담을 통해 알게 된 점들은 다음과 같다.

(1) 체인지 메이커스가 당시 진행했던 시각장애인 인터뷰에서 점자 메뉴판에 대한 의견을 먼저 말씀해주셨다는 점에서, 점자 메뉴판 도입을 주요 내용 중 하나로 하는 본 조례가 시각장애인의 입장에서 충분한 필요성이 있다고 볼 수 있다.

(2) 조례를 바탕으로 한 정책들이 실질적 효과를 가지려면 업주를 비롯한 대상자들에 대한 홍보에 매우 집중할 필요가 있다.

(3) 현재 점자 메뉴판 제작에 적절한 업체를 찾기 어려운 것으로 보인다(점자 메뉴판 사업을 진행 중인 우리동작장애인자립생활센터와의 면담에서 관련 내용을 질의할 예정).

3) 점자 메뉴판 도입 지점 - 그림제과

주요 문답 내용

Q. 먼저, 점자 메뉴판을 도입하게 된 계기가 궁금합니다. 우리동작장애인자립생활센터는 어떻게 알게 되었고, 점자 메뉴판 지원사업에 관심을 가지게 된 이유는 무엇인가요?

A. 3년 전 첫 오픈 후 인근에 있는 동문장애인복지관에서 자원봉사를 나온 학생들이 설문 조사를 하러 매장에 방문했습니다. 그때 매장 준비 시 '장애인분들이 시설을 이용하기 좋은가?'를 전혀 고려하지 않고 인테리어를 했음을 알게 되었고(ex : 휠체어가 들어가기 좁은 화장실 통로), 혹 시설을 바꿀 수는 없어도 개선할 수 있는 부분이 있다면 알려달라고 말씀드렸습니다. 이후 동문복지관의 사회복지사님께서 연락을 주셔서 복지

관의 지원으로 점자 메뉴판을 받았습니다. 점자 메뉴판 자체를 다른 곳과 함께 제작하신다는 말씀은 들었던 것 같은데, 동작장애인자립센터와 함께였음은 오늘 알게 되었습니다.

Q. 평소 업무를 하시면서 시각장애인 손님들을 자주 접하시나요?.

A. 복지관과의 인연으로 찾아주시는 분들 외에는 아직 없었습니다. 워낙 작은 동네 매장이다 보니 "이곳에 점자 메뉴판이 있습니다"라고(특히 시각장애인분들께) 홍보할 방법을 잘 모르겠습니다.

Q. 시각장애인 손님들의 점자 메뉴판에 대한 반응이 어떻나요?

A. 같은 이유로 복지관을 통해 찾아주신 분들뿐이어서 솔직한 반응을 듣기는 조금 어려웠습니다. 다만 이전에 오신 손님께서 메뉴판에는 이름만 적혀 있기 때문에 디저트 가게 특성상 생소한 이름들이 많아(ex : 까눌레, 티그레, 크럼블 등) 각각을 처음 드시는 분들께서는 메뉴에 대한 추가적인 설명이 필요하다고 느끼시는 것 같습니다.

Q. 점자 메뉴판의 교체를 진행하거나 메뉴에 대한 업데이트가 필요할 시에는 어떻게 진행되나요?

A. 몇 달 전 가격 인상과 메뉴 추가로 인해 메뉴판 교체 작업을 복지관과 진행했는데, 사실 그 이후로 새로운 메뉴판을 받지는 못했습니다. 사실 수요자가 적다 보니 빠르게 메뉴판을 받아야 할 필요성을 느끼지 않는 면도 있습니다. 제작하시는 분께 수기로 적어 메뉴들과 가격을 넣어 보내드린 상태입니다.

Q. 점자 메뉴판 보급의 확대를 위해 자영업자의 입장에서 어떠한 유인이 필요할지 궁금합니다. 저희의 경우 점자 메뉴판 제작을 위한 지원금이나 시각장애인 배리어 프리 인증 제도와 같은 것을 생각하고 있는데 효과가 있을까요? 추가로, 자영업자의 입장에서 점자 메뉴판에 대한 수요가 있을까요?

A. 개인적인 의견을 물어봐주셨을 때 아이러니하게도 점자 메뉴판 비치는 정작 사용해주시는 장애인분들보다는 비장애인분들에게 더욱 좋은 이미지를 심어주는 것 같습니다. 홍보적인 수단으로서 제작 지원금도 주시고 배리어 프리 인증 제도 등을 시행하신다면, 많은 자영업자가 관심을 가질 것으로 생각됩니다. 하지만 실용성으로 말씀드리자면, 개인 매장 특성상 메뉴가 매일 조금씩 달라지고, 앞서 말씀드린 어려운 이름들은 직원이 직접 설명하게 되기 때문에, (카페에서는 또 주문 시 음식점처럼 앉아서 메뉴판으로 주문하시기보다 바에서 대화하며 주문해주시니까) 메뉴판을 제대로 사용해보지 못한 부분도 존재합니다. 타깃도 본 매장처럼 작은 카페보다는 고정메뉴가 있는 대기업 프랜차이즈, 혹은 메뉴판 사용이 빈번한 일반음식점에서 그 가치가 높아질 것 같습니다.

점자 메뉴판을 도입한 그림제과와의 인터뷰를 통해 다음과 같은 점을 확인할 수 있었다.

(1) 점자 메뉴판 보급 사업을 하나의 주체가 주도할 수도 있지만, 여러 센터나 복지관과의 연계가 이루어진다면 지역사회로 뻗어가기 더욱 용이하다.

(2) 점자 메뉴판의 실제 활용도가 크게 높지 않을 수 있다. 도입 업장의 특성이 고려되어야 한다.

(3) 시각장애인이 점자 메뉴판을 활용하는 직접적인 효과도 있지만, 비장애인의 인식 개선이라는 부수적인 효과도 존재한다.

(4) 점자 메뉴판은 비장애인들에 대한 해당 사업장의 이미지 개선과 같은 효과도 가지고 있다. 이러한 점이 자영업자들에게 점자 메뉴판 도입의 유인으로 작용할 수 있다.

앞의 내용들은 조례 사항으로 구체화해서 최종 조례안에 제시되었다.

4) 점자 메뉴판 미도입 지점 - 딘타이펑 명동점

주요 문답 내용

Q. 시 차원에서 점자 메뉴판 제작을 위한 지원금을 제공한다고 했을 때, 해당 메뉴판 제작 비용 외에는 추가적인 금전적 보상이 없다고 하더라도 점자 메뉴판을 도입할 의향이 있으신가요? (금전적 보상 대신 가게에 인증마크를 부여하고자 합니다.)

A. 쉽지는 않을 것 같습니다. 프랜차이즈 매장은 본사 매뉴얼대로 해야 하기 때문에 도입하냐, 마느냐에 대해서 적극적인 개입이 어렵습니다. 점자 메뉴판을 도입할 거면 본사 측으로 문의해야 하고, 또 점자 메뉴판이 쓰인다면 전국 매장에 다 제공이 되어야 할 텐데, 아마 힘들지 않을까 생각합니다. 프랜차이즈 매장이라 그런 것이 다소 큽니다.

Q. 점자 메뉴판 도입에 회의적인 입장이시라면, 혹시 경제적 유인이 부족하다는 것이 큰 이유인가요?

A. 오히려 장애인분들 수요가 많으면 일거리가 늘어나는 것도 맞고, 장애인분들도 우리 식당을 편하게 이용할 수 있으니 돈이 안 되어서 못

하는 것은 아닙니다. 단순히 해당 메뉴판이 사용되기까지의 과정이 상당히 까다롭고, 요즘은 메뉴판보다 키오스크나 무인 결제 시스템을 사용하는데, 메뉴판보다 더 나은 기술을 반영시킨 것이 오히려 더 실용화하기 좋지 않을까 싶습니다.

서울특별시 중구 명동에 있는 딘타이펑 명동점(* 노약자 및 유동 인구수가 서울시 내에도 많은 편에 속하는 을지로 ~ 명동에 있는 매장)과의 인터뷰 이후, 다음과 같은 사실들을 정리할 수 있게 되었다.

(1) 점자 메뉴판 도입 및 보급은 프랜차이즈 지점들에는 조례를 통해 이루어지기 어렵다.

(2) 점자 메뉴판 도입 및 보급의 대상은 자영업 지점들을 중심으로 하는 것이 좋다. (추후 메뉴판 보급 모델링에 반영)

(3) 점자 메뉴판보다 더 다양한 분야에서의 시각장애인 분들의 편의를 보장할 수 있는 효율적인 방법 혹은 도구가 존재하고, 이에 관한 연구 역시 점자만큼 필요하다.

(4) 점자 메뉴판 도입에 대한 반응은 (미도입 지점 기준) 꽤 긍정적이고, 도입에 부정적인 이유는 경제적 유인의 부족과는 거리가 멀다.

5) 서울특별시의회 보건복지위원회 부위원장 이소라 의원

주요 문답 내용

Q. 의원님께서 특히 장애인 관련 복지에 대해 힘쓰시는 특별한 이유나 동기

가 있으신지 궁금합니다. 저희가 찾아본 바로는, 의원님께서 작년에도 서울시 장애인보조기기센터가 보유하는 시청각장애인용 보조기기가 매우 부족하다는 의견과 함께, 장애인 정책과 예산 편성에 있어서 지금보다 더 노력해야 한다고 말씀해주셨는데요. 저희도 이에 대해 깊이 동감하는 바입니다. 또 현재도 보건복지위원회 부위원장을 맡고 계시는 것으로 알고 있어서 질문드립니다.

A. 장애인 정책에 관심 많은 이유는 다음과 같습니다. 일단 원래부터 사회복지 쪽에 관심이 많았어서 학부생일 때도 사회복지학과를 복수전공을 했고, 또 장애인 복지도 공부했습니다. 하지만 특별히 더 관심을 가지게 된 계기는 없습니다.

정치인으로서, 보건복지위원회 위원으로서 장애인 정책은 당연히 관심을 갖고 더 들여다봐야 할 문제들이 많다고 생각합니다. 현재 서울시에 거주하고 있는 장애인들이 실생활 속에서 겪는 어려움들이 아주 많습니다. 아직도 굉장히 미비한 정책이 존재하고, 예산 문제 등의 어려움들이 너무 많이 수반되어 있기에 그것들을 해결해 나가는 데 조금이나마 도움이 되고 싶습니다. 이러한 생각으로 계속해서 장애인 정책과 관련해서 조례도 발의하고, 목소리도 내고 있습니다.

장애인 당사자분들과도 실제로 소통을 많이 하려고 하는 편인데, 시각장애인, 청각장애인, 굉장히 다양한 유형의 장애인분들을 만나 뵙고 또 이야기를 들으면서 민원도 듣고 있습니다. 발달장애인 단체분들도 계시고, 미처 잘 몰랐던 내용들이나 정보들도 그분들을 통해서 접하게 되었습니다. 이런 것들을 조례를 제정하고 발의해서 좀 시정할 수 있게끔 해야겠다는 생각이 듭니다. 집행부가 이러한 정책도 계획해서 마련이 되면 실생활에서 어려움을 겪고 있는 장애인분들한테 도움이 되는 것이라고 생각합니다.

Q. 혹시 유튜버 원샷한솔 님을 알고 계신가요?

A. 해당 유튜버 같은 경우에는 사실 친구를 통해서 알게 되었고, 그분을 전혀 몰랐다가 친구가 링크를 보내줘서 알았습니다. 원샷한솔 유튜버님께서 올리시는 영상들은 대부분 시각장애인이 실생활에서 "이런 게 어렵다. 저런 게 어렵다" 이러한 것들을 그대로 보여주는 영상들입니다. 그것을 보면서 아직도 우리가 부족한 게 너무 많다는 것을 느낍니다.

예를 들면 장애인 정책이라는 게 사실 꼭 장애인에만 해당하는 정책이 아니라 모든 서울시민에게 해당하는 것이라고 생각합니다. 우리도 어떻게 보면 언젠가 장애인이 될 수도 있고, 또 예를 들어 휠체어 장애인을 위한 정책이라고 하면 이게 꼭 장애인에게만 해당하는 게 아니라 유모차를 끄는 어머님, 아버님이나 어르신들에게도 해당이 될 수 있습니다. 꼭 이것이 '장애인만을 위한 정책이다'라고 생각하고 접근하는 것보다는 '모든 시민의 편의성을 증진하기 위한 정책이다'라고 생각하고 접근하는 게 더 좋아 보입니다.

Q. 저희가 조사해보니, 시각장애인을 위한 점자 표기가 미흡한 분야는 음료 캔에서부터 대중교통까지 매우 다양했습니다. 저희는 그중에서도 사람들이 자주 방문하는 식당이나 카페의 메뉴판에 주목해서 점자 메뉴판의 도입을 장려하는 조례안을 준비하고 있는데요. 이렇게 저희가 주목하고 있는 점자 메뉴판이라는 분야가 시각장애인에게 충분히 시급한 문제라고 생각하시는지 궁금합니다. 또한 의원님께서 생각하시기에 현재 점자 표기 개선이 가장 필요한 분야는 무엇인지도 궁금합니다.

A. 사실 "점자 메뉴판이 시급한 문제인가?"라는 말에 있어서 본인이 판단할 영역은 아니라고 생각합니다. 이것은 대상이 되는 시각장애인

분들의 입장이 제일 중요하기 때문에, 그분들에게 재차 여쭙거나 점자 메뉴판에 대한 의견을 들어보는 것이 더 좋을 듯합니다. 본인은 객관적인 설문 조사나 통계에 근거해서 말할 수 있을 뿐인데, 이에 대한 자료가 현재 없기 때문에 그렇습니다. 하지만 점자 표기가 다양한 영역에 퍼져 부족하다는 것은 자명한 사실입니다. 점자 메뉴판을 제작하는 것에 있어서 나쁠 것은 없어 보입니다. 단순히 얼마나 급한지에 관한 판단은 본인은 할 수 없습니다.

Q. 시각장애인 관련 조례안을 분석하고자 했을 때, 부천시 점자문화 진흥 조례를 확인해보게 되었습니다. 해당 조례는 시장이 점자문화 진흥에 뚜렷한 공이 있는 개인 및 단체에게 포상할 수 있다고 명시하고 있었습니다. 저희도 해당 조례에 근거해서 시각장애인을 대상으로 점자서비스를 제공하는 집단에게 지원금을 주는 형식으로 지원하려고 하는데, 이것이 실현 가능할지에 대해 질문드리고자 합니다(점자서비스를 제공하는 업주에게 메뉴판 제작 비용과 지원금을 지급하는 것을 고려하고 있습니다).

A. 사실 강제성을 담은 그런 조항이나 정책이 수반되지 않으면 아무리 지원을 많이 해준다고 해도 과연 효과가 있을까 하는 의구심이 들기는 합니다. 하지만 조례는 강제성을 보유하기는 한계가 있고 다소 어렵습니다. 구체적으로 어떠한 유인을 제공하나요?

→ 점자 메뉴판을 지원하고 사용 시 점자 메뉴판 사용 마크(인증마크)를 통해 홍보 효과를 강조할 예정입니다.

마크를 주는 게 괜찮은 방식 같다고 생각합니다. 예를 들면 착한 가게인지, 업소 조례인지 저번에 그러한 조례가 제정되었는데, 착한 업소 인증마크를 부여하는 방식입니다. 관련된 조례가 발휘된 것으로 알고 있는데 사전 사례도 있고, 조례로 담기에 좋을 것 같습니다. 점자 메뉴판을 제작하는 업체에 지원해준다기보다는, 그냥 차라리 점자 메뉴판을 제작해서 시민들한테 제공하는 자영업자분들을 대상으로 인증마크를 제공하는 것이 더 좋은 방향인 것 같습니다. 대신에 이런 인증마크가 생길 것이라는 사실에 대해서 일반 시민들한테도 홍보가 많이 되어야 합니다.

→ 네. 그래서 저희도 다른 점자 문화 조례들을 살펴보면 홍보 사업, 교육 사업도 실시해야 한다, 이렇게 사항이 많이 나와 있더라고요. 저희 조례에도 시장은 해당 사업이 원활하게 이루어질 수 있도록 기본 계획을 수립해야 되고, 항상 교육 홍보 사업을 실시해야 한다, 이런 조항을 좀 담아두려고 하고 있기는 합니다.

A. 아주 좋습니다.

Q. 만약 점자 메뉴판을 도입하는 업주들에 대한 금전적 지원을 진행한다고 했을 때, 지원 주체는 시장으로 정할 예정입니다. 도입을 장려하기 위해서 점자 메뉴판에 대한 비용에 대한 지원금을 제공하는 방식으로 진행하고자 하는데, 이러한 방식이 조례로서 유효할까요? 그리고 보통 조례에서 보조금이나 포상금 지급과 같은 예산 집행을 어떠한 형식으로 규정하는지 궁금합니다.

A. 점자 메뉴판 지원금이 아예 실효성이 없다고는 보이지 않습니다. 오히려 좋아 보입니다. 그리고 두 번째로, 포상금 지급이나 지원금 지급과 같은 예산 집행은 어떻게 하는지 말씀드리겠습니다. 어느 수준 이상 도달한다면 보상을 하는 구조인데, 요즘은 예를 들면 걷기 운동과 같은 것에서 한도를 채웠을 때 기프티콘이나 그런 것을 주는 것은 하고 있습니다. 아니면 저희 공공기관에서 제공하는 설문 조사에 참여했을 때, 그 참여

자들한테 주는 기프티콘 형식의 포상도 있습니다. 보통은 커피 쿠폰 이런 식으로 많이 줍니다. 아니면 다른 물품을 제공하는 경우도 있습니다.

→ 그렇다면 실제로 현금이나 돈 등을 주기 위해, 지원하기 위해서 위원회를 구성하고, 그러한 경우는 오직 조례로서는 거의 없는 것인가요?

A. 조례를 통한 정책이면 몰라도, 그렇습니다.

Q. 저희가 이번 수업을 통해서 조례라는 것을 처음 접하다 보니까, 조례에는 국민에게 의무를 부과하는 내용이 포함될 수 없다는 등의 제약이 많다고 느꼈는데요. 의원님께서 생각하시기에 다른 법률과 달리 조례가 가지는 특성은 무엇인지, 또 그 특성을 잘 활용하려면 어떠한 방향성을 가지고 조례안을 작성하는 것이 좋을지 질문드리고 싶습니다.

A. 일단은 조례안이 제정되기 위해서는 이제 여러 조건이 있겠지만 일단 실효성이 있냐, 효과성이 입증되냐, 그리고 상위법과 저촉되지 않는 그림이냐는 것 정도가 제일 중요합니다. 그러니까 예를 들면 의무 조항을 넣었는데 이게 사실 상위법에 근거하지 않으면 아무리 발의하려고 해도 할 수 없습니다. 항상 상위법과 저촉이 되지 않아야 합니다.

그리고 당연히 조례라는 것은 어떤 정책을 실현하기 위한 근거입니다. 근거 조항을 만드는 것입니다. 그렇기 때문에 예산도 수반이 다 되는 것입니다. 예산이 안 들어가는 정책이 거의 없기 때문입니다. 예산을 투입한 것보다 효과가 적으면 안 됩니다. 그렇기 때문에 예산을 효율적으로 써야 합니다.

그래서 당연히 시민들에게 도움이 되어야 하고, 또 시민들이 실질적으로 체감할 수 있는 정책을 만드는 게 중요하기 때문에 그런 방향성을 기본적으로 조례를 만드는 것입니다. 실제로 시민들이 필요로 하는 정책이냐, 그것이 제일 중요합니다.

또한, 예를 들면 서울시 조례는 말 그대로 서울 시민을 대상으로 하는 조례이기 때문에 그 테두리가 딱 정해져 있는 것입니다. 법은 우리 국민을 위한 것이고, 어느 범위까지가 대상이냐는 게 다른 부분입니다. 예를 들면 가족 돌봄 청년을 위한 지원을 위한 법률이라고 하면, 그것은 우리 대한민국 안에 거주하고 있는 가족 돌봄 청년들을 대상으로 하는 법인 것이고, 본인이 제정한 서울시 가족 돌봄 청년 지원 조례는 서울시 가족 돌봄 청년을 대상으로 하는 것입니다.

그리고 어쨌든 법보다는 조례가 어떠한 정책에 있어서 더 구체적입니다. 예를 들면 이제 조례를 근거로 우리 서울시에서 이런 지원 정책들이 만들어지는 거고, 용역을 할 수도 있고요. 그러니까 예산이 수반되는 정책들은 다 어떤 조례를 근거로 해서 저희가 시행하는 것입니다.

→ 결국 지방자치라는 목적에서, 법보다 훨씬 지역구마다의 특성을 반영해 줄 수 있는 자치법규로서 기능할 수 있기 때문에 조례가 중요하다는 말씀이신 거죠?

A. 정확합니다. 당연하기도 하고요. 말씀하신 것처럼 각 지방자치단체도 지역별 특성이 다 다릅니다. 인구수, 인구분포도라든지, 생활환경, 도시환경 이런 모든 것들이 다 차이가 있고, 그것에 맞추어서 조례를 제정하는 것이기 때문에, 차이가 있을 수밖에 없습니다. 그리고 예를 들면 여기 지역보다 여기 지역이 여성 정책과 관련해서, 아니면 어린이 정책과 관련해서 이런 정책이 더 시급할 수 있겠다, 이러한 요구 사항들이 있습니다. 민원들이 다 다르니까 순서에 있어서 좀 다를 수밖에 없습니다.

Q. 현재까지 저희가 생각한 점자 메뉴판 도입 장려 방안은 업주에 대한 메뉴

판 제작비용 및 장려금 지원과 해당 가게에 대한 인증마크 부여인데요. 이 외에도 조례의 범위 안에서 가능한 장려 방안이 더 있을지 질문드리고 싶습니다.

A. 아니면 꼭 점자가 아니더라도, 사실 지금 서울특별시 시각장애인 중 점자를 아는 비율이 6%밖에 안 됩니다. (본인이 진행한 설문 조사에 의하면) 그 부분에 대한 의사소통 개진을 위한 교육이나 이런 것들로 조례를 발휘하려고 하지만, 일단 당장 점자 메뉴판을 토대로 한다면, 차라리 키오스크를 터치했을 때 소리가 날 수 있게끔 설치하는 것을 지원하는 것도 생각해볼 수 있을 것 같습니다. 아무튼 그 취지는 너무 좋아서 어떤 형식으로나 그렇게 지원해주는 것은 나쁘지는 않을 것 같습니다.

Q. 지금까지의 장애인 관련 조례에는 장애인 인식개선에 관한 홍보 및 교육에 관한 조항들이 많이 있는 것을 확인했습니다. 만약 저희가 시각장애인 점자 서비스와 관련된 조례를 만든다면 해당 서비스의 보급에만 집중하는 내용만 있어도 충분할지, 또는 홍보 및 교육에 관한 내용이 포함되어야 비로소 완결성이 있는 조례가 되는 것일지 궁금합니다.

A. 홍보 및 교육 사업은 당연히 사업들 중에 하나로 들어가야 합니다. 예를 들면 시장이 이런 사업을 추진할 수 있다 하고 각 항별로 1항, 2항 이런 식으로 기재합니다. 그러니까 명시를 해놓는다는 뜻입니다. 그런 식으로 이제 사항에 다 담아야 합니다. 기본적으로요.

→ 시각장애인뿐만 아닌 비장애인들에게도 인식 관련 홍보가 이루어질 수 있도록 대상을 넓히는 것도 중요하겠네요?

A. 홍보 및 교육 사업의 대상들을 장애인뿐만 아니라 비장애인으로 넓힌다면 너무 좋을 것입니다.

서울특별시의회 보건복지위원회 부위원장 이소라 의원님과의 인터뷰를 통해 다음과 같은 의견들을 공유할 수 있었다.

　(1) 시각장애인의 삶에 관한 관심을 높이고, 이들의 행복을 이끄는 것은 결국 서울시민 전체의 효용 증가로 이어진다.

　(2) 조례 자체로는 지원금이나 포상하는 방식의 유인이 어렵다. 조례는 정책을 위한 기반이라고 생각하고, 복지 정책을 위한 근거로 제정하는 것이 옳다.

　(3) 점자 메뉴판 제작은 업체나 시각장애인복지관과의 제휴를 통해 진행한다. (점자 메뉴판 보급 모델링 때 재차 설명)

　(4) 시각장애인의 일상생활이 더욱 윤택해질 수 있는 기구를 제공하는 것도 좋지만, 이에 관한 교육을 하고 대상자뿐만 아닌 서울시민 전체에 홍보하는 것 역시 그만큼 중요하다.

　(5) 점자 서비스 역시 중요하지만, 점자 서비스에만 몰두하는 것이 아닌, 발전하고 있는 기술력을 그들의 삶에 적용해 더 큰 효용을 일으킬 수 있도록 다른 영역의 서비스들을 조례에 포함하면 긍정적일 것이다(추후 시각장애인 당사자 및 대상자인 우리동작장애인자립생활센터, 한국시각장애인연합회 면담에서 구체화).

6) 한국시각장애인연합회

주요 문답 내용

　Q. 현재 시각장애인을 위한 점자 표기가 미흡한 분야가 매우 많은데, 그중 가장 개선이 시급하다고 느끼시는 분야가 있을까요?

A. 모든 부분이 매우 미흡한 상황이고, 생활에서 너무나도 기본적인 것들이어서 따로 우선순위를 정할 수는 없을 것 같습니다.

Q. 점자 메뉴판이 시각장애인 분들에게 도움이 될 수 있을 것으로 생각하시나요?

A. 점자 메뉴판이 필요한 것은 맞으나, 의무화 같은 방식이 아니라면 점자 메뉴판이 많은 식당으로 확산되어 시각장애인에게 도움을 줄 수 있을지에 대해서는 회의적입니다. 또한 메뉴가 바뀌는 등의 문제도 있으므로 온라인 플랫폼을 통해서 메뉴에 대한 정보를 음성 서비스로 제공하는 것이 효과적일 것 같습니다.

Q. 식당이나 카페 방문 시 구체적으로 어떠한 어려움들이 있는지 들어보고 싶습니다.

A. 일단 식당에 들어갔을 때 빈자리를 찾는 일부터 어렵기 때문에 종업원의 자리 안내가 필요합니다. 따라서 이러한 부분에서는 점자 메뉴판보다는 종업원 교육이 더 효과적입니다. 특히 요즘 키오스크를 사용하는 식당이 많은데, 키오스크 사용이 증가하는 추세라고 해도 직접적인 안내를 해줄 종업원이 꼭 필요합니다.

Q. 현재 점자 해독이 가능한 시각장애인의 비율이 꽤 낮다는 통계를 봤는데, 실제로 점자를 활용하는 시각장애인이 비율이 얼마나 된다고 느끼시는지 궁금합니다.

A. 시각장애인 중에서도 잔존시력이 있는 분들이 꽤 있는데, 그런 분들에게 점자가 필요 없는 것은 아니지만, 점자는 중간에 배우기 매우 어

렵다는 점이 문제입니다. 어린아이들 같은 경우 정규 교육 기관을 통해 체계적으로 점자를 배울 수 있으나, 성인의 경우 인근 복지시설 등을 직접 방문해야 하다 보니 일과 병행하기도 힘들고, 감각 측면에서도 점자 학습이 오래 걸립니다. 교육 기관 자체가 적다는 문제도 있습니다(특히 지방의 경우).

또한 점자를 대체할 수단이 많이 생긴 것도 원인입니다. 책 같은 경우도 음성 도서를 읽을 수도 있고, PC나 모바일로 접근도 가능합니다. 그러다 보니 최근 들어서는 점자를 몰라도 생활하는 데 큰 불편이 없습니다.

정리하자면 점자 교육에 대한 접근성과 점자를 대체할 수단들의 영향으로 점자 이용이 적어졌다고 볼 수 있습니다.

Q. 대중교통이나 음식점과 같은 일상생활에서의 점자 보급이 개선된다면 그것이 점자 학습 동기로 작용할 수 있을까요?

A. 시각장애인이 식당에 가는 경우 비장애인 또는 저시력인과 동반하는 경우가 많기 때문에 점자 메뉴판만으로 학습 동기가 될 정도는 아닐 것 같습니다. 그러나 메뉴를 비롯한 정보들은 누구에게 물어보는 것보다는 직접 확인하는 것이 더 좋기는 합니다.

• **추가로 해주신 말씀**
- 점자 메뉴판이 성공하기 위해서는 메뉴나 가격 정보가 바뀌었을 때 빠르게 업데이트해야 합니다. 또한 바뀌는 종업원들에 대해서도 교육을 꾸준히 할 필요가 있습니다.
- 점자 메뉴판이 있다는 것을 알고 가는 경우라면 점자 메뉴판을 요

구할 수 있는데, 현재 대부분의 식당에 없기 때문에 점자 메뉴판이 있는지 물어볼 수 없습니다.

- 점자 메뉴판이 있다는 사실 하나만으로 식당을 방문하게 되는 것은 아니지만, 시각장애인에 대한 서비스 태도는 방문 여부에 정말 많은 영향을 미칩니다. 방문 시 불친절한 응대를 받은 경험이 있는 경우 절대 다시 방문하지 않습니다. 음식 질이 비슷하다고 가정한다면 시각장애인에 대한 서비스가 잘되어 있는 곳에 많이 방문하게 될 듯합니다.

　　한국시각장애인연합회와의 면담은 조례 적용의 당사자인 시각장애인의 의견을 직접 들어볼 수 있는 기회였다는 점에서 의미가 있다. 면담을 통해 알게 된 사항들은 다음과 같다.

　(1) 점자 표기는 시급한 분야를 가릴 수 없을 만큼 모든 분야에서 아직 미흡한 편이다.

　(2) 점자가 필요하지 않은 것은 아니지만, 음성 서비스 같은 타 대체자료가 점자에 비해 더욱 효과적일 수 있다.

　(3) 식당에서 실제로 겪는 불편함과 관련해서 종업원의 교육 또한 매우 중요하다.

　(4) 점자 이용률 감소의 주된 원인은 점자 교육에 대한 낮은 접근성과 점자를 대체할 수단들의 등장이라고 볼 수 있다.

　(5) 시각장애인이 식당에 가는 경우 비장애인 또는 저시력인과 동반하는 경우가 많으므로 점자 메뉴판만으로 점자 학습 동기가 유발되지는 않을 것이다.

(6) 시각장애인에 대한 서비스 태도는 방문 여부에 절대적으로 많은 영향을 미치며, 이 사실을 업주들에게 알린다면 조례에 대한 긍정적인 반응을 끌어낼 수 있을 것으로 보인다.

7) 우리동작장애인자립생활센터

주요 문답 내용

Q. 우리동작장애인자립생활센터에 대해서 간단히 설명해주실 수 있나요?

A. 우리동작장애인자립생활센터는 중증 장애인의 자립을 지원하는 자립생활센터입니다. 2009년 센터가 설립되었고, 본격적으로 활동을 시작한 것은 2012년부터입니다. 센터가 하는 사업들은 메뉴판이나 점자 대체 자료와 같은 권익 보호 사업으로, 배리어 프리존 형성 활동에 속합니다. 그 외에도 장애 인식 개선, 장애인 활동 지원과 같은 다양한 사업들을 진행합니다.

Q. 점자 메뉴판 사업을 실시한 동기와 계기가 어떻게 되나요?

A. 시각장애인들이 식당에 가면 어떤 메뉴가 있는지 확실하게 파악하지 못합니다. 본인이 아는 식당에 간다면 본인이 먹는 메뉴가 있는지, 없는지는 압니다. 그러나 처음 들어가는 식당의 경우 메뉴를 파악하는 데 어려움이 존재하고, 한 식당을 몇 년 다녔음에도 모르는 메뉴가 있는 경우가 존재합니다. 이러한 점을 해결해보고자 센터에서 시작하게 되었습니다. 초기에는 센터 주위의 식당에 보급하기 시작했고, 고속도로 휴게소 안에 있는 음식점들에 점자 메뉴판을 보급했습니다. 2017년부

터 시작해서 지금까지 이어왔습니다.

Q. 점자 메뉴판을 제작하는 과정은 어떻게 되나요?

A. 먼저 음식점과 카페와 같은 업장에서 신청받습니다. 이후 메뉴판에 대한 디자인을 진행합니다. 디자인의 경우 재능 기부를 해주시는 디자이너 선생님께서 맡아 주셨습니다. 우리의 경우 점자 메뉴판에 점자만 들어가는 것이 아니라 확대 문자가 같이 들어갑니다. 디자인을 받으면 먼저 문자 확대본을 제작합니다. 문자 확대본에 점자 스티커 용지를 붙이고, 점자 프린터를 이용해 점자 메뉴판을 완성합니다. 올해부터는 시각장애인분이 만드신 IT 업체를 통해 스마트폰 NFC를 통한 음성 안내 서비스 프로그램을 시범적으로 실행해보고 있습니다.

Q. 점자 메뉴판 제작을 센터 내에서 모두 직접 제작하시나요? 외부 업체를 이용하시지는 않나요?

A. 모든 점자 메뉴판에 대한 점자 파일 제작은 수작업이 진행되고, 출력은 센터 내에 있는 점자 프린터기로 진행합니다. 센터 내부의 선생님들과 함께 진행합니다. 수익 사업이 아니다 보니 마땅한 외부 업체가 존재하지 않아 직접 제작하고 있습니다.

Q. 점자 메뉴판 제작에 드는 비용은 어떻게 되나요?

A. 서울시에서 보조금을 받아 일부 보조금 사업으로 진행하고 있습니다. 점자 메뉴판 사업에 특정된 것은 아니며, 배리어 프리존 형성 활동의 한 분야로 진행합니다. 점자 프린터기도 그 일환으로 지원받았습니다. 약 600만 원 정도의 비용이 들었습니다. 음성 지원 서비스의 경우 한 메뉴판당 1만 원 정도의 비용이 듭니다.

Q. 점자 메뉴판 제작에 어려운 점이 있나요?

A. 점자 메뉴판 제작을 수작업으로 진행하고 있으니 시간이 오래 걸립니다. 하지만 제일 어려운 부분은 점자 메뉴판을 직접 제작해달라고 부탁하시는 분들이 많지 않다는 것입니다. 장애인과 동행하는 형태의 캠페인으로 식당에 가서 먼저 제시하는 경우 많은 사장님이 진행하십니다. 센터 인근의 사장님들께서는 해달라고 해주시는 분들이 일부 존재하긴 합니다.

Q. 이러한 사업이 다양한 복지관이나 사회복지사분들과 연계사업으로 진행된다면 더욱 수월해질까요?

A. 인력 부문에서도 충분히 도움이 됩니다. 추가로, 사업이 알려져야 더 많이 진행할 수 있는데 그 부분에서 도움이 될 것입니다. 이전에 경희대 배리어 프리존 동아리가 있었는데, 해당 동아리와 연합해서 대학 주변 식당을 접촉해 점자 메뉴판을 제작하는 등의 활동을 진행했습니다. 이런 식으로 도움이 될 수 있습니다.

Q. 점자 메뉴판 사업에 대한 피드백은 어떠한가요?

A. 이 사업이 다들 좋은 의도라고 생각하시기 때문에 진행하신 식당 사장님들이 다 좋다고 하셨습니다. 하지만 작년에 시각장애인 손님이 많이 방문하고 사용하는지 모니터링을 진행한 결과, 생각보다는 시각장애인 고객이 많지 않았습니다. 시각장애인분 중에서도 점자 메뉴판을 보자고 하는 분들도 계시지만, 옆에 활동지원사 선생님들과 동행해 물어보고 하는 분들도 계십니다. 또한 점자의 경우 점자에 대한 감각이 있어야 해서 점자가 불편한 점이 존재합니다. 그렇기 때문에 올해 NFC

를 통한 음성 안내 서비스의 도입도 진행하고 있습니다.

Q. NFC를 통한 음성 안내 서비스에 관해 더 소개해주실 수 있나요?

A. 점자가 어려움이 있으니 다른 대안을 고민하다 NFC를 통한 음성 안내 서비스를 생각하게 되었습니다. QR 코드도 생각해봤지만 QR 코드는 정확한 위치를 카메라로 찍어야 하다 보니 위치를 찾기 어렵습니다. NFC는 근처에 갖다 대기만 하면 되어서 편리합니다. 하지만 이전에 말했듯이 업체를 통해 지원하는 것이어서 비용을 지불해야 합니다. 넉넉한 사업비를 가지고 진행하는 것이 아니라 많이 진행하기 어렵습니다.

Q. 이전 점자 메뉴판을 도입한 업체와의 인터뷰에서 "점자 메뉴판이 실제로 사용되는 빈도가 그렇게 많지는 않지만, 비장애인분들에게 사업장에 대한 좋은 이미지를 심는 데 도움이 될 수 있다"라는 말씀을 들었는데요, 점자 메뉴판이 장애인 인식개선에도 도움이 되나요?

A. 전적으로 동감합니다. 최근에 점자 스티커를 붙이는 것이 비장애인분들 사이에서 인기가 좋습니다. 글자와 점자가 같이 있으니 모양이 예쁘다고 합니다. 이러한 점을 봤을 때 점자 메뉴판과 같은 방식으로 점자가 비장애인들에게 많이 노출된다면 장애인 인식개선에 도움이 많이 되는 것 같습니다.

Q. '시각장애인 중 중증 시각장애인 비율이 낮고, 점독 비율이 낮아서 점자 메뉴판이 실질적인 도움이 되지 않을 것이다'라는 의견이 있는데, 이에 대해서 어떻게 생각하시나요?

교실 밖의 정치학

A. 본인은 생각이 좀 다릅니다. 시각장애인 분류에서 등급제가 폐지되면서 시각장애인 내에 넓은 스펙트럼이 존재합니다. 한쪽 눈의 시력이 손실되어도 시각장애인으로 분류되고, 저시력자도 시각장애인으로 분류됩니다. 그렇기에 점자를 사용하는 비율이 상당히 낮아졌습니다. 또한 점자를 대체할 수 있는 기술이 형성되어 점자를 사용할 유인을 못 느끼는 경우도 존재합니다. 하지만 정확한 정보가 필요한 경우, 혹은 중요한 정보를 습득해야 하는 경우에는 꼭 점자를 봅니다. 메뉴도 이러한 경우와 마찬가지입니다. 식당에 가서 음성을 사용하더라도 소음의 문제가 있을 수 있습니다. 집중하기 쉽지 않을 때 점자를 이용하면 도움이 되고 가장 효율적으로 볼 수 있습니다.

추가로, 장애인에 대한 서비스라고 하는 것은 수요의 많고 적음이 중요한 것이 아니라 필요한 사람이 존재하는가, 이게 더 중요하다고 생각합니다. 예를 들어 장애인 내에서도 시각장애인의 수가 25만 명이고, 지체장애의 경우 150만 명 정도 계시는데 그렇다고 해서 장애 관련 서비스를 지체장애에 대해서만 진행할 수는 없습니다. 점자 해독률이 갈수록 떨어지니 점자의 사용을 지양하자는 것은 상업적인 논리에 맞는 이야기입니다. 장애인 서비스에 대해서는 소수에 대한 배려를 신경 쓸 필요가 있습니다.

Q. 센터에서 다양한 인식 개선 사업을 진행하신다고 하셨는데 이러한 시민단체 차원에서 진행하는 인식 개선 사업의 중요성이 무엇인가요?

A. 과거 장애인은 동정의 대상, 불쌍한 사람으로 인식되었다면, 요즘은 장애인을 인간으로서 존중하고, 한 개인의 특성인 장애를 서로 인정하고 함께 살아가자는 의미로 인식 개선이 진행되고 있습니다. 하지만

장애 인식 개선이 의무 교육으로 진행되다 보니 굉장히 형식적으로 진행됩니다. 온라인으로 회사에서 업무를 하며 교육받거나 하는 경우가 있습니다. 그러한 방식보다 1년에 한 번 혹은 2년에 한 번을 진행하더라도 하루 일정을 통해 제대로 교육을 받는 것이 중요합니다. 직접 장애인의 경험을 체험해보는 방식의 교육이 더욱 효과적일 것이라는 생각이 듭니다. 그래서 센터에서는 그러한 방식 위주의 교육을 진행하고 있으며, 초등학생의 경우 안내견을 통해 친숙하게 다가갈 수도 있습니다.

Q. 마지막으로 해주고 싶으신 말씀이 있나요?

A. 점자 메뉴판이 보급된 장소의 목록을 서울시 홈페이지와 같은 곳에서 찾을 수 있으면 좋을 것 같습니다. 대체로 대외적인 활동을 많이 하시는 시각장애인의 경우 양쪽 시력을 모두 잃은 중증 시각장애인이 많으나, 시각장애인의 스펙트럼은 매우 넓습니다. 그렇기에 점자만이 아니라 다른 방식의 대체 자료가 병행되어 제공되면 좋을 것 같습니다. 식당이나 카페의 가장 중요한 요소는 맛이지만, 점자 메뉴판을 통해 메뉴를 선택할 수 있다면 더욱 좋을 것입니다. 또한 점자 메뉴판의 보급이 많아지면 시각장애인뿐만 아니라 비장애인 중에서도 이러한 분야에 관심 있는 분들이 더욱 눈여겨볼 것 같습니다.

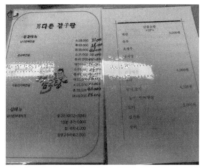

자료 3-4. 우리동작장애인자립생활센터에 비치된 점자 메뉴판(좌), 점자 프린터(우)

실제 점자 메뉴판 보급 사업을 진행 중인 우리동작장애인자립생활센터에 방문해서 권익보호팀 팀장님이신 박의권 님과 인터뷰를 진행했다. 인터뷰를 통해 점자 메뉴판의 제작 과정과 점자 메뉴판 보급이 필요한 이유에 대해서 알 수 있게 되었다. 인터뷰를 통해 다음과 같은 점을 확인하고 조례에 반영하고자 했다.

(1) 시각장애인들은 실생활에서 시각장애인을 위한 대체 자료의 부재로 인해 일상생활에서 소통의 어려움을 실제로 경험하고 있다.

(2) 시각장애인들에 대한 서비스는 수요자의 수가 중요한 것이 아니라 서비스에 대한 수요가 존재한다는 사실 자체만으로 서비스의 보급이 필요하기도 하다. 수요와 공급이라는 시장의 논리로 본다면 시각장애인의 서비스는 보급이 어렵다.

(3) 점자 메뉴판 제작의 경우 이를 전문적으로 제작할 수 있는 업체가 실질적으로 존재하지 않는다. 그렇기에 이 사업의 경우 센터에서 자체적으로 수작업을 진행했다. 이와 같은 현실은 인력 부족과 같은 문제가 있고, 사업의 홍보적인 측면에서도 단일 센터에서 진행하기 어려운 점이 존재하기에 여러 센터나 복지관 간의 연계 사업이 필요하다.

(4) 점자 메뉴판을 제작하는 것도 충분히 의미가 있으나 음성 서비스나 문자 확대본과 같은 대체 자료를 제작하는 것도 시각장애의 넓은 스펙트럼에 따른 수요를 충족하기에 필요하다.

(5) 점자 메뉴판을 보급하는 것은 단순히 시각장애인을 위한 정책이 아니라 비장애인에 대한 인식 개선에도 도움이 된다. 인식 개선도 형식적인 방식이 아니라 일상에서 시각장애인의 삶을 경험할 수 있는 방향으로 다가간다면 큰 도움이 될 것이다.

앞의 내용들은 조례 사항으로 구체화해서 최종 조례안에 제시되었다.

2. 조례안의 성격 및 방향성

1) 조례의 기본적 특성에 기반한 방향성

조례란 지방자치단체가 스스로 제정하는 자주법의 일종으로, 지방자치단체의 권한에 속하는 사무에 관해 법령의 범위 내에서 지방의회의 의결을 통해 제정되는 자치 규범이다. 이러한 조례의 큰 특징 중 하나는 국민에게 의무를 부과하는 내용을 담을 수 없다는 점이다. 조례를 통해 국민의 권리를 제한하거나 의무를 규정하기 위해서는 상위 법률의 위임이 반드시 있어야 한다. 따라서, 시각장애인 접근권과 관련한 조례의 경우에도 대체 자료의 보급 확대를 위해 민간 업체에 대체 자료 제공을 강제하는 내용을 조례로 규정할 수는 없다. 이러한 조례의 특성을 바탕으로, 본 조례에서는 점자를 비롯한 대체 자료의 보급 확대와 점자 문화 발전에 기여하는 민간단체 및 제작 업체를 지원하는 방식을 사용하고자 한다.

2) 구체적 사업 모델링

서울특별시의회 보건복지위원회 부위원장 이소라 의원님과의 인터뷰를 통해 우리는 조례에 기반한 점자 메뉴판 보급 사업에 대한 좋은 의견을 얻을 수 있었다. 조례를 구체화한 사업 모델에 대한 구체적인 설명을 하기 이전에, 기존에 구상했던 모델과 면담 이후 수정을 거친 모델에 대한 비교 및 평가, 그리고 그 결정 과정에 대해 자세히 설명해보고자 한다.

〈모델 1〉

- 모델명 : 점자 메뉴판 사전 동의 지점에 대한 서울특별시청 측의 직접 지원

- 모델 설명(사업 진행 절차)

  1. 서울특별시 차원에서 점자 메뉴판 사용 동의 업체를 사전적으로 조사한다.
  2. 해당 업체에 대해 서울특별시 인증마크와 함께 점자 메뉴판 제작 비용 지원금을 제공한다.
  3. 해당 지원금이 점자 메뉴판을 제작하는 데 사용되었다는 증빙자료 제출을 의무화한다.
  4. 점자 메뉴판 사용 지점에 대한 홍보를 진행한다.

- 수혜대상 : 지점(자영업) + 서비스 이용 고객(시각장애인)

- 기대효과 : 지점에 경제적, 사회적 유인 제공 가능

(점자 메뉴판의 도입으로 시각장애인 수요 상승, 비장애인에 대한 사회적 이미지 향상)

〈모델 2〉

- 모델명 : 서울특별시청 측의 점자 제작 업체 공개 입찰을 통한 점자
  메뉴판 지원

- 모델 설명(사업 진행 절차)
  1. 서울특별시 차원에서 점자 메뉴판 제작 업체 선정 및 제휴

     (제휴 업체에는 서울특별시 인증마크를 부여하고, 이 사실을 사전 공지함)

  2. 선정된 점자 제작 업체는 서울특별시의 의뢰를 바탕으로 점자 메뉴
     판 도입에 사전 동의한 지점들에 메뉴판을 개별 제작 후 제공한다.

  3. 점자 메뉴판 사용 지점에 서울특별시 인증마크 부여, 해당 지점에 대
     한 홍보(서울특별시 공식 SNS 등의 매체 혹은 지역사회의 시각장애인복지관을 통해)

- 수혜대상 : 제휴 업체 + 지점(자영업) + 서비스 이용 고객(시각장애인)

- 기대효과 : 점자 제작 업체와 점자 메뉴판 사용 지점에 경제적, 사회적
  유인 제공 가능

  (업체 - 의뢰로 인한 일거리 제공, 서울특별시 제휴라는 타 업체와의 차별점 생성)

  (지점 - 점자 메뉴판의 도입으로 시각장애인 수요 상승, 비장애인에 대한 사회적 이미지 향상)

<모델 1>과 <모델 2> 중 어느 방식을 택해 점자 메뉴판을 보급하는 것이 더욱 유의미한 결과를 가져올 수 있을지에 대해 알아보고자 했다. 두 모델 간의 차이점은 바로 '점자 제작 업체 제휴 여부'다. <모델 1>을 선택할 시, 조례 사항에 관리위원회의 구성과 해당 위원회의 역할(사업 진행 점검, 사업 효과 평가 및 피드백)이 포함될 것이다. <모델 2>의 경우, <모델 1>의 사항과 더불어 관리위원회의 역할에 제휴업체 선정 및 관리를 추가하게 될 것이다. 두 모델과 관련해 서울특별시의회 보건복지위원회 부위원장 이소라 의원님께서는 <모델 1>과 같은 방식(직접 자영업자에게 지원금을 지급하는 방식)은 현실적으로 힘들 수 있다고 말씀하셨다.

　지원금을 준다는 것이 아예 실효성이 없다고 볼 수는 없지만, 다양한 기존 조례에 존재하는 '포상' 조항을 본다면(물론 포상과 지원은 성격이 다르기는 하지만, 보상의 차원에서 바라본다면) 지원금을 직접 지점들에 지급하는 것은 어려울 수 있다는 것이다. 이소라 의원님과의 면담에 따르면 조례가 아닌 구체적 '정책'이라면 지원금 제공이 가능할 수 있지만, 단순히 조례 사항에 지원금 지급의 내용을 포함하는 사례는 거의 없다고 한다. 또한 현금 형태의 지원금보다는, 긍정적 행위에 대한 보상의 느낌으로 기프티콘을 등을 지급하는 것이 일반적이다. 그렇기 때문에 <모델 2>의 방식으로 점자 메뉴판 사업을 구상했으며, 그 구체적 진행 절차는 다음과 같다.

　(1) 서울시 내 점자 메뉴판 사용 지점에 대한 사전 동의 조사

　(2) 점자 메뉴판 제작 제휴 업체 선정(서울특별시 차원)

　(3) 점자 메뉴판 제작 업체에 의뢰 진행, 메뉴판 제작

　(4) 사전 동의 지점에 점자 메뉴판 제공

　(5) 점자 메뉴판 제작 업체와 점자 메뉴판 도입 지점에 인증마크 부여, 사업 점검

(6) 피드백 및 사업 효과 평가

(최종 조례안 <서울특별시 일상생활 접근권 지원 조례> 중 점자 서비스 제공 관련 사업 매뉴얼)

물론, 본 조례는 점자뿐만 아니라 여러 대체 자료를 통해 시각장애인의 일상생활 접근권을 지원하는 내용으로 그 포괄성을 높였다. 조례의 핵심 사항 중 하나인 점자 관련 조항을 선택해 이를 '점자 메뉴판 사업'으로 구체화해서 본 것이다.

3. 최종 조례안 전문

서울특별시 시각장애인 일상생활 접근권 지원 조례

제1장 총칙

제1조(목적) 이 조례는 일상생활 접근권의 개선을 장려하여 시각장애인의 정보 접근권을 보장하고, 사회적 활동을 용이하게 하여 삶의 질을 향상시키는 것을 목적으로 한다.

제2조(정의) 이 조례에서 사용하는 용어의 뜻은 다음을 제외하고 「점자법」 및 「장애인복지법」을 따른다.

1. "일상생활 접근권"이란 시각장애인이 일상생활에서 비장애인과 차별받지 않는 환경에서 생활할 사회적 권리를 말한다.
2. "공공기관 등"이란 서울특별시와 서울특별시의회 및 구 소속 행정기관, 하부 행정기관과 출연기관, 출자기관을 말한다.
3. "대체 자료"란 「장애인·노인 등을 위한 보조기기 지원 및 활용촉진에 관한 법률」(이하 「장애보조기기법」이라 한다)에 따라 보건복지부령으로 정해진 점자 서비스, 문자 확대본, 음성 정보 서비스 등과 같이 시각장애인 접근권 보장에 도움을 줄 수 있는 도구를 지칭한다.

제3조(시장의 책무) 서울특별시장(이하 "시장"이라 한다)은 시각장애인의 일상생활 접근권 신장을 위하여 시각장애인들의 욕구에 부합하는 지원정책을 시행하여

야 한다.

제4조(다른 조례 등과의 관계) 시각장애인 일상생활 접근권 제공 지원에 대하여 다른 법령 또는 조례에 특별한 규정이 있는 경우를 제외하고는 이 조례가 정하는 바에 따른다.

제2장 일상생활 접근권 정책 수립 및 이행

제5조(일상생활 접근권 지원계획) ① 시장은 시각장애인의 일상생활 접근권 보장에 대한 체계적이고 중단 없는 지원을 하기 위하여 매년 시각장애인 일상생활 접근권 지원계획(이하 "지원계획"이라 한다)을 수립·시행하여야 한다.

② 지원계획에는 다음 각 호의 사업을 수행하기 위하여 지원대상과 규모 및 방법 등에 관한 사항이 포함되어야 한다.

1. 시각장애인의 일상생활 접근권 보장을 위한 사회적 인식 개선에 관한 사업

2. 시각장애인 일상생활 지원 프로그램의 개발 및 지원에 관한 사업

3. 시각장애인 일상생활 접근권 지원을 위한 관련 기관 간 협력체계 및 지역사회 중심의 지원체계 구축·운영에 관한 사업

4. 시각장애인 일상생활 접근권 지원을 위한 조사·연구·교육·홍보 및 제도개선에 관한 사업

5. 시각장애인 일상생활 접근권 지원을 위한 재원 확보 및 배분에 관한 사업

6. 그 밖에 시각장애인의 일상생활 접근권 보장을 위하여 필요한 사업

③ 시장은 매 3년마다 서울지역 시각장애인 일상생활 접근권에 관한 실태조사를 하고, 그 결과를 지원계획 수립에 활용할 수 있다.

④ 시장은 지원계획을 수립한 때에는 이를 즉시 서울특별시의회 소관 상임위원회에 보고하여야 하며, 지원계획에 따른 필요경비를 다음 연도 예산에 반영하여야 한다.

제6조(포상) ① 시장은 「서울특별시 표창 조례」 제15조에 따라 일상생활 접근권 진흥에 뚜렷한 공이 있는 개인, 단체 등에 따라 포상할 수 있다.

② 포상 여부는 제8조에 의거하여 일상생활 접근권 관리위원회에서 정한다.

제7조 (대체 자료의 보급과 지원) ① 시장은 관할 구역 안에 있는 시설로서 다음

각 호의 어느 하나에 해당하는 시설이 점자법 제12조 제2항에 따라 점자 출판이 가능한 시설을 모두 갖춘 경우에는 제8조의 위원회의 결정에 따라 점자 출판물의 제작·보급에 드는 비용의 전부 또는 일부를 지원할 수 있다.

② 시장은 「장애인보조기기법」 제7조에 따라 시각장애인 일상생활 접근권의 진흥에 긍정적 역할을 할 수 있다고 판단되는 경우에는 제8조의 위원회의 결정에 따라 해당 기기의 제작·보급에 드는 비용의 전부 또는 일부를 지원할 수 있다.

제3장 일상생활 접근권관리위원회

제8조(설치 및 기능) ① 시장은 서울특별시 일상생활 접근권관리위원회(이하 "위원회"라 한다)를 설치할 수 있다.

② 위원회는 다음 각 호의 기능을 수행한다.

1. 일상생활 접근권 계획 수립에 대한 심의·자문

2. 일상생활 접근권 계획 실행 과정에서의 외부기관, 업체와의 협력과정에 대한 심의

3. 그 밖에 일상생활 접근권의 확산과 진흥을 위한 업무

제9조(위원 구성) ① 위원회의 구성원은 서울특별시의회 의원 6명과 외부위원 3명으로 한다.

② 외부위원의 임기는 2년으로 하며, 연임할 수 있다.

③ 외부위원은 서울특별시의회 보건복지위원회의 추천에 따라 위촉할 수 있으며, 외부위원의 자격은 다음 각 호와 같다.

1. 시각장애인 권리증진에 뚜렷한 공로가 있는 자

2. 「사회복지사업법」 제11조에 따른 1급 자격 소지자로서 실무 경험이 5년 이상인 자

3. 그 밖에 서울특별시의회 보건복지위원회가 각 호에 준하여 필요하다고 인정하는 자

④ 시장은 외부위원이 다음 각 호의 어느 하나에 해당하는 경우에는 해당 위원을 해촉할 수 있다.

1. 심신장애로 직무수행이 불가능하거나 현저히 곤란하다고 인정되는 경우

교실 밖의 정치학

2. 직무와 관련된 비위사실이 있는 경우

3. 직무태만, 품위손상, 그 밖의 사유로 인하여 위원으로 적합하지 아니하다고 인정되는 경우

4. 위원 스스로 직무를 수행하는 것이 곤란하다고 의사를 밝히는 경우

⑤ 외부위원에게는 예산의 범위 내에서 「서울특별시 위원회 수당 및 여비지급 조례」에 따라 수당 및 여비를 지급할 수 있다.

제10조(회의) ① 회의 개의 시기는 위원장의 권한으로 하되, 최소 일주일 전까지 회의 일시와 장소를 공고하여야 한다.

② 회의는 재적 위원 과반수의 출석으로 개의하고, 출석위원 과반수의 찬성으로 의결한다. 단, 가부동수일 경우에 위원장이 결정한다.

③ 위원회의 모든 회의는 공개하며, 회의록을 작성하여 누구나 열람할 수 있도록 비치하여야 한다. 다만, 사안의 성격상 공개하는 것이 적절하지 않은 경우에는 위원회의 의결로써 회의를 비공개로 하거나 회의록의 열람을 제한할 수 있다.

제11조(기타 규정) 그 밖에 위원회와 관련한 규정은 「서울특별시 각종 위원회의 설치·운영에 관한 조례」를 따른다.

제12조(업무의 위탁) ① 시장은 필요하다고 인정하는 경우에는 「서울특별시 행정 사무의 민간위탁에 관한 조례」에 따라 시각장애인 일상생활 접근권 지원을 목적 으로 하는 비영리법인 또는 단체에게 업무의 전부 또는 일부를 위탁할 수 있다.

② 시장은 제1항에 따라 소관업무를 위탁하였을 경우 수탁자에게 예산의 범위 에서 운영비 및 사업비 등을 지원할 수 있다.

③ 시장은 업무를 위탁·운영하는 경우에 그 운영에 관한 사항에 대하여 연 1회 이상 정기점검을 실시하고 필요한 경우 수시로 지도·점검을 해야 한다.

제13조(시행규칙) 이 조례의 시행에 관하여 필요한 사항은 규칙으로 정한다.

부칙

이 조례는 공포한 날부터 시행한다.

4. 기대 효과

시각장애인은 시각적 정보에 대한 제한으로 인해 일상생활에서 다양한 불편함을 경험한다. 특히, 외식 문화가 활성화된 현대사회에서는 음식점이나 카페 등에서 이러한 불편 사항을 자주 접하게 된다. 따라서 우리는 일상생활 접근권 지원 조례를 만들어 이러한 문제를 해결하고, 시각장애인의 자립을 용이하게 하고자 한다. 다음은 구체적인 기대효과다.

1) 시각장애인의 독립 지원

시각장애인들이 주문할 때 다른 사람의 도움을 받지 않아도 되는 것은 그 자체로 시각장애인의 안정된 독립적 삶을 보장하고, 장애인복지법의 목적대로 '장애인의 인간다운 삶과 권리보장'을 위한 것이 될 것이다.

2) 시민들의 상호 이해와 소통 증진

해당 조례는 단순히 시각장애인의 생활 그 자체만을 개선하는 데 그치지 않고, 시각장애인에 대한 비장애인 시민들의 인식 확대 및 개선에도 큰 기여를 할 것이다. 대체 자료에 관한 지원 조례가 시행되면 시민들은 시각장애인들의 불편함과 권리를 더욱더 인식할 수 있게 된다. 이는 서비스 업계뿐만 아니라 일상생활 속에서 시각장애인과의 소통이 필요한 상황에서도 상호 이해와 소통을 증진할 수 있도록 할 것이다. 또한, 시민들의 시각장애인에 대한 인식도 변화할 것으로 기대된다. 일상생활에서 시민들이 대체 자료를 직접 접하며 시각장애인들의 불편함을 인식하고, 시각장애인의 삶에 더 관심을 가질 수 있는 계기가 될 것이다. 이러한 관심을 토대로, 많은 정책이 지속적이고 안정적으로 진행되어 시각장애인의 삶의 질을 개선할 정책들이 사회 전반으로 확산할 수 있을 것이다.

3) 예산의 구체화

조례안 자체에서 대체 자료 보급 사업에 대해 재정적 지원을 제공할 수 있도록 하고 있기 때문에, 이를 근거로 시의회에서 허락한 예산안에서 민간 영역에 대한 지원이 가능할 것이다. 과거 '배리어 프리존 형성'이라는 포괄적인 예산이 아닌 대체 자료 보급에 대한 구체적인 예산이기에 조례안이 의도하고자 하는 효과를 더욱 효율적으로 달성할 수 있을 것이다.

4) 자발적인 참여를 위한 유인 제공

이러한 조례가 제정되더라도 업주들이 대체 자료 제작에 관심이 없다면 대체 자료 보급은 진행되기 어렵다. 이를 위해 인증제와 같은 제도를 통해 소비자들이 해당 업장이 배리어 프리를 위해 어떤 노력을 하고 있는지 보여줄 수 있다. 이와 같은 방식은 시각장애인뿐만 아니라 비장애인을 대상으로 이미지 개선에 도움이 될 수 있다. 또한, 지역 복지관과 연계를 통해 보급 사업에 대한 홍보를 진행할 수 있다. 각 지역의 상인들과 접점이 있는 사회복지사와 같은 인물들과 협력한다면 많은 상인의 협조를 끌어낼 수 있을 것이다.

5) 모든 시각장애인을 위한 조례

시각장애인의 스펙트럼은 매우 넓다. 많은 사람이 생각하듯이 아예

시력을 상실한 중증 장애인도 있지만, 한쪽 눈의 시력만 상실한 시각장애인, 저시력자 등과 같이 여러 분류의 시각장애인이 존재한다. 그렇기에 시각장애인을 위한 서비스는 다양화될 필요가 있다. 따라서 본 조례는 점자뿐만 아니라 음성 정보 서비스, 문자 확대본과 같이 다양한 대체자료를 활용해 각 시각장애인이 필요로 하는 서비스를 제공하도록 하고자 한다. 실제로 필요한 방식의 서비스를 제공함으로써 시각장애인들은 실질적 효용을 느낄 수 있을 것이다. 즉, 시각장애인 내에서의 다양성을 충분히 고려한 조례인 것이다.

6) 조례의 확산과 전반적인 장애인복지 개선

서울시의회에서 조례가 통과된다면, 서울특별시를 대상으로 하는 조례인 만큼 상당한 파급력을 가져올 것이며, 이는 조례의 전국적인 확산으로 이어질 수 있을 것이다. 이는 궁극적으로 법제화까지 이를 수 있는데, 입법부 단계에서는 조례의 한계를 넘어서는 더욱 강력한 복지 법률을 제정할 수 있을 것이다. 대표적인 사례가 '의약품 점자, 음성·수어영상 변환용 코드 의무화' 법안이다. 이러한 법안들의 제정은 시각장애인들에 대한 사회의 전반적 관심 증대로 이어질 것이며, 이는 다시 선순환적으로 다양한 세부 조례들의 제정으로 이어질 것이다.

III. 결론

오늘날 전 세계는 경제적 불황과 각종 불평등으로 몸살을 앓고 있다. 다원화된 현대사회는 정치, 경제, 문화 분야를 가리지 않고 성별, 세대,

지역으로 갈라져 이해관계 충돌과 사회적 갈등이 심화되고 있는 실정이다. 하지만 입법자들은 - 어찌 보면 다음 선거를 위해 반강제적으로 - 유권자들이 자신들에게 관심을 가지게 할 수 있는 이슈들에만 몰두하는 모습이다. 사회적 약자에 대한 입법보다, 승자독식의 선거체제 아래서 자극적인 정쟁(政爭)에 뛰어드는 것이 지지자 결집에 더 효과적일 수밖에 없다. 자연스레 장애인과 같은 사회적 소수자 관련 입법과 정책은 후순위로 밀려나게 된다.

이렇듯 시각장애인들의 원활한 의사소통과 정보접근을 위해 의사소통수단 및 보완 대체 의사소통체계에 대한 지원은 필수적이다. 하지만 점자 문화 관련 조례가 2021년에서야 부천시를 시작으로 제정되기 시작했다는 점과, 더 나아가 이 글에서 제안하고 있는, 실질적으로 시각장애인의 일상에 도움을 줄 수 있는 당해 조례가 논의되고 있는 상황 자체가 역설적으로 시각장애인에 대한 구체적인 지원계획이 얼마나 더욱 발전되어야 하는지를 보여주고 있다.

대한민국 헌법

제11조 ① 모든 국민은 법 앞에 평등하다. 누구든지 성별·종교 또는 사회적 신분에 의하여 정치적·경제적·사회적·문화적 생활의 모든 영역에 있어서 차별을 받지 아니한다.
제34조 ① 모든 국민은 인간다운 생활을 할 권리를 가진다.
⑤ 신체장애자 및 질병·노령 기타의 사유로 생활 능력이 없는 국민은 법률이 정하는 바에 의하여 국가의 보호를 받는다.

대한민국 헌법 제11조에 따라, 모든 국민은 법 앞에 평등하며, 장애 여부를 막론하고 사회적·문화적 생활의 모든 영역에 있어서 차별받아서는 안 된다. 또한 헌법 제34조 1항과 5항은 장애인을 위한 보호와 복지가 국가의 의무임을 분명히 하고 있다. 장애인복지법, 장애인차별금지 및 권리구제 등에 관한 법률 등은 헌법 정신을 구현하기 위한 법률들의 대표적 예다.

그래서 우리는 '서울특별시 시각장애인 일상생활 접근권 지원 조례'를 통해 이러한 헌법 정신을 법률보다 조금 더 세심하게 구현할 필요성을 느꼈으며, 각종 인터뷰를 거쳐 조례안을 작성해 제안하게 되었다.

2023년 6월 21대 국회에서 '첫 여성 시각장애인 국회의원'인 국민의힘 김예지 의원의 대정부질문 발언이 화제가 되었었다. 김 의원은 어항이나 수족관에 두면 작은 크기의 물고기가 되고, 강물에서는 1m가 넘게 자라나는 물고기 '코이'의 이야기를 소개하며 "사회적 약자와 소수자들의 기회와 가능성, 성장을 가로막는 어항과 수족관을 깨고, 국민이 기회의 균등 속에서 재능을 마음껏 발휘할 수 있도록 정부가 더욱 적극적으로 강물이 되어주시기를 기대한다"라고 했다.

혹자는 당해 조례가 경제적으로 비효율적이라고 지적할 수 있을 것이다. 하지만 이윤추구를 목적으로 하는 자본주의의 논리 속에서 배제당하는 시각장애인과 같은 사회적 약자들을 돕는 것이 정치 영역의 책무다. 사회적 약자 보호에는 정치적, 경제학적 문법의 사용은 지양해야 한다. 이 조례를 시작으로 더 많은 법률과 조례, 또한 그것에 기인한 다양한 정책들이 수립되어 서울특별시, 더 나아가 대한민국이 그 어떤 시각장애인도 당당히 집 밖을 나설 수 있는 '강물'이 되었으면 하는 바람이다.

노원구 노인급식지원에
관한 조례

이영재 | 최서윤 | 김하은 | 천성주

I. 서론

1. 주제 선정

한때 코로나19의 확산으로 차질을 빚었던 노인 무료급식은 최근 들어 급격히 상승한 물가로 또 한 번의 위기를 맞게 되었다. 2022년 기준 소비자물가상승률은 5.1%로 2021년(2.5%)에 비해 2배 이상 상승했다. 가스요금 역시 2022년 4차례에 걸쳐 상승했으며, 주택 및 산업용 기준(도시가스)으로는 메가줄당 5.47원이 인상되었다. 이처럼 식재료 가격뿐만 아니라 전기료 등 생활요금이 전반적으로 인상되면서 노인 빈곤이 악화될 것으로 보인다(곽윤아, 2023).

한국은 2020년 기준, 이미 노인빈곤율[5]이 40.4%로 OECD 회원국

---

[5] 노인빈곤율은 만 65세 이상 노인인구의 상대적 빈곤율을 말하며, 상대적 빈곤율은 전체 노인 중 소득수준이 중위소득의 50% 이하인 사람의 비율을 말한다.

가운데 압도적 1위다. 대다수 OECD 국가들의 노인빈곤율은 10% 안 팎에 그치며, 상대적으로 빈곤율이 높은 편인 미국, 호주 또한 20%대에 불과하다(OECD, 2022). 한국은 2025년 초고령사회[6] 진입을 앞두고 있음 에도 불구하고, 지속되고 있는 고물가로 인해 노인들의 생활고가 심해 질 수 있다는 우려가 제기되고 있다.

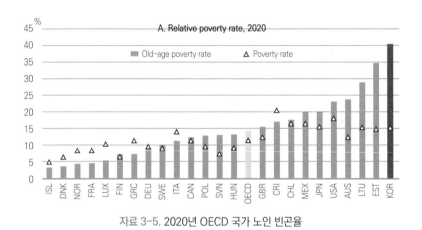

자료 3-5. 2020년 OECD 국가 노인 빈곤율

이로 인해 노인들은 끼니를 해결하기 위해 급식소로 몰려들지만, 급 식소 또한 치솟은 식품 물가와 후원금 급감으로 인해 수요를 감당하지 못하고 골머리를 앓고 있다. 대표적인 무료급식소인 서울 종로구 탑골 공원 옆 원각사 무료급식소의 고영배 사무국장은 "수입산 김치가 작년 1만 1,000~2,000원 하던 게 지금 1만 7,000원 한다. 채소도 작년보다 20~30%씩은 오른 것 같다"라고 말했다(이병준, 2023).

이에 증가하는 급식소 운영비를 감당하지 못하고 존폐 위기에 처한

---

6 65세 이상 고령인구가 총인구에서 차지하는 비율이 20% 이상인 사회

교실 밖의 정치학

급식소들도 상당하다. 보건복지부 통계에 의하면, 정부나 지자체의 지원을 받는 전국의 무료급식소 중 255곳이 운영을 종료했다. 순수 민간 기금으로 운영되는 무료급식소의 경우 집계가 되지 않기에 민간급식소까지 포함하면 그 수는 훨씬 많을 것으로 보인다. 이처럼 노인급식은 수요에 비해 공급이 매우 부족한 상황이다.

한편, 노인급식 단가에 물가 상황이 반영되어 있지 않아 현저히 낮은 가격으로 책정되어 있어 단가의 현실화가 시급하다는 문제도 존재한다. 노인급식 단가의 경우 1식당 2,300원~5,500원으로, 2023년 아동급식 단가가 8,000원 이상으로 책정되고 있는 상황에 비하면 매우 열악한 수준이다. 보건복지부에서는 2022년 기준 권장 급식 단가로 7,000원을 제시했으나, 이는 아래 자료 3-6에서 살펴볼 수 있듯이 실제 단가에 전혀 반영되지 않았다.

시도명	2021년	2022년	2023년
서울	3,500원	3,500원	4,000원
부산	2,500원	2,500원	3,500원
대구	2,300원	2,300원	2,300원
인천	4,000원	4,000원	3,500원
광주	3,000원	3,000원	4,000원
대전	3,000원	4,000원	4,000원
울산	2,500원	3,000원	3,000원
세종	3,800원	4,000원	4,000원
경기	3,000원	3,000원	4,000원
충남	3,500원	3,500원	3,500원
전북	2,500원	3,500원	4,000원
전남	4,500원	5,000원	5,500원

시도명	2021년	2022년	2023년
경북	3,000원	3,000원	4,000원
경남	2,500원	2,500원	3,300원
제주	4,500원	4,500원	5,500원

* 강원, 충북은 도 지원사업 없음(시·군 자체 추진).

자료 3-6. 최근 3년간 지자체별 노인급식지원 단가 현황 | 출처 : 보건복지부

최근 3년간 지자체별 노인급식지원 단가 현황을 나타낸 이 자료에 의하면, 지자체 중 어느 한 곳도 보건복지부에서 제시한 권장 급식 단가에 따라 책정하지 않았다. 심지어 3년간 단가를 인상하지 않거나 2022년에 비해 2023년 단가를 오히려 낮춘 지자체도 있었다. 이처럼 물가에 적합하지 않은 비현실적인 단가가 책정되고 있음에도 불구하고, 이에 대한 대책 마련은 부재한 상황이다. 이는 노인급식소가 겪는 어려움의 주요 원인 중 하나로 작용하고 있다.

노인들의 식생활 결핍 문제도 심각하다. 노인 인구의 절대 다수는 여전히 사회경제적으로 취약하므로, 식생활 등 노년기 생존과 직결된 기본적 욕구 충족을 위해 적극적인 정책지원이 필요하다. 2022년 서울시 노인 실태 조사에 따르면, 2022년 기준으로 65세 이상 서울시민의 식생활 결핍 경험 비율은 상대적으로 높게 나타났다. 응답자의 9.4%는 돈이 없어 다양한 식품을 먹을 수 없으며, 8.7%는 돈이 없어 영양가 있는 음식을 먹지 못하고 있었다(서울시복지재단, 2022). 문제는 고령화 상태에서 영양결핍으로 인해 다양한 만성질환이 유발될 수 있으며, 이는 의료비 증가로 이어져 노인들에게 이중고로 작용할 수 있다는 점이다. 따라서, 경제적으로 곤궁하거나 홀로 사는 노인들이 낮은 질의 식사 대신 균형 있는 식사를 할 수 있도록 노인급식소를 활성화할 필요가 있다.

교실 밖의 정치학

따라서 앞과 같은 노인급식 관련 문제의 심각성을 파악했고, 우리 사회의 대표적 약자인 노인들에 대한 지원을 조례로써 보장하고자 노인급식지원에 관한 조례를 주제로 선정했다.

2. 지역 선정

지역 선정에 있어서는 먼저 현장 답사 등 접근성을 고려해 서울특별시 내 25개 자치구로 범위를 한정했다. 이후 노인급식 조례의 주요 수혜집단인 65세 이상 고령자 인구와 65세 이상 수급자 인구를 자치구별로 살펴봤다. 그중 이미 노인급식지원 조례가 있는 동대문구와 마포구는 제외했다. 2022년 서울시 고령자현황 통계에 의하면, 고령자가 가장 많이 거주하는 자치구 3곳은 순서대로 송파구(103,573명), 강서구(97,128명), 노원구(92,040명)였다. 그러나 서울시 국민기초생활보장 연령별 일반수급자 통계에 의하면, 65세 이상 고령자 중 일반수급자가 가장 많이 거주하는 자치구 3곳은 순서대로 노원구(13,067명), 강서구(12,722명), 중랑구(9,736명)였다. 두 가지 요소를 모두 고려했을 때, 고령자 수가 가장 많은 자치구 3곳에 포함되는 동시에 경제 상황이 어려운 고령자가 가장 많이 거주하는 자치구인 노원구가 조례 대상지로 적절하다고 판단했다.

자치구별	2022년		
	65세 이상 인구		
	소계	남자	여자
소계	1,667,411	739,300	928,111
종로구	27,958	12,592	15,366
중구	25,055	11,150	13,905
용산구	39,037	17,035	22,002
성동구	47,720	21,008	26,712
광진구	54,071	24,245	29,826
동대문구	64,468	28,702	35,766
중랑구	74,920	33,609	41,311
성북구	77,475	33,409	44,066
강북구	66,307	28,618	37,689
도봉구	66,998	29,963	37,035
노원구	92,040	39,035	53,005
은평구	89,650	38,644	51,006
서대문구	55,996	23,876	32,120
마포구	55,914	23,544	32,370
양천구	72,393	32,495	39,898
강서구	97,128	42,760	54,368
구로구	75,890	34,455	41,435
금천구	42,928	19,691	23,237
영등포구	64,810	29,472	35,338
동작구	68,231	29,900	38,331
관악구	82,447	36,638	45,809
서초구	62,347	28,237	34,110
강남구	81,715	36,845	44,870
송파구	103,573	47,747	55,826
강동구	78,340	35,630	42,710

자료 3-7. 서울시 고령자현황 통계

자치구별	2021년			
	일반수급자			
	65~69세	70~74세	75~79세	80세 이상
소계	41,271	33,765	31,860	46,793
종로구	646	505	476	626
중구	818	629	536	770
용산구	943	746	704	1,015
성동구	1,062	882	941	1,308
광진구	1,306	945	791	1,136
동대문구	1,946	1,533	1,378	1,904
중랑구	2,764	2,102	1,906	2,964
성북구	1,660	1,287	1,334	2,072
강북구	2,148	1,979	1,902	2,473
도봉구	1,354	1,078	1,120	1,819
노원구	3,218	2,861	2,852	4,136
은평구	2,244	2,005	1,990	2,885
서대문구	1,150	961	970	1,643
마포구	1,108	961	1,012	1,405
양천구	1,716	1,470	1,346	2,035
강서구	3,504	2,179	2,509	3,990
구로구	1,306	1,164	1,146	1,694
금천구	1,267	1,041	1,009	1,451
영등포구	1,422	1,198	964	1,337
동작구	1,359	1,161	1,085	1,679
관악구	2,286	1,793	1,751	2,067
서초구	759	584	528	758
강남구	1,770	1,449	1,278	1,566
송파구	1,729	1,385	1,185	1,735
강동구	1,786	1,327	1,147	1,785

자료 3-8. 서울시 국민기초생활보장 연령별 일반수급자 통계

또한, 노원구는 2020년부터 어르신 친화 도시 조성에 관한 조례안을 발의하는 등 오승록 노원구청장의 공약인 노인 복지 관련 사업을 추진하고 있는 만큼 노인 복지에 많은 관심이 있는 상황이다. 노원구 노인 무료급식 관련 예산 또한 급격하게 증가했다. 2020년 해당 예산은 약 19억 원이었으나, 그다음 해부터 급증해 2021년 약 32억 원, 2022년 약 35억 원의 예산을 배정했다. 또한, 2023년의 경우 약 42억 원의 예산을 배정했으며, 이는 지난 6년간 25개의 지역구 중 가장 많은 예산을 투입했던 강서구를 제치고, 노원구가 서울시 최대 규모의 예산을 책정했다는 점에서 의미가 있다. 이처럼 노원구의 예산 규모가 증가하고 있는 만큼 조례의 현실화 가능성 또한 높을 것으로 예상했다.

3. 서울시와 노원구 노인급식 현황

현재 서울시 25개 자치구 중 노인급식 관련 조례가 있는 자치구는 동대문구와 마포구 두 곳뿐이며, 나머지 자치구는 상위법과 복지 관련 조례를 근거로 구청 복지 담당 부서에서 노인급식을 관할하고 있다. 서울시의 각 구청에서 지원하는 어르신 급식지원단가는 2023년 기준 4,000원으로 책정되어 있다. 서울시 내에 등록된 노인급식소는 노인복지관 64개, 종합사회복지관 93개, 재가노인센터 28개, 사회복지법인 6개, 사회적 기업 등 기타 20개다.

노원구의 경우 저소득 무료급식 사업 수행기관은 총 12개로, 종합사회복지관 9개, 노인종합복지관 1개, 어르신복지센터 2개다. 민간급식소의 경우 잠정 중단하거나 미등록된 시설이 있어 현황 파악이 불가한 상황이다. 2023년 노원구 저소득 어르신 무료급식사업의 이용자 수는 경로식당 1,325명, 도시락 배달 882명, 밑반찬 배달 729명으로 총 2,936

명이다. 영양사의 경우 현재 노원구의 해당 사업 수행기관 8곳에 1명씩 배치되어 있으며, 서울시와 노원구가 매칭(60:40)으로 인건비를 지원하며, 각 수행기관에서 공개 채용해 배치하고 있다.

II. 본론

1. 예산 집행 현황

지방재정 365의 세부사업별 세출현황을 통해 서울특별시 각 자치구에서 시행하고 있는 어르신 급식지원사업의 예산 집행 현황을 알아봤다.

지역구	사업 규모	2018년	2019년	2020년	2021년	2022년	2023년 예산현액
종로구	5개	853,462,000	905,238,000	1,105,779,000	1,095,674,000	1,051,375,000	1,416,052,000
중구	6개	672,236,000	735,634,000	766,804,000	753,415,000	794,642,000	933,674,000
용산구	5개	452,354,000	582,689,000	531,836,000	583,804,000	564,747,000	635,605,000
성동구		706,370,000	739,215,000	737,992,000	755,043,000	732,341,000	869,079,000
광진구	6개	412,311,000	441,078,000	578,573,000	555,232,000	552,399,000	709,577,000
동대문구	6개	768,480,000	833,663,000	893,992,000	859,036,000	948,881,000	1,127,273,000
중랑구	11개	1,091,051,000	1,251,189,000	1,421,928,000	1,412,930,000	1,403,167,000	1,683,263,000
성북구	8개	644,567,000	1,062,692,000	1,142,789,000	1,122,258,000	1,202,867,000	1,294,884,000
강북구	13개	1,453,234,000	1,576,780,000	1,708,097,000	1,656,688,000	1,717,458,000	2,163,900,000
도봉구		1,011,684,000	977,581,000	1,030,291,000	1,037,480,000	1,116,389,000	1,334,688,000
노원구	21개	1,662,413,000	1,782,162,000	1,929,563,000	3,299,469,000	3,538,671,000	4,260,710,000
은평구	10개	1,059,047,000	1,257,887,000	1,360,207,000	1,343,992,000	1,708,761,000	1,907,763,000

지역구	사업 규모	2018년	2019년	2020년	2021년	2022년	2023년 예산현액
서대문구	8개	923,313,000	963,011,000	992,231,000	968,129,000	994,298,000	1,132,446,000
마포구	8개	791,662,000	936,176,000	1,221,026,000	1,220,978,000	1,324,157,000	1,785,385,000
양천구	10개	1,286,613,000	1,388,616,000	1,590,543,000	1,606,090,000	1,737,333,000	2,099,914,000
강서구	15개	3,042,351,000	3,209,978,000	3,327,249,000	3,346,731,000	3,631,335,000	3,907,055,000
구로구	5개	687,657,000	812,332,000	852,621,000	845,945,000	986,391,000	1,029,083,000
금천구	8개	1,092,686,000	1,203,507,000	1,364,841,000	1,406,176,000	1,579,028,000	1,714,266,000
영등포구	9개	967,825,000	994,556,000	1,099,717,000	1,124,098,000	1,253,818,000	1,629,332,000
동작구	8개	801,886,000	856,684,000	931,983,000	912,493,000	986,353,000	1,264,286,000
관악구	7개	511,952,000	1,184,767,000	1,369,052,000	1,349,013,000	1,485,291,000	1,565,790,000
서초구	5개	463,701,000	549,649,000	619,579,000	638,997,000	644,785,000	822,793,000
강남구	15개	1,955,471,000	2,107,166,000	1,988,135,000	1,930,247,000	2,258,506,000	3,366,339,000
송파구	6개	519,891,000	551,882,000	606,488,000	614,171,000	733,324,000	875,404,000
강동구	8개	655,992,000	750,245,000	727,359,000	767,320,000	819,832,000	1,028,575,000

자료 3-9. 서울특별시 어르신 급식지원사업의 예산 집행 현황

자료 3-9에 의하면 현재 서울특별시 내 25개의 모든 지역구에서 어르신 급식지원사업을 진행하고 있다. 2018년부터 2022년까지 서울시 전체 평균 지출액은 약 11억 원이었으며, 2023년 평균 예산현액은 약 16억 원이다. 평균 지출액의 변화를 살펴보면 2018년 약 9억 원, 2019년과 2020년은 약 11억 원, 2021년 약 12억 원, 2022년 약 13억 원으로, 2018년부터 2022년까지 지난 5년간 지출액이 꾸준히 증가했음을 알 수 있다. 그중에서도 특히, 강서구, 강남구, 노원구의 예산이 급격히 증가했다.

강서구는 지난 6년간 25개 지역구 중에서 가장 많은 예산을 투입한

지역구로, 2018년부터 2022년까지 꾸준히 30억 원 이상의 예산을 배정했다. 강남구의 경우 다소 독특한 행태를 보였다. 2019년까지는 증가 추세를 보였으나 코로나가 확산하면서 2020년부터 예산 규모가 급격히 하락했다. 2019년 예산이 21억 원이었던 반면, 2020년에는 19억 원에 불과했으며, 2021년 배정된 예산 역시 전년도에 비해 소폭 하락했다. 그러나 2022년 약 22억 원으로 예산액이 급격하게 증가했다.

노원구 역시 급격한 증가세를 드러낸 지역구다. 노원구는 2018년에 16억 원, 2019년에 17억 원, 2020년에 19억 원대의 예산을 배정하며 지속적인 증가세를 보였다. 이후 2021년에 약 32억 원의 예산을 지출하며 급격한 예산 변화를 보여주었고, 2022년 약 35억 원, 2023년 약 42억 원의 예산이 책정되면서 노원구가 어르신 급식 문제를 중요하게 여기고 있음을 명확히 알 수 있었다. 특히, 2023년에는 그동안 25개 지역구 중 가장 많은 예산을 투입했었던 강서구보다 약 3억 원가량 더 많은 예산을 투입하면서 서울시 자치구 중 가장 많은 예산을 노인급식지원에 책정했다.

노원구를 본 프로젝트의 대상 지역으로 선정한 만큼 서울특별시의 여러 지역구 중 노원구의 어르신 급식지원사업을 자세히 알아봤다. 노원구에서 실시하고 있는 정식 사업명은 저소득 어르신 급식지원사업으로, 중식을 거를 우려가 있는 노인의 결식문제 해소 및 건강 증진을 목적으로 해당 사업을 진행하고 있다. 본 사업은 일회성이 아닌 연례 반복적 사업으로 운영되고 있다.

구체적인 사업 내용은 만 60세 이상 결식 우려 노인에게 무료로 중식을 제공하는 것으로, 9개의 기관을 경로식당 수행기관으로 선정해 경로식당을 운영하고 있다. 거동이 불편한 어르신들을 위해 12개 기관을 도시락, 밑반찬 배달 수행기관으로 선정해서 도시락을 직접 배달해 드리는 사업도 함께 진행하고 있다.

지원조건은 경로식당의 경우 가정형편이 어렵거나 기타 부득이한 사정으로 식사를 거를 우려가 있는 60세 이상 노인이다. 도시락 배달과 밑반찬 배달은 만 65세 이상 저소득 어르신을 대상으로 실시한다. 노원구에는 아직 노인급식에 관한 조례가 없기 때문에 노인복지법 제4조와 서울시고령친화도시 구현을 위한 기본 조례 제7조를 사업 추진 근거로 제시하고 있다. 2023년에 배정받은 예산은 약 42억 원으로, 전년도와 비교했을 때 규모가 급격히 증가한 만큼 본 사업이 더욱 활성화될 것으로 기대된다.

유독 노원구가 상당한 규모의 예산을 저소득 어르신 급식지원사업에 투자하는 이유는 노원구의 어르신 친화도시 조성 사업에서 찾을 수 있었다. 서울 열린데이터 광장의 서울시 주민등록인구 통계에 의하면, 2023년 1월 4일 기준 노원구의 65세 이상 어르신 인구는 전체 인구의 약 18%다. 국제연합(UN)의 기준에 따르면, 전체 인구에서 65세 이상이 차지하는 비율인 고령자 인구 비율이 14% 이상이면 고령 사회, 20% 이상이면 초고령 사회로 구분된다.

즉, 노원구는 고령 사회를 넘어 초고령 사회로 다가가고 있는 만큼 '어르신 친화도시'를 조성해 인구 고령화에 따른 사회적 문제점을 대비하고자 했다. 다시 말해, 고령사회를 맞아 노년의 삶의 질 향상을 목표로 어르신들의 건강하고 활동적인 고령화를 돕고자 한다. 나아가 최종적으로는 모든 세대가 공존하며 화합하는 평생 살고 싶은 노원구를 조성하는 것을 목표로 하고 있다. 노원구는 2020년 3월, 세계보건기구(WHO)에서 운영하는 고령친화도시 국제네트워크(WHO Global Network for

Age-friendly Cities and Communities)에 가입해 인구 고령화와 관련된 다양한 회원국과 대응 방안을 공유하며, 고령화 대응에 적극적인 태도를 보이고 있다. 이처럼 어르신의 삶의 질 향상을 위해 적극적으로 임하는 노원구의 자세를 통해 우리가 제정하고자 하는 노원구 어르신 급식지원 조례를 해당 지역에서 현실화할 수 있을 것으로 봤다.

2. 인터뷰 내용

1) 평화의 집

노원구 노인급식 조례를 통해 지원받게 될 노원구 소재 무료급식소의 현황을 자세하게 알아보기 위해 우선 노원구의 무료급식소 중 '평화의 집'에 방문했다.

자료 3-10. 평화의 집 외관

자료 3-11. 평화의 집 내부

평화의 집은 서울시 노원구 중계본동에 위치한 민간 무료급식소다. 이곳은 노인들의 삶의 질 향상을 목적으로 해서 1986년에 설립되었으며, 연고가 없는 노인을 대상으로 한 가정방문 서비스를 시작으로 도시락 배달과 무료급식 등 사업규모를 점차 확장하고 있다. 인터뷰에는 평화의 집 대표인 임춘식 한남대학교 명예교수님이 답해 주셨다. 해당 인터뷰를 통해 이용자와 봉사자, 급식 단가 등 급식소 규모와 현재 급식소가 겪고 있는 어려움에 대해 알 수 있었다.

평화의 집은 원래 하루 평균 약 100명이 방문했던 급식소였지만, 코로나 바이러스 확산으로 문을 닫게 되면서 이용자 수가 줄었다. 최근 30명대로 다시 증가했지만, 이전의 이용자 수를 확보하지는 못했다. 이는 평화의 집이 처한 특수한 상황 때문이다. 평화의 집이 위치한 노원구 중계본동 백사마을은 서울시에 마지막으로 남아 있는 판자촌으로, 지난 2020년 재개발 계획이 확정되어 이주하는 주민들이 늘면서 마을 자체에 사람이 많이 남지 않게 된 것이다. 평화의 집은 자원봉사자인 직원

1명과 나머지 자원봉사자들, 그리고 임춘식 교수님께서 운영하고 있다. 급식 단가를 따로 책정하고 있지는 않고, 정부 지원액보다 약간 높은 수준이었다. 식자재는 지역사회 봉사단체나 푸드뱅크를 통해 지원받으며, 일부 주민들이 직접 재배한 농산물을 활용하기도 한다고 답해 주셨다.

평화의 집과의 인터뷰를 통해 크게 두 가지 문제점을 발견할 수 있었다. 첫째로, 코로나 바이러스 확산 이후 급격하게 줄어든 자원봉사, 운영 인력이다. 임춘식 교수님에 따르면, 이전에는 대학생이나 중고등학생의 자원봉사가 있었으나 지금은 자원봉사 희망자가 거의 없는 상황이다. 따라서 몇 없는 자원봉사자들이 교대로 봉사해야 하는 등 최소한의 운영 인력 확보에 어려움이 존재하는 실정이었다.

둘째로, 미등록 급식소의 존재가 문제점으로 부상했다. 미등록 급식소의 존재로 인해 노원구 측에서 급식소에 대한 급식 단가 지원, 급식소의 위생 관리 및 점검을 하기 어렵다는 것을 알게 되었다. 이 문제는 민간급식소의 공간 확보 문제로도 이어진다. 실제로, 임춘식 교수님께서는 가장 고민하는 문제로 평화의 집을 이전할 공간 확보를 제시했다. 이처럼 운영 기간이 오래된 민간 무료급식소는 초기에 제대로 허가 절차를 거치지 않은 경우가 존재한다. 따라서, 민간 무료급식소의 원활한 운영을 위해서는 공간 확보도 중요함을 깨달았고, 근본적 문제는 무료급식을 제공하는 시설을 구에서 직접 파악하고 관리하지 않는 것에서 비롯된 것을 알 수 있었다.

2) 참아름교회

노인 무료급식과 관련한 사업과 정책들이 원활히 진행되고 있는지 확인하고, 현장에서의 어려움을 알아보기 위해 노원구에 있는 또 다른 민간 무료급식소인 참아름교회를 방문해 기관의 대표와 인터뷰했다.

자료 3-12. 참아름교회 외관　　자료 3-13. 참아름교회 식단　　자료 3-14. 어르신 식사 모습

　노원구 하계동에 있는 참아름교회 노인 무료급식소는 현재 해당 건물의 건물주인 참아름교회 목사가 운영하고 있다. 이곳은 급식시설로 구청에 허가받지 않고 노인복지시설, 교회 사랑방의 명목으로 구청에 신고된 상태다. 참아름교회의 대표와 급식소를 이용하시는 어르신과의 인터뷰로 두 가지 문제점을 파악할 수 있었다.

　첫째, 평화의 집과 마찬가지로 미등록 급식소가 존재하는 것이 가장 큰 문제였다. 급식소로 등록되지 않아 정부로부터 급식 제공과 관련된 금전적 지원을 받을 수 없고, 높은 물가로 인해 양질의 급식을 제공하는 데 어려움을 겪고 있었다. 실제로 자료 3-13의 반찬들을 보면 알 수 있듯 나물로만 구성되어 단백질 섭취 부족이 우려되었다. 나아가 급식 시설로 등록되지 않았기 때문에 위생 규정을 준수할 의무가 존재하지 않으며, 구청 측에서 위생을 관리할 수 없기에 객관적인 위생점검이 이루어지지 않는 실정이라 여름철 식중독과 같은 문제가 우려되었다.

　둘째, 높은 급식 단가에 비해 지원이 부족하다는 문제점을 발견했다.

인터뷰에 따르면 참아름교회 경로당은 24명의 회원으로 구성되어 1달에 46만 원 정도의 금액을 급식시설이 아닌 경로당 자격으로 지원받고, 약 5~10만 원 정도의 금액을 업무추진비 명목으로 지원받고 있었다. 그러나 이는 약 15만 원의 가스비, 인건비 27만 원, 냉난방비, 전기세, 반찬 비용 등을 고려하면 턱없이 부족하다. 따라서 경로당에 대한 이중지원을 방지하면서 노인 무료급식 제공 신고를 의무화하고, 그에 대한 보상 차원으로 보조금을 지원하는 조례가 필요하다는 시사점을 도출했다. 또한, 무료급식을 이용하시는 어르신의 인터뷰를 통해 노인 무료급식소가 단순히 식사를 제공하는 장소가 아니라 지역 노인들의 커뮤니티 기능을 수행한다는 것을 알게 되었고, 노인 무료급식소를 지원하는 내용의 본 조례가 필요함을 느낄 수 있었다.

3) 노원구청과 노원구 보건소

민간 무료급식소 파악을 주관하는 기관과 미등록 급식소의 운영 가능 여부를 확인하기 위해 2023년 5월 19일, 노원구청과 노원구 보건소에 방문했다. 인터뷰 결과, 노원구청 측에서 공공급식소 이외의 민간급식소를 별도로 파악하고 있지 않다는 사실을 알 수 있었다. 한편, 50인 미만 소규모 급식소에 대한 신고와 허가 절차를 묻는 질문에 노원구 보건소 측은 무료로 급식을 제공하는 경우 별도의 신고나 허가가 필요하지 않으며, 식중독과 같은 사고의 발생 사실이 접수되었을 경우에만 조사를 진행한다고 답했다.

이처럼 지자체 측에서 민간급식소의 수조차 파악하고 있지 않다는 사실은 자칫 집단 식중독 발병 및 노인 복지의 사각지대 형성으로 이어질 수 있으며, 사고 신고가 접수된 후에 수행하는 조사는 사전 예방이 아닌 사후 조치에 불과하다는 문제점들이 존재했다. 이에 따라 미등록 급식소들이 급식시설로 신고되어 지자체 측에서 파악함으로써 급식소들에 대한 지원을 확대한다는 본 조례의 방향성을 설정할 수 있었다.

3. 조례 방향성의 변경 과정

초기에는 뉴스 기사와 서울시 복지재단에서 작성한 서울시 저소득 어르신 급식지원사업 개선방안 연구 보고서 등 다양한 문헌 자료를 참고해서 조례안의 핵심 내용을 설정했다. 당시 조례안의 핵심 내용은 영양사 배치 의무화, 관내 대학과의 협력을 통한 자원봉사 인력 충원, 단가 협의회, 급식소 환경 개선 등이었다. 그러나 여러 차례에 걸친 인터뷰와 자료조사, 중간 발표 이후 피드백 반영 과정에서 조례안의 방향에 상당한 변화가 있었다.

1) 영양/위생 교육

영양과 관련해서는 현재 50인 이상 급식시설에 1명 이상의 영양사를 둘 것을 규정하는 식품위생법에 착안해 노인급식소에 영양사를 의무적으로 배치하는 조항을 규정하려 했다. 그러나 두 가지 문제로 인해 영양사 의무배치 조항을 기각했다.

먼저, 민간급식소인 평화의 집과 참아름교회 방문 인터뷰 결과 이들 급식소는 모두 운영난을 겪고 있었다. 따라서 이들 급식소의 운영자는 영양사 의무배치 조항에 따라 영양사를 고용하게 되었을 때 발생하는 인건비에 대한 경제적 부담을 호소하며 조례의 비현실성을 주장했다. 또한, 추가적인 자료조사 과정에서 사회복지급식관리지원센터의 존재를 알게 되었다. 이는 식약처에서 소규모 급식시설에 전문 영양사의 영양 방문 지도와 식단 관련 정보를 제공하기 위해 설치한 기관이다. 따라서 2019년부터 설치되어온 사회복지급식관리지원센터를 통해 영양사 의무배치 대상이 아닌 소규모 급식시설도 간단한 신청 절차만 거치면 영양사를 파견받을 수 있는 환경이 이미 마련되어 있었다.

이처럼 민간급식소의 재정적 어려움과 영양사 관련 기존 정책의 존재로 인해 영양사 의무배치 조항은 기각되고, 대신 조례안에 영양과 위생 관련 교육을 규정하는 조항을 만드는 것으로 급식의 영양 수준 향상을 도모했다. 이는 제6조에 구현되었으며, 정책 집행의 자유를 보장하기 위해 조례의 적용 범위를 넓게 규정했다.

2) 자원봉사 인력 충원

자원봉사 인력의 충원과 관련해 초기에는 노원구 소재 대학 중 졸업 요건으로 일정 시간 이상의 자원봉사가 필요한 대학생들과의 연계를 규정하려 했다. 그러나 최종적으로는 그 범위를 넓히는 방향으로 조례의 내용이 변화했는데, 그 이유는 다음과 같다.

코로나19의 확산 이후 자원봉사 인력이 급감했다는 평화의 집 운영자의 주장에 따라 자원봉사 인력의 충원은 여전히 필요한 문제로 인식했다. 그러나 계속해서 인터뷰를 이어 나가는 과정에서 민간급식소에는 자원봉사 학생뿐 아니라 지역사회 봉사단체의 역할이 상당히 중요하다는 사실을 파악했다. 실제로 현재 평화의 집은 지역사회 후원금과 봉사단체의 힘으로 유지되고 있었으며, 이 봉사단체는 인력 충원뿐 아니라 식자재 등의 공급에도 큰 역할을 담당하고 있었다.

게다가 노원구 소재 대학과의 연계는 조례에서 자세히 다루기 어려워 조례의 범위를 벗어나는 정책의 범위에 있는 일이며, 자원봉사 활성화 조항의 적용 범위를 한정하는 문제가 있는 것으로 파악했다. 따라서 여러 급식소 종류 중 특히 민간급식소의 자원봉사 활성화에 있어 지역사회 봉사단체와의 연계가 중요함을 고려하고, 융통성 있는 정책 집행을 보장하기 위해 자원봉사 활성화 조항의 적용 범위를 넓히기로 했다. 이는 제7조에 규정되어 있다.

3) 급식소 신고 조항의 추가와 운영위원회

노인급식의 적절한 단가를 설정한다는 측면에서는 초기 구상했던 단가 협의회와 최종 결정한 운영위원회가 크게 차이 나지 않는다. 다만, 최종적으로는 단가 협의회의 명칭이 노원구 노인급식 운영 위원회로 변화했으며, 그 산하에 감사기구를 설치해 감사업무 또한 맡도록 역할의 범위를 확대했다. 노인급식 운영 위원회는 조례안의 상당 부분을 차지하는 핵심 조항으로, 조례안을 작성하면서 많이 고민하게 만든 항목 중 하나였다.

중간 발표 이후 피드백을 보완하는 과정에서 추가로 민간급식소 한 곳과 노원구청, 노원구보건소 관계자와의 인터뷰를 진행했다. 이때, 현재 노원구에서는 신고나 등록 절차 없이 무료급식소를 운영할 수 있기에 구청에서 직접 관리하는 12개 공공급식소를 제외하면 민간급식소에 대한 관리가 이루어지고 있지 않다는 새로운 문제점을 확인했다. 또한, 민간급식소가 재정난을 겪고 있으며, 지원을 필요로 한다는 사실 또한 파악했다.

따라서 이 두 가지 문제를 해결할 방법으로 신고 절차와 운영 위원회를 규정하기로 했다. 신고 절차를 간소화해서 구청에서 민간급식소를 파악할 수 있게 하고, 이에 따라 민간급식소 측에 관리와 간섭 등의 불편함이 생길 것을 대비해 위원회에서 책정한 보조금을 지급하는 것이다. 이를 통해 신고에 있어 민간급식소의 유인이 생기면 민간급식소의 자발적 신고로 구청의 관리가 수월해질 것이며, 따라서 원활한 급식소 운영이 가능할 것으로 봤다.

이때 민간급식소에는 단가가 아니라 보조금을 지원하는데, 그 이유는 다음과 같다. 여러 급식기관 인터뷰를 통해 노원구 예산에 전적으로 의존하는 공공급식소와 달리 민간급식소는 후원금 등을 통해 재원을 마련하는 경우가 있음을 파악했다. 따라서 공공과 민간급식소를 다른 방식으로 지원할 필요를 느꼈고, 민간급식소에는 보조금을, 공공급식소에는 단가에 맞는 운영비를 지급하는 것으로 규정했다. 이처럼 보조금과 단가 지원에 따라 이들 급식소는 정기적으로 위원회 소속 감사기구의 감사를 받아야 하는데, 이는 예산의 남용을 막고 노인급식 사업의 지속성을 위해 추가된 내용이다. 이처럼 위원회의 역할이 단가 협의에만 그치지 않기 때문에 단가 협의회라는 명칭을 그대로 사용하지 않기로 하였다.

4) 급식소 환경 개선

어르신들이 급식받기 위해 오랜 시간 대기하시는 경우 쾌적한 환경을 보장하기 위해 공간 개선 관련 내용을 조례안에 넣고자 했다. 그러나 실제 방문해본 여러 공공/민간급식소 대기 공간의 여건이 크게 낙후된 부분을 찾지 못했고, 내용의 중요성 또한 타 항목에 비해 크지 않다고 판단해 기각했다.

4. 상위법률 및 선행조례

1) 상위법률

상위법률의 경우 노인복지법, 식품위생법, 노인·장애인 등 사회복지 시설의 급식안전 지원에 관한 법률을 참고했다.

노인복지법

제4조(보건복지증진의 책임) ① 국가와 지방자치단체는 노인의 보건 및 복지증진의 책임이 있으며, 이를 위한 시책을 강구하여 추진하여야 한다.

② 국가와 지방자치단체는 제1항의 규정에 의한 시책을 강구함에 있어 제2조에 규정된 기본이념이 구현되도록 노력하여야 한다.

③ 노인의 일상생활에 관련되는 사업을 경영하는 자는 그 사업을 경영함에 있어 노인의 보건복지가 증진되도록 노력하여야 한다.

현재 각 지자체에서 시행하고 있는 노인급식 사업의 경우 「노인복지법」 제4조(보건복지증진의 책임)를 관련 법적 근거로 해서 사업을 진행하고 있다. 특히, 노인급식지원에 관한 조례가 없는 지역의 경우 해당 법령이 중요한 근거로 작용한다.

식품위생법

제1조(목적) 이 법은 식품으로 인하여 생기는 위생상의 위해(危害)를 방지하고 식품영양의 질적 향상을 도모하며 식품에 관한 올바른 정보를 제공함으로써 국민 건강의 보호·증진에 이바지함을 목적으로 한다. 〈개정 2022. 6. 10〉

식품위생법에 따라 각 노인급식소는 위생을 신경 쓰며, 균형 잡힌 영양식을 제공할 수 있도록 노력해야 한다. 해당 법률을 기반으로 해서 노인급식소가 위생과 영양에 관한 의무를 다할 수 있도록 조례안을 제정하고자 했다.

노인·장애인 등 사회복지시설의 급식안전 지원에 관한 법률

제3조(국가 등의 책무) ① 국가와 지방자치단체는 취약계층에게 양질의 단체급식이 안전하게 제공될 수 있도록 급식 관리를 지원할 책무를 진다.
② 사회복지급식소의 장은 영양적으로 균형 있고 위생적인 급식을 제공하기 위하여 노력하여야 한다.

노인·장애인 등 사회복지시설의 급식안전 지원에 관한 법률 역시 식품위생법과 마찬가지로 해당 법률안을 기반으로 해서 노인급식소가 급식소로서의 의무를 다하며 위생과 영양에 대해 책임감을 느끼고 수행할 수 있도록 조례안을 제정하고자 했다.

2) 선행 조례
선행 조례의 경우 동대문구와 광주광역시의 조례를 참고했다.

서울특별시 동대문구 노인급식지원에 관한 조례

제1조(목적) 이 조례는 「노인복지법」, 「저출산·고령사회기본법」에 따른 노인의 건강 및 복지증진을 위한 지방자치단체의 책임을 준수하고, 「서울특별시 동대문

구 고령친화도시 조성에 관한 조례」 제15조 제3항에서 위임하고 있는 취약계층 노인 등을 대상으로 하는 무료급식사업 등의 운영 및 지원에 필요한 사항을 규정함을 목적으로 한다.

제4조(노인급식지원대상 및 시기 등) ① 급식지원대상은 다음과 같다.

1. 경로식당 무료급식지원대상은 「국민기초생활 보장법」에 따른 수급자 노인 및 차상위계층 노인과 「기초연금법」에 따른 수급자, 그 밖에 취약계층노인(이하 "취약계층노인 등"이라 한다)으로 한다.

2. 재가노인 식사배달 지원대상은 취약계층노인 등 중에서 거동이 불편하거나 경로식당이 원거리에 위치하여 경로식당 무료급식을 이용하지 못하는 노인으로 한다.

서울특별시 동대문구 노인급식지원에 관한 조례에서 조례의 목적, 급식기관에 대한 명확한 정의, 노인급식지원대상 등 조례안의 기본적인 내용을 참고했다.

광주광역시 북구 노인무료급식소 운영 및 지원에 관한 조례

제7조(자원봉사자에 대한 지원) ① 노인무료급식소에 대한 자원봉사 활동을 활성화하기 위하여 자원봉사자에 대해서는 예산의 범위 내에서 건강검진 등 필요한 비용을 지원하여야 한다.

② 제1항의 규정에 따른 지원은 「광주광역시 북구 자원봉사활동 지원 조례」 제9조에 따라 등록하고, 노인무료급식소에서 연간 50시간 이상 자원봉사활동을 한 무급 봉사자를 대상으로 한다.(단 사회적 일자리형 자활근로 소득자와 무료급식소에서 별도의 급여를 받는 대상자는 제외) (개정 2022. 1. 5)

광주광역시 북구 노인무료급식소 운영 및 지원에 관한 조례에서는 자원봉사에 관한 내용을 참고했다. 이를 기반으로 코로나19 이후 노인급식소의 인력난을 해결하기 위한 자원봉사 활성화 지원에 관한 조례안을 작성했다.

3) 입법예고

(1) 서울특별시 노원구 어르신급식지원에 관한 조례안 입법예고

노원구 의회에서는 지난 6월 2일 서울특별시 노원구 어르신급식지원에 관한 조례안을 입법 예고했다. 이를 통해 노원구 의회가 노인급식 문제에 관심이 있으며, 원활한 운영 및 체계적인 관리를 위해 조례안 마련이 필요함을 인식하고 있음을 확인할 수 있었다. 즉, 이는 우리의 조례안이 현실화될 가능성이 충분하며, 시의성 또한 높음을 뒷받침하는 근거자료가 된다. 이에 해당 입법예고문에 첨부되어 있는 조윤도 의원이 대표 발의한 조례문의 기본 내용을 조례안 작성에 참고했다.

(2) [2120888] 노인복지법 일부개정법률안(민홍철 의원 등 12인)

민홍철 의원 등 12인은 지난 3월 27일 노인복지법 일부개정법률안을 제안했다. 이들은 아동 급식지원과 관련해서 매년 물가상승률 등을 반영한 급식최저단가를 결정하도록 2021년 「아동복지법」이 개정되었으나, 현행법에는 노인급식지원 관련 규정이 존재하지 않아 이를 명문화할 필요가 있다는 지적이 있다는 점을 주목했다. 이에 해당 의안 제안을 통해 국가와 지방자치단체가 노인의 심신을 건강하게 보존할 수 있도록 복지증진을 의무화하고, 노인급식지원 단가를 물가상승률을 반영해서 결정할 수 있도록 해서 노인의 건강증진 및 체력향상에 기여하고자 했다. 이는 우리의 조례안 내용 중 위원회의 단가 조정 기능과 유사하다.

이를 통해 의원들 또한 물가에 적합한 노인급식 단가 조정의 필요성에 공감하고 있다는 점과 우리 조례의 현실 가능성을 확인할 수 있었다.

다만, 단가 조정 등에 국가와 지자체가 모두 개입하는 해당 법률 제안의 내용과 우리의 조례안에는 차별점이 존재한다. 해당 의안에 대한 보건복지위원회의 검토보고서에서는 지방자치단체의 운영부담과 한국 사회의 급격한 고령화 양상 등을 고려할 때, 노인급식에 대한 국가의 책임과 지원을 강화하는 방안이 논의될 필요는 있다고 봤다. 그러나 '경로식당 무료급식' 사업이 2005년에 지방 이양되어 지자체 자치사무에 해당하므로, 법률 조문에 '국가'는 제외될 필요가 있다는 의견을 제시하고 있다. 이에 현재 노인급식 사업은 지자체의 의무에 해당한다는 점을 알 수 있었고, 해당 내용에 기반해서 우리 조례안에서는 자치구 차원에서 단가 위원회를 운영한다는 차별점을 두기로 했다.

또한, 검토보고서에 의하면 서울시 측에서는 현재 지방재정 여건으로 물가인상분을 반영하기에 역부족인 상황이므로, 국비 재정지원을 명문화할 필요가 있다는 의견을 제시했다. 즉, 서울시 전체로 본다면 노인급식 사업으로 사용될 것으로 보이는 예산 액수가 상당해서 자칫 사업 진행이 어려울 수 있다는 것이다. 반면 노원구는 서울시 지역구 25개 중 가장 많은 예산을 노인급식 사업에 투자하고 있기에 재정 마련 측면에서 부담이 덜하다. 따라서 조례를 통해 자체적으로 노인급식 사업을 지원할 수 있을 것으로 봤다.

(3) [2122850] 노인복지법 일부개정법률안(민홍철 의원 등 11인)

민홍철 의원 등 11인은 2023년 6월 23일에 노인복지법 일부개정법률안을 제안했다. 이들은 현행법에 따르면 국가 또는 지방자치단체는 대통령령이 정하는 바에 의해 노인복지시설의 설치 및 운영에 필요한 비용을 보조할 수 있으나 노인요양시설 등 노인복지시설에서 보조금 유용 및 횡령에 대한 문제가 지속해서 발생하고 있어 이에 대한 관리 및 감독을 강화해야 한다는 점을 지적했다. 이에 국가 또는 지방자치단체는 보조금을 받는 노인복지시설에 대해 관리 및 감독을 강화하고, 「사회복지사업법」과 「보조금 관리에 관한 법률」에 따라 시설평가와 보조사업실적보고서 등을 고려해 보조금을 조정할 수 있도록 하는 개정안을 제안했다.

해당 내용은 우리의 조례안 중 보조금 지급과 이에 관한 감사 내용과 상당히 유사하다. 즉, 이를 통해 보조금 지급에 대한 관리 및 감독의 필요성과 감사팀 설치의 현실화 가능성을 확인할 수 있었다. 다만, 의안이 6월 23일에 제안된 만큼 조례안을 작성하기 전에 해당 내용을 반영할수는 없었으나, 조례안의 현실화 근거가 된다는 점에서 의미가 있다.

5. 조례안의 목적 및 내용

1) 조례안의 목적

기존 노인무료급식에서 발생하는 문제를 크게 민간급식소의 현황 파악 불가, 물가 변동을 고려하지 않은 급식 단가, 민간급식소의 지원 부족으로 인한 운영난, 위생 교육 결여, 자원봉사 인력 부족으로 분석했다. 따라서 급식소의 신고 의무화를 통한 현황 파악, 적정한 단가 책정, 보조금 지급, 위생 교육 실시, 자원봉사 활성화를 통한 인력 충원 등의 해결책을 제시함으로써 노인급식소의 원활한 운영을 돕는 것을 목적으로 해당 조례안을 작성했다.

서울특별시 노원구 노인급식지원에 관한 조례

제1조(목적) 이 조례는 「노인복지법」, 「저출산·고령사회기본법」에 따른 노인의 복지향상을 위한 지방자치단체의 책임을 준수하고, 「서울특별시 노원구 어르신 친화도시 조성에 관한 조례」 제4조에서 말하고 있는 민관의 책무에 대하여 노인 급식과 관련된 사항을 규정함을 목적으로 한다.

제2조(정의) 이 조례에서 사용하는 용어의 뜻은 다음과 같다.

1. "노인"이란 「지방자치법」 제16조에 따른 서울특별시 노원구 관내에 주민등록을 둔 만 65세 이상의 주민을 말한다.

2. "노인급식소(이하 "급식소"라 한다)"라 함은 서울특별시 노원구 관내에서 노인을 대상으로 급식을 제공하는 비영리단체(종합사회복지관, 노인복지관, 종교단체, 경로당 등)로 공공과 민간의 모든 단체를 말한다.

3. "종사자"라 함은 노인급식소를 운영하거나 관련 업무를 담당 또는 지원하는 자를 말한다.

4. "자원봉사자"라 함은 자원봉사활동을 행하는 자를 말한다.

제3조(계획수립) 서울특별시 노원구청장(이하 "구청장"이라 한다)은 어르신 급식이 체계적이고 효율적으로 운영될 수 있도록 매년 어르신 급식지원계획을 수립하여야 한다.

제4조(노인급식지원대상) 구청장은 예산의 범위에서 다음 각 호의 어느 하나에 해당하는 사람에게 급식을 지원할 수 있다.

1. 취약계층 기준 부적합으로 탈락된 생활이 어려운 독거 어르신으로서 실제 부양가족이 없는 어르신

2. 취약계층 어르신 및 차상위계층에 해당하는 어르신

3. 그 밖에 결식 우려가 있다고 구청장이 인정하는 어르신

제5조(급식소의 의무) ① 급식소는 음식물이 식품위생법령의 규정에 의한 위생기준에 적합하게 제공될 수 있도록 하여야 한다.

② 급식소는 노인을 대상으로 무료급식을 제공하기 위해서 노원구 보건소(이하 "보건소"라 한다)에 급식 사실을 신고하여야 한다.

제6조(위생과 영양에 대한 교육) ① 구청장은 위생적인 급식 제공을 위해 급식소 종사자를 대상으로 위생과 영양에 관한 교육(이하 "교육"이라 한다)을 연 1회 이상 정기적으로 실시하여야 한다.

② 구청장은 교육의 실시를 보건소에 위임할 수 있다.

제7조(자원봉사 활성화에 대한 지원) 구청장은 노인무료급식소에 대한 자원봉사 활동을 활성화하기 위해 다음 각 호의 사항을 시행할 수 있다.

1. 노원구 지역사회구성원과의 봉사 연계

2. 그 밖에 「서울특별시 노원구 자원봉사활동 지원 조례」에 따라 노인무료급식 자원봉사 활동의 활성화를 위해 필요하다고 구청장이 인정하는 사항

제8조(위원회 설치) 구청장은 급식소의 원활한 운영을 위하여 노원구 노인급식 운영 위원회(이하 "위원회"라 한다)를 둘 수 있다.

제9조(위원회 기능) 위원회는 다음 각 호의 사항을 논의한다.

1. 공공급식소(종합사회복지관, 노인복지관 등) 단가 조정에 관한 사항

   가. 물가 상황에 적합한 단가인지 판단하여, 적합하지 않다고 판단할 경우 협의를 통해 단가 조정안을 마련하여야 한다.

   나. 구청장은 위원회에서 도출된 단가 조정안을 기반으로 당해 저소득 어르신 급식지원사업으로 배정받은 예산 규모를 고려하여 단가를 조정하여야 한다.

2. 민간급식소 보조금에 관한 사항

   가. 저소득 어르신 급식지원사업으로 배정받은 예산 내에서 영양 급식지원의 명목으로 민간급식소에 지급할 보조금의 규모를 결정하여야 한다.

   나. 급식소의 규모, 이용자 수, 예산 내역, 위생상태, 감사 결과 등을 고려하여 보조금 분배안을 마련하여야 한다.

   다. 구청장은 협의회에서 도출된 보조금 분배안을 기반으로 보건소에 신고한 민간급식소에 한하여 보조금을 지급하여야 한다.

3. 급식소 감사에 관한 사항

4. 그 밖에 구청장 또는 위원장이 회의를 거치는 것이 필요하다고 인정하는 사항

제10조(구성) ① 위원회 위원은 위원장과 부위원장 각 1명을 포함하여 15명 이내

로 구성한다.

② 위원회의 위원장은 노원구 부구청장으로 하되, 부위원장은 위원 중에서 호선한다.

③ 위원회의 위원은 다음 각 호의 어느 하나에 해당하는 사람 2명씩을 필수로 포함하여 위원장이 임명한다.

1. 노원구청 어르신 복지과 공무원

2. 노원구 보건소 식품위생팀 공무원

3. 노원구 소재 공공급식소 관계자

4. 노원구 소재 민간급식소 관계자

5. 식품 위생·영양 관련 전문가

6. 그 밖에 구청장이 급식소 운영과 관련하여 위촉이 필요하다고 인정하는 사람

제11조(감사기구의 설치) 노인급식소 운영 실태 점검을 위하여 노인급식운영위원회에 「노인급식소실태감사기구」(이하 "감사기구"라 한다)를 둔다.

제12조(감사기구의 구성) ① 운영위원회 내 위원들로 급식소 운영 실태 파악을 위한 감사기구를 구성한다.

② 감사기구는 다음 각 호의 어느 하나에 해당하는 사람 2명씩을 필수로 포함하여 위원회의 의결로 정한다.

1. 노원구청 어르신 복지과 공무원

2. 노원구 보건소 식품위생팀 공무원

3. 식품 위생·영양 관련 전문가

4. 그 밖에 위원회에서 감사와 관련하여 임명이 필요하다고 인정하는 사람

제13조(감사기구의 기능) ① 감사기구는 보건소에 신고되어 있는 급식소를 대상으로 감사를 진행하여야 한다.

② 감사기구는 다음 각 호의 사항에 대하여 감사를 진행하여야 한다.

1. 급식소의 위생상태

2. 보조금 및 운영비 사용, 예산집행, 계약 및 회계, 물품관리 등 급식소 운영 전반

3. 직원채용 등 조직 및 인사관리의 적정 여부

4. 그 밖에 급식소 운영과 관련하여 감사가 필요하다고 인정되는 사항

③ 감사기구는 분기 1회(연 4회) 불시 감사를 실시하여야 한다.

④ 감사기구는 급식소 이용자를 대상으로 만족도 조사를 실시하여 급식소 평가에 반영하여야 한다.

제14조(보조금의 환수) ① 감사기구는 민간급식소에 지급하는 영양 급식지원 명목의 보조금이 해당 목적에 맞게 사용되지 않은 정황이 발견될 경우 즉시 위원회에 해당 사항을 보고하여야 한다.

② 위원회는 해당 사항을 다음 보조금 심의에 반영하여 구청장에게 보고하여야 한다.

③ 구청장은 위원회의 보고를 바탕으로 해당 민간급식소에 보조급 지급을 중지하거나 이미 지급한 보조금의 전부 또는 일부의 환수를 명할 수 있다.

제15조(위원장의 직무) ① 위원장은 위원회를 대표하고 위원회의 업무를 총괄한다.

② 위원장이 직무를 수행할 수 없을 경우에는 부위원장이 그 직무를 대행하고, 위원장과 부위원장이 모두 부득이한 사유로 그 직무를 수행할 수 없을 때에는 위원장이 미리 지명한 위원이 그 직무를 수행한다.

제16조 (위원의 임기) 위원의 임기는 2년으로 한다.

제17조(위원의 제척) ① 위원이 다음 각 호의 어느 하나에 해당하는 경우에는 위원회의 심의·의결에서 제척된다.

1. 위원이나 그 배우자가 해당 안건의 당사자인 경우

2. 위원이 해당 안건의 당사자와 친족인 경우

3. 위원이 해당 안건에 대하여 자문, 연구 또는 감정을 한 경우

② 위원이 제1항의 각 호에 따른 제척 사유에 해당하는 경우에는 스스로 해당 안건의 심의·의결에 대해 위원회에 기피 신청을 하여야 한다.

제18조(위원의 해촉) 위원이 다음 각 호의 어느 하나에 해당하는 경우에는 임기 중이라도 위원을 해촉할 수 있다.

1. 위원회 활동에 장기간 출석하지 아니한 경우

2. 사망, 국외이주, 심신장애 등으로 직무를 수행할 수 없게 된 경우

3. 금고 이상의 형을 선고받은 경우

4. 품위손상이나 직무태만 등의 사유로 위원으로 적합하지 않다고 인정되는 경우

5. 위원 스스로 직무 수행의 어려움을 밝히는 경우

제19조(수당) 위원회에 출석하는 구 소속공무원이 아닌 위원에 대하여는 예산의 범위 내에서 수당을 지급할 수 있다.

제20조(회의) ① 위원장은 회의를 소집하며 그 의장이 된다.

② 정기회의는 매년 1월부터 2월 사이 1회 개최하며, 공공급식소의 급식단가 상정과 민간급식소 보조금 지원에 관한 사항을 다룬다.

③ 수시 회의는 위원장이 필요하다고 인정하거나 재적위원 3분의 1 이상의 요구가 있는 경우에 개최한다.

④ 회의는 재적위원 과반수의 출석으로 개의하고, 출석의원 과반수의 찬성으로 의결한다.

제21조(회의록) 위원회는 다음 각 호의 사항을 회의록으로 작성·비치하여야 한다.

1. 회의일시 및 장소

2. 출석위원 및 참석자 명단

3. 토의 및 진행사항

4. 위원 및 참석자의 발언요지

5. 기타 중요한 사항

제22조(시행규칙) 이 조례의 시행에 필요한 사항은 규칙으로 정한다.

서울특별시 노원구 노인급식지원에 관한 조례의 핵심 내용은 다음과 같다.

(1) 지원대상 (제4조)

먼저 노인 무료급식지원대상의 폭을 확대하고자 제4조를 통해 취약계층 기준 부적합으로 탈락된 생활이 어려운 독거 어르신으로서 실제 부양가족이 없는 어르신, 취약계층 어르신 및 차상위계층에 해당하는

어르신, 그 밖에 결식 우려가 있다고 구청장이 인정하는 어르신, 총 세 가지로 지원대상을 구분해서 무료급식지원제도에서 소외되는 노인을 줄이고자 했다.

(2) 급식소의 의무(위생 의무/ 신고 의무) (제5조)

제5조 1항을 통해 노인·장애인 등 사회복지시설의 급식안전지원에 관한 법률에 근거해 급식소의 위생 의무를 명시했고, 2항에서는 급식소의 보건소 신고 의무를 규정했다. 신고의 목적은 흩어져 있는 민간급식소의 현황을 파악해 효과적으로 지원하고, 보조금 지급의 반대급부 차원인 관리 감독을 용이하게 하기 위함이다.

(3) 위생과 영양에 대한 교육 (제6조)

제6조에서는 구청장의 주도하에 급식소 종사자를 대상으로 하는 위생과 영양에 관한 교육을 연례적으로 실시하는 내용을 규정함으로써 위생적이고 균형 잡힌 식단을 추구했다. 민간급식소의 경우 대다수가 영양사가 없어 균형 잡힌 식사 공급이 어렵다. 또한, 그동안 구청에서 민간급식소의 현황을 파악하지 못했기에 위생에 대한 관리 또한 체계적으로 이루어지지 못했다. 따라서, 해당 조항을 통해 민간급식소의 위생과 영양 문제를 해결해 전반적인 급식의 질을 높이고자 한다.

(4) 자원봉사 활성화에 대한 지원 (제7조)

제7조에서는 노인급식소의 인력 부족 문제를 해결하고자 노원구 지역사회(대학, 시민단체 등)와의 봉사 연계를 구축하며, 그 밖의 자원봉사 활성화를 위해 필요하다고 구청장이 인정한 사항을 통해 자원봉사 활동

의 활성화를 기대했다. 코로나19로 인한 노인급식소, 특히 민간급식소의 심각한 인력난을 제7조를 통해 보완할 수 있을 것으로 기대된다.

(5) 위원회 설치 (제8조~제10조)

물가 변동을 반영해서 적정 급식단가를 결정하고 신고된 민간급식소 대상의 보조금 규모를 책정하기 위해 노인급식 운영 위원회 설치를 골자로 해서 해당 문제를 해결하고자 했다. 위원회는 종합사회복지관, 노인복지관 등 공공급식소에 해당되는 기관이 제공하는 급식의 단가가 현 물가 상황에 적합한지를 판단한다. 부적합할 경우, 단가 조정안을 작성하며 구청장은 이를 바탕으로 저소득 어르신 급식지원사업에 배정받은 예산 규모를 고려해서 단가를 재조정해야 한다.

경로당, 종교시설을 포함하는 민간급식소에 있어, 위원회는 급식소의 규모와 이용자 수, 예산 내역, 위생 상태, 감사 결과 등을 통해 보조금의 분배를 결정한다. 해당 보조금의 지급 목적은 민간급식소의 영양 급식을 지원하기 위함이다. 민간급식소는 공공급식소와 달리 영양사가 부재한 경우가 대다수이기에 균형 잡힌 급식을 공급하기에 한계가 있다는 점에 착안해서 해당 조례를 마련했다. 다만, 보조금 지급을 통해 민간급식소의 자발적인 신고 또한 유도하고자 하므로 지원받을 수 있는 민간급식소는 보건소에 신고를 마친 기관으로 한정했다.

(6) 감사기구의 설치 및 보조금의 환수 (제11조~제14조)

노인급식소의 운영 실태를 정기적으로 점검하기 위해서 노인급식운영위원회 산하에 노인급식소실태감사기구를 설치한다. 감사는 급식소의 위생상태, 예산집행, 계약 및 회계, 물품관리 등 급식소 운영의 전반적인 부분을 점검한다. 특히, 민간급식소의 경우 영양 급식지원의 명목으로 지급되는 보조금이 해당 목적에 맞게 사용되고 있는지 확인해야 한다. 감사는 분기별로 1회, 1년에 총 4회 실시되며 급식소의 이용자를 대상으로 만족도 조사도 정기적으로 실시해서 급식소 평가에 적극적으로 반영하고자 한다.

만약 감사기구의 감사 결과 민간급식소에 지급되는 보조금이 해당 목적과 무관하게 사용되었다고 판단되는 경우, 감사기구는 다음과 같은 사실을 위원회에 보고하고, 위원회는 다음 분기 보조금 심의에 감사 결과를 반영하며, 해당 결과를 구청장에게 최종적으로 보고해야 한다. 구청장은 위원회의 보고에 기초해서 민간급식소에 보조금 지급 중지 혹은 지급된 보조금 환수를 요구할 수 있다. 보조금의 환수는 민간급식소가 보조금 지급의 목적에 맞게 투명한 운영을 할 수 있도록 하는 최소한의 제도적 장치다.

III. 결론

1. 기대효과

본 조례의 발의를 통해 궁극적으로 초고령 사회로 접어들고 있는 대한민국의 인구 변화에 선제적으로 대비할 수 있을 것이다. 구체적으로는 본 조례가 세 가지의 핵심 요소를 담은 노인 무료급식소를 만들 것으로 기대한다. 첫째, 노인 무료급식소를 '건강한 급식소'로 거듭나게 할 것이다. 공공급식소의 단가를 조정하는 협의위원회를 통해 노인급식 단가를 당해의 물가 상황에 맞게 조정함으로써 급식소의 경제적 부담을 줄이고 노인에게 양질의 식사를 제공할 수 있다. 둘째, 노인 무료급식소를 '지속 가능한 급식소'로 거듭나게 할 것이다. 본 조례는 급식소의 신고를 의무화하고 신고한 급식소에 대해서만 지원하는 내용이다. 따라서 급식소에 대한 금전적 지원과 자원봉사자 충원을 위한 노력 등의 비금전적 지원은 급식소의 신고와 등록을 장려함과 동시에 사회에 선한 영향력을 행사하는 무료급식소를 지속해서 운영하는 데 큰 도움이 될 것이다. 마지막으로, 노인 무료급식소를 '안전한 급식소'로 거듭나게 할 것이다. 급식소 운영 실태 파악을 위한 감사 기구가 급식소의 위생을 정기적으로 점검하고 노원구 측에서 급식소 운영 주체들에게 위생 교육을 실시함으로써 안전한 급식소를 만들 수 있을 것이다.

2. 한계 및 개선점

노원구 노인급식지원에 관한 조례는 크게 세 가지의 한계와 개선점을 갖는다. 첫째로, 이 조례안은 공공급식소의 운영에 관한 내부 규정을 민간인에게 알려줄 수 없다는 관계자의 의견에 따라 공공급식소의 내부 규정을 명확히 알지 못한 채 작성되었다. 따라서 이미 구청의 관리하에 운영되고 있는 공공급식소(경로식당)의 재정 운영 방식과 조례가 충돌하는 지점이 발생할 수 있다. 이는 향후 조례가 발의된 다음 제정 전 수정 단계에서 공공급식소의 내부 규정을 검토함으로써 보완될 수 있을 것이다.

둘째로, 이 조례에서 규정하는 보조금만으로 현재 신고하지 않은 급식소들의 자발적 신고를 끌어낼 수 있을지는 실제 조례 시행 전까지 미지수라는 점이 한계로 작용한다.

마지막으로, 이 조례는 전문가의 체계와 자구 심사를 거치지 않은 날

것의 조례문이라는 점이다. 조례안을 작성하면서 노원구 의원, 타 지역구 노인급식 관련 조례 발의 의원, 노원구청장, 타 지역구청장, 정책 담당자 등등 조례를 제정하는 데 관여하는 많은 관계자께 인터뷰를 요청했으나 그 누구에게도 조문의 완성도에 관해 제대로 된 피드백을 받을 수 없었다. 따라서 조례안의 체계와 자구가 부족할 수 있으며, 이는 추후 보완이 필요할 것으로 보인다.

3. 의의

앞과 같은 한계가 존재함에도 여전히 노인급식지원이 의미 있는 주제임은 분명하다. 한국 사회가 급속하게 고령화로 접어들면서 전체 인구 중 65세 이상 고령 인구가 차지하는 비중이 계속해서 증가하고 있다. 그러나 노인층은 여전히 복지 사각지대에 놓여 있다. OECD 회원국 중 한국이 노인 빈곤율 1위를 기록하고 있는 모습만 봐도 우리 사회 속 노인들의 어려움을 쉽게 확인할 수 있었다. 일자리 문제, 여가 문제 등 노인들이 겪고 있는 사회적 문제는 다양하다. 이러한 문제로 인해 노인들은 자기의 행복을 추구하기 어려운 상황이다. 실제로, 2020년 고령자 통계에 의하면 노인 4명 중 3명은 현재 자기 삶에 만족하지 못하는 것으로 나타났다(통계청, 2020).

다양한 사회적 문제 중 우리 조는 특히 식생활 문제에 주목했다. 노인의 경우 다른 세대보다 영양불량 문제가 훨씬 높게 나타난다. 노인의 빈혈, 고혈압, 당뇨, 골다공증 유병률은 다른 생애주기에 비해 높으며, 이와 같은 질환은 영양섭취상태와 상관관계가 깊다. 그러나 경제적 어려움으로, 혹은 혼자 사는 상황으로 인해 식사를 제대로 챙기기 어려운 노인들이 많다. 노인급식은 바로 이 문제를 조금이나마 해결할 수 있다는 점에서 의미가 있다. 비록 점심 단 한 끼를 제공하는 것이지만, 이는 노인들의 생활에 큰 영향을 미칠 수 있다. 노인들은 해당 사업을 통해 균형 있는 식사를 할 기회를 가질 수 있다.

한편, 노인급식소는 단순히 식사를 제공하는 것뿐 아니라 노인들 간의 커뮤니티를 형성할 수 있는 공간을 제공한다는 점에서도 의미가 있다. 노인들은 급식소에서 다른 노인들과 소통하며 긍정적인 사회적 관계를 형성할 수 있다. 이는 노인들, 특히 독거노인의 삶에 활력을 불어넣을 수 있으며, 다른 연령대에 비해 높게 나타나는 노인의 우울감과 자살률을 조금이나마 낮추는 역할을 해줄 수 있을 것이다.

시간이 흐르고 나이가 들면서 우리 모두 언젠가는 노인이 된다. 즉, 노인 문제는 일부의 문제가 아닌 모두의 문제다. 그렇기에 노인과 관련된 사회적 문제 해결에 더욱 관심을 가지고, 노인을 우리 사회의 중요한 구성원으로 인식할 필요가 있다. 이러한 관점에서 '노원구 노인급식지원에 관한 조례'를 가상으로 만들어 보는 과정을 통해 노인 문제에 관한 의회의 긍정적인 움직임을 확인할 수 있었다. 또한, 노원구 의회의 노인급식 조례 입법예고와 여러 차례의 노인복지법 일부개정법률안 제안을 통해 의원들 역시 노인 문제의 중요성을 인식하고 있음을 확인할 수 있었다. 이는 노인 문제에 관한 긍정적인 발걸음으로, 앞으로도 의원들이 노인 복지에 관한 해결책을 적극적으로 강구하기를 기대한다. 시민들 또한 노인 문제를 우리 모두의 문제로 인식하고 많은 관심을 가지기를 바란다.

PART 04

더는 같은 비극이 반복되지 않도록

성북구 다중운집 행사 안전 관리에 관한 조례

김대원 | 오은빈 | 장은수

성북구 다중운집 행사
안전 관리에 관한 조례

김대원 | 오은빈 | 장은수

Ⅰ. 문제 인식 및 주제 선정 배경

1. 다중운집 행사 안전관리의 필요성

1) 10·29 이태원 참사 발생

2022년 10월 29일 오후 10시 15분경 서울특별시 용산구 이태원동 119-3번지 일대에서 수많은 사상자가 발생하는 압사 사고가 발생했다. 해밀톤 호텔 옆 골목에 핼러윈을 즐기려는 다수의 인파가 몰리면서 159명이 사망했고, 196명이 다쳤다. 350명이 넘는 압사 사상자의 수에서도 알 수 있듯, 이는 대한민국 역사상 가장 피해가 컸던 압사 사고로 기록되었다.

이와 같은 참사가 발생한 사유 중 가장 큰 이유는 해당 행사에 대한 사전 통제가 이루어지지 않았다는 것이다. 당일 수많은 인파가 몰릴 것이 사전에 통보되었음에도, 행사 안전관리가 소홀히 이루어졌다. 특히, 사고가 발생한 골목은 보행로 폭이 4m 안팎으로 매우 좁은 구역이었음에도 현장 통제 및 통행 관리가 전혀 이루어지지 않아 대형 참사로 이어진 것이다. 사후에 구급 인력이 투입되었으나, 당시 이태원 일대의 많은 인파와 차량으로 인해 구급차의 현장 진입이 매우 어려웠고, 사고 현장에는 수많은 사람이 뒤엉켜 있어 신속한 구조가 쉽지 않았다. 결론적으로, 경찰 인력 배치 등 사전에 안전관리 인원이 투입될 수 있었음에도 불구하고 관리하는 사람들이 없었다는 사실이 밝혀졌으며, 용산구청장이 행사 전날 인파 관리 관련 회의에 불참했다는 사실도 드러났다. 이를 통해 다중운집 행사 안전관리의 책임소재가 불분명한 제도상의 허점도 알 수 있다. 이와 같은 문제점이 지적되면서, 10·29 이태원 참사 이후 인파 관리와 다중운집 행사 안전관리의 중요성이 대두되었고, 제도적인 보완이 필요하다는 시민사회의 공감대가 형성되었다.

정부는 사후 국무총리를 본부장으로 한 중앙재난안전대책본부를 운영했으며, 10월 30일부터 11월 5일 밤 24시까지를 '국가애도기간'으로 정했다. 그러나 실질적인 해결책이나 사후 유사 사고 예방 방안이 제시된 바는 없었으며, 오히려 참사 당일 사전 예방이 턱없이 부족했다는 사실이 드러나기 시작했다. 앞서 언급한 바와 같이 박희영 용산구청장은 행사 전날 필수적으로 출석해야 하는 관련 안전관리 회의에 불참했으며, 이상민 행정안전부장관은 법치를 운운하며 안전관리에 대한 책임소재로부터 회피할 뿐, 마땅한 해결책을 제시하지 않아 국회에서 이상민 장관에 대한 국무위원 탄핵안이 의결되었다. 이후에도 경찰청장 등 여러 행정 고위직 공직자들이 지속해서 책임을 회피하는 모습을 보였다. 이렇게 참사 이후 다양한 언론 매체들을 통해 나타난 정부 관료들의 책임 떠넘기기식 태도와 책임 소재가 불분명한 기존 법률 및 규정의 문제점들은 현행 다중운집 행사 안전관리 제도의 개선 필요성을 명백

하게 보여준다.

2) 고려대학교 축제 안전사고 발생

2023년 3월, 고려대학교 화정체육관에서 고려대학교와 연세대학교가 공동주관하는 합동응원전이 진행되었다. 고려대학교 학생과 연세대학교 학생을 모두 합해 약 1~2만 명 정도 참석할 것으로 예상되었고, 실제로 약 1.5만 명이 참석했다. 대규모 인파가 밀집되었음에도 인파 관리가 제대로 이루어지지 못했으며, 과도한 인파 밀집으로 고통받으며 호소하는 이들이 발생했고, 실제로 군중 쏠림 현상이 발생해서 응급차가 출동해 부상자를 이송하는 사고가 발생했다.

고려대학교에 재학 중인 학생으로서 해당 사고를 목격하며 다중운집 행사 안전관리의 필요성과 중요성을 알게 되었으며, 인파 사고 및 다중운집 행사 안전사고의 심각성에 대해 인지하게 되었다. 실제 인파 사고가 일상에서도 충분히 발생할 가능성이 크다는 것을 실감하게 되어 관련 조례 제정의 시급성을 느끼게 되었다.

아울러 다음에서 상세히 서술하겠지만, 2023년 5월에 진행된 입실렌티 행사에서는 고려대학교 총학생회가 인력 투입 보이콧을 선언하며 안전관리 인원이 부재하게 되었으며, 이로 인해 호흡곤란을 호소하는 학생들이 속출했고, 실제로 부상자가 속출하게 되었다. 이를 통해 민간이 주관하거나 주최자가 불분명한 다중운집 행사라고 할지라도 대규모 다중운집 행사 진행 시, 안전관리를 위해 지방자치단체를 비롯한 공권력의 투입이 필요함을 알게 되었다.

2. 성북구 지역 선정 배경

성북구 내에는 7개의 주요 대학(고려대학교, 성신여자대학교, 동덕여자대학교, 한국예술종합학교, 한성대학교, 서경대학교)이 밀집되어 있다. 각 대학에서는 매년 대규모 대학축제가 진행되며, 대부분의 대학축제가 대규모 다중운집 행사에 포함된다. 특히, 대학 행사 및 축제의 규모가 큰 고려대학교의 경우에는 매년 합동응원전, 대동제, 입실렌티, 고연전 등 대규모 인파가 집중되는 행사가 빈번하게 개최되기 때문에 인파 안전관리의 중요성이 더욱 대두된다. 앞서 언급한 바와 같이, 실제로 행사 도중 부상자가 발생한 바 있다.

앞과 같은 문제가 발생함에도 성북구 내에 관련 조례나 규칙이 부재함을 알게 되었고, 서울시 차원의 다중운집 행사 안전관리 조례가 존재하나, 이는 광역 단위의 조례인 만큼 세세하지 못하다는 한계가 있다. 아울러, 서울시 관련 조례는 광역 조례이기에 성북구 내의 다중운집 행사를 포함하기에는 다중운집에 대한 정의의 규모가 다소 광범위하다. 이에 따라 성북구 기초단체 단위의 다중운집 행사 안전관리 관련 조례 제정 필요성을 인지했다.

II. 선행 법률 및 조례 현황

1. 헌법

우리 헌법 제34조 6항에서는 국가는 재해를 예방하고 그 위험으로부터 국민을 보호하기 위해 노력해야 한다고 규정하고 있으며, 본 취지에 따라 다양한 하위 법령 및 조례들이 제정되고 있다.

2.「재난 및 안전관리 기본법」

「재난 및 안전관리 기본법」제3조에서는 재난과 사회재난에 대한 정
의를 규정하고 있으며, 이에 따라 이어지는 제4조 1항에서는 다음과 같
이 명시하고 있다.

'국가와 지방자치단체가 재난이나 그 밖의 각종 사고로부터 국민의
생명·신체 및 재산을 보호할 책무를 지고, 재난이나 그 밖의 각종 사고
를 예방하고 피해를 줄이기 위하여 노력하여야 한다.'

그러나 앞서 언급된 제3조에 명시된 '사회재난'에 압사 사고 혹은 인
파 사고가 명시되어 있지 않다는 한계가 있다. 따라서, 하위 조례에서는
압사 사고 혹은 다중운집 행사로 인해 발생하는 안전사고에 관한 내용
을 정의하고, 이를 사회재난으로 규정할 필요가 있을 것으로 보인다.

「재난 및 안전관리 기본법」 제3조(정의)

이 법에서 사용하는 용어의 뜻은 다음과 같다.

1. "재난"이란 국민의 생명·신체·재산과 국가에 피해를 주거나 줄 수 있는 것으로서 다음 각 목의 것을 말한다.

   가. 자연재난 : 태풍, 홍수, 호우(豪雨), 강풍, 풍랑, 해일(海溢), 대설, 한파, 낙뢰, 가뭄, 폭염, 지진, 황사(黃砂), 조류(藻類) 대발생, 조수(潮水), 화산활동, 소행성·유성체 등 자연우주물체의 추락·충돌, 그 밖에 이에 준하는 자연현상으로 인하여 발생하는 재해

   나. 사회재난 : 화재·붕괴·폭발·교통사고(항공사고 및 해상사고를 포함한다)·화생방사고·환경오염사고 등으로 인하여 발생하는 대통령령으로 정하는 규모 이상의 피해와 국가핵심기반의 마비, 「감염병의 예방 및 관리에 관한 법률」에 따른 감염병 또는 「가축전염병예방법」에 따른 가축전염병의 확산, 「미세먼지 저감 및 관리에 관한 특별법」에 따른 미세먼지 등으로 인한 피해

다음 법률 제66조의 11에서는 '지역축제 개최 시 안전관리조치'에 대해 명시하고 있으며, 개최자가 있는 지역축제의 안전관리에 관한 내용을 규정하고 있다. 이에 따라 중앙행정기관의 장 또는 지방자치단체의 장이 지역축제 안전관리 계획을 수립하도록 되어 있다. 지역축제 역시 대규모의 인파가 집중되는 행사이기에 이는 모범적인 선행 제도라고 할 수 있다. 다만, 지역축제는 지방자치단체나 지역 내 단체가 주최하는 행사로서 개최자가 존재하며, 주최 및 주관자가 분명한 경우다. 이태원 핼러윈 행사나 대학축제와 같이 주최 및 최고 안전책임자 여부가 불분명한 다중운집 행사의 경우에는 본 조항에 포함되지 않으므로, 다중운집 행사에 대한 안전관리계획도 수립될 수 있도록 조례를 마련할

필요가 있다.

제66조의 11(지역축제 개최 시 안전관리조치) ① 중앙행정기관의 장 또는 지방
자치단체의 장은 대통령령으로 정하는 지역축제를 개최하려면 해당 지역축제가
안전하게 진행될 수 있도록 지역축제 안전관리계획을 수립하고, 그 밖에 안전관
리에 필요한 조치를 하여야 한다.
② 행정안전부장관 또는 시·도지사는 제1항에 따른 지역축제 안전관리계획의 이
행 실태를 지도·점검할 수 있으며, 점검결과 보완이 필요한 사항에 대해서는 관
계 기관의 장에게 시정을 요청할 수 있다. 이 경우 시정 요청을 받은 관계 기관의
장은 특별한 사유가 없으면 요청에 따라야 한다. 〈개정 2014. 11. 19, 2017. 7.
26〉
③ 중앙행정기관의 장 또는 지방자치단체의 장 외의 자가 대통령령으로 정하는
지역축제를 개최하려는 경우에는 해당 지역축제가 안전하게 진행될 수 있도록 지
역축제 안전관리계획을 수립하여 대통령령으로 정하는 바에 따라 관할 시장·군
수·구청장에게 사전에 통보하고, 그밖에 안전관리에 필요한 조치를 하여야 한다.
지역축제 안전관리계획을 변경하려는 때에도 또한 같다. 〈신설 2019. 12. 3〉
④ 제3항에 따른 통보를 받은 관할 시장·군수·구청장은 필요하다고 인정되는 때
에는 지역축제 안전관리계획에 대하여 보완을 요구할 수 있다. 이 경우 보완을
요구받은 자는 정당한 사유가 없으면 이에 따라야 한다. 〈신설 2019. 12. 3〉
⑤ 제1항부터 제4항까지의 규정에 따른 지역축제 안전관리계획의 내용, 수립절
차 등 필요한 사항은 대통령령으로 정한다. 〈개정 2019. 12. 3〉

제11조에서는 지역위원회에 관한 내용을 두어 지역별 안전관리위원
회를 구성 및 운영할 수 있도록 규정하고 있다. 해당 위원회에서는 지역
내 재난 및 안전관리정책 등에 관한 사항을 심의 및 조정할 수 있도록
하고 있다. 이는 지방자치단체가 자체적으로 재난에 대한 사항을 위원

회를 열어 논의할 수 있도록 규정한 조항으로서 다중운집 행사에 관한 사항을 다룰 수 있도록 법적 근거와 토대를 마련해주고 있다. 따라서 별도의 위원회 및 협의체를 구성해 다중운집 행사에 대해 논하더라도, 상위 법률과 상충하는 지점이 없을 것으로 예상되며, 이를 조례 작성에 활용할 예정이다. 아울러 5호에 명시된 바에 따라 다른 조례에 따른 위원회의 권한에 속하는 사항을 심의할 수 있다고 규정하고 있기에, 향후 작성하는 조례안에 있어 다중운집 행사 안전관리계획 수립 시, 필요할 경우 본 위원회를 소집할 수 있도록 조항을 구상해볼 예정이다.

제11조(지역위원회) ① 지역별 재난 및 안전관리에 관한 다음 각 호의 사항을 심의·조정하기 위하여 특별시장·광역시장·특별자치시장·도지사·특별자치도지사(이하 "시·도지사"라 한다) 소속으로 시·도 안전관리위원회(이하 "시·도위원회"라 한다)를 두고, 시장(「제주특별자치도 설치 및 국제자유도시 조성을 위한 특별법」제11조 제1항에 따른 행정시장을 포함한다. 이하 같다)·군수·구청장 소속으로 시·군·구 안전관리위원회(이하 "시·군·구위원회"라 한다)를 둔다.

〈개정 2012. 2. 22, 2013. 8. 6, 2014. 12. 30, 2015. 7. 24, 2020. 6. 9〉

1. 해당 지역에 대한 재난 및 안전관리정책에 관한 사항
2. 제24조 또는 제25조에 따른 안전관리계획에 관한 사항
3. 해당 지역을 관할하는 재난관리책임기관(중앙행정기관과 상급 지방자치단체는 제외한다)이 수행하는 재난 및 안전관리업무의 추진에 관한 사항
4. 재난이나 그 밖의 각종 사고가 발생하거나 발생할 우려가 있는 경우 이를 수습하기 위한 관계 기관 간 협력에 관한 사항
5. 다른 법령이나 조례에 따라 해당 위원회의 권한에 속하는 사항
6. 그 밖에 해당 위원회의 위원장이 회의에 부치는 사항

아래 제10조의 4에서는 지방자치단체의 재난 및 안전관리 사업예산의 사전검토 등에 관한 내용이 적시되어 있다. 재난 및 안전관리 사업에 대한 예산 현황, 결산 현황 등을 행정안전부장관에게 제출하도록 되어 있는데, 이 역시 다중운집에 관한 예산 및 결산 내용이 조례로서 더 상세히 포함된다면, 다중운집 안전관리를 위한 예산도 충분히 확보되어 집행될 것으로 기대된다.

제10조의 4(지방자치단체의 재난 및 안전관리 사업예산의 사전검토 등)

① 지방자치단체의 장은 「지방재정법」 제36조에 따라 예산을 편성하기 전에 다음 각 호에 해당하는 재난 및 안전관리 사업에 대하여 사업의 집행 실적 및 성과, 향후 사업 추진 필요성 등 행정안전부령으로 정하는 사항을 고려하여 투자우선순위를 검토하고, 제11조에 따른 시·도 안전관리위원회 또는 시·군·구 안전관리위원회의 심의를 거쳐야 한다.

1. 재난 및 안전관리 체계의 구축 및 운영

2. 재난 및 안전관리를 목적으로 하는 시설의 구축 및 기능 강화

3. 재난취약 지역·시설 등의 위험요소 제거 및 기능 회복

4. 재난안전 관련 교육·훈련 및 홍보

5. 그 밖에 재난 및 안전관리와 관련된 사업 중 행정안전부령으로 정하는 사업

② 행정안전부장관은 지방자치단체의 장에게 제1항에 따른 심의 결과의 제출을 요청할 수 있다. 이 경우 요청을 받은 지방자치단체의 장은 특별한 사유가 없으면 이에 따라야 한다.

③ 지방자치단체의 장은 해당 지방자치단체의 예산이 확정된 날부터 2개월 이내에 제1항에 따른 재난 및 안전관리 사업에 대한 예산 현황을 행정안전부장관에게 제출하여야 한다. 이 경우 시장(「제주특별자치도 설치 및 국제자유도시 조성을 위한 특별법」 제11조 제1항에 따른 행정시장은 제외한다. 이하 이 조에서 같다)·군수·구청장(자치구의 구청장을 말한다. 이하 같다)은 특별시장·광역시장·

도지사를 거쳐 제출하여야 한다.

④ 지방자치단체의 장은 해당 지방자치단체의 결산이 승인된 날부터 2개월 이내에 제1항에 따른 재난 및 안전관리 사업에 대한 결산 현황을 행정안전부장관에게 제출하여야 한다. 이 경우 시장·군수·구청장은 특별시장·광역시장·도지사를 거쳐 제출하여야 한다.

3. 조례

1) 「서울특별시 양천구 재난 및 안전관리 기본조례」

재난으로부터 구민을 보호하기 위한 내용과 재난 예방 및 대비 계획 수립에 관한 사항을 규정하고 있다는 점에서 의의가 있으나, 기존 상위 법률인 재난 및 안전관리 기본법과 상당 부분 유사하다는 점에서 아쉬움이 남으며, 재난에 대한 정의가 재난 및 안전관리 기본법에서 위임받은 사항으로 정의되고 있는 만큼, 다중운집 행사 안전관리를 다루기에는 다소 부적절한 조례다. 따라서 조례 개정을 통해 포함시키거나, 다중운집 행사만을 위한 조례를 따로 제정할 필요성이 보인다.

서울특별시 양천구 재난 및 안전관리 기본조례

제1조(목적) 이 조례는 「재난 및 안전관리 기본법」에서 위임받은 사항을 규정하고, 각종 재난으로부터 구민의 생명과 재산 및 도시기능을 보호하기 위하여 서울특별시 양천구의 재난 및 안전관리체계를 확립하며, 재난의 예방·대비·대응·복구와 안전문화 활동, 그 밖에 재난 및 안전관리에 필요한 사항을 규정함을 목적으로 한다.

2) 「경기도 옥외행사의 안전관리에 관한 조례」 및 「거제시 옥외행사 안전관리에 관한 조례」

경기도와 거제시를 비롯한 일부 지방자치단체에서는 '옥외행사의 안전관리에 관한 조례'를 제정해 옥외행사 등에 대해 안전관리를 하고 있다. 하지만 대부분의 조례가 적용 범위를 해당 지방자치단체 내에서 열리는 옥외행사 중 해당구가 주최 또는 주관하는 옥외행사로 한정하고 있을 뿐만 아니라, 최대 관람객 수에 있어서도 약 3,000명 미만의 중·소규모 행사에만 적용하도록 규정하고 있어 대규모 다중운집 행사에 적용하기에는 한계가 존재한다.

경기도 옥외행사의 안전관리에 관한 조례

제3조(적용범위)

① 이 조례는 다음 각 호의 옥외행사에 적용한다.

1. 500명 이상 1,000명 미만의 관람이 예상되는 공연장 외의 장소에서 행해지는 공연

2. 순간 최대 관람객이 500명 이상 1,000명 미만으로 예상되는 축제, 체육 등의 옥외행사

② 제1항 각 호에서 관람객이 1,000명 이상으로 예상되는 경우에는 「공연법」 또는 「재난 및 안전관리 기본법」 등 관련법에 따른다.

거제시 옥외행사 안전관리에 관한 조례

제4조(적용 대상)

이 조례는 시에서 열리는 옥외행사 중 순간 최대 500명 이상의 인원이 참여할 것으로 예상되는 행사에 적용한다. 다만, 「재난 및 안전관리 기본법 시행령」 제73조의 9 제1항에 따른 지역축제 및 「공연법 시행령」 제9조 제3항에 따른 공연은 적용하지 아니한다.

3) 「서울특별시 다중운집 행사 안전관리에 관한 조례」

서울특별시는 이태원 10·29 참사 발발 이후, 2022년 12월 「서울특별시 다중운집 행사 안전관리에 관한 조례」를 제정했다. 이는 다중운집 행사 안전관리에 관한 조례가 부재한 지방자치단체와 비교해서 상당한 의의가 있다고 할 수 있으나, 참사 직후 수습을 위해 급히 제정된 만큼, 미흡한 점도 존재한다.

먼저, '다중운집 행사'를 정의함[7]으로써, 분명한 개최자가 존재하지 않는 대규모 인파 행사에 대해서도 안전관리가 필요함을 명시한 점이 큰 의의가 있다고 생각한다. 개최자가 없는 경우라도, 불특정 다수가 자발적으로 모일 것으로 예상되는 다중운집 행사에 대해서도 지방자치단체가 안전관리를 해야 함이 명시된 것이며, 안전관리계획 수립 및 조치

---

7 「서울특별시 다중운집 행사 안전 관리에 관한 조례」 제2조(정의)

이 조례에서 사용하는 용어의 뜻은 다음과 같다.

1. "다중운집 행사"란 주최·주관하는 자가 없이 특정장소에 불특정 다수가 자발적으로 모이는 경우를 말한다.

2. "안전 관리"란 다중운집 행사로 인하여 발생 가능한 각종의 사고로부터 시민의 생명, 신체 및 재산을 지키기 위한 모든 행위를 말한다.

사항[8]에 대해서도 규정된 것이 의미가 있다고 생각한다. 다만, 다중운집 행사로 인정되는 규모[9]가 5만 명 이상으로, 성북구 내 다중운집 행사까지 포함하기에는 다소 범위가 넓어, 광역 단위의 다중운집 행사 외 기초자치단체 내 발생하는 다중운집 행사까지 아우르기는 어렵다는 한계가 있다. 따라서, 기초자치단체 수준의 정의와 규정이 별도로 필요함을 알게 되었다.

그뿐만 아니라, 규정된 조치사항이 책임소재를 분명히 하고 있지 않으며, 다소 추상적이기에 이를 더 상세히 규정해서 사전에 다중운집 행사 안전사고를 예방하는 조례가 필요하다고 생각했다.

4) 「나주시 다중운집 행사 안전관리에 관한 조례」

나주시의회에서 통과된 조례의 경우, 앞의 서울시 조례에 규정된 정의보다 더 구체적으로 관련 용어들을 정의했다. '다중운집 행사'뿐만 아

---

8 「서울특별시 다중운집 행사 안전 관리에 관한 조례」 제6조(조치사항)
　① 시장은 다중운집 행사로 인하여 사람 또는 차량의 통행을 제한할 필요가 있거나 통행에 지장을 초래할 것으로 우려되는 경우에는 시경찰청장에게 통보하여야 한다.
　② 시장은 다중운집 행사로 안전 관리를 위하여 시경찰청장에게 안전 관리의 지원을 요청할 수 있다.
　③ 시장은 다중운집 행사로 인하여 사고·재난 등의 예방을 위하여 필요한 경우 「도시철도법」에 따른 도시철도운영자에게 무정차 통과 등 필요한 조치를 하도록 요청할 수 있다.

9 「서울특별시 다중운집 행사 안전 관리에 관한 조례」 제5조(다중운집 행사 안전관리계획)
　① 시장은 다음 각 호의 어느 하나에 해당하는 다중운집 행사가 예상되는 경우 서울특별시경찰청장(이하 "시경찰청장"이라 한다) 및 자치구청장 등 안전 관리 관련 기관과 사전에 협의하여 다중운집 행사 안전관리계획(이하 "안전관리계획"이라 한다)을 수립하여야 한다.
　1. 1일 예상 운집 인원이 5만 명 이상으로, 행사 장소 및 행사 내용의 수시 변경이 예상되는 행사
　2. 1일 예상 운집 인원이 10만 명 이상인 행사
　3. 1일 예상 운집 인원이 장소별 1,000명 이상인 다음 각 목의 행사
　가. 행사 장소가 2개 이상의 자치구와 연결된 경우
　나. 2개 이상의 자치구에서 동시다발로 개최되는 동일한 내용의 행사

니라, '주최', '주관', '관계인' 등의 용어를 정의함[10]으로써 행사의 주최 및 주관자가 존재하지 않더라도 관계인들이 다중운집 행사의 안전관리에 참여할 수 있도록 하는 조항[11]을 마련했다. 이는 다중운집 행사의 특성을 잘 고려해서 반영한 안전관리 조례라고 평가할 수 있다. 또한, 기초자치단체 단위의 조례인 만큼, 해당 지역의 인구수를 고려해 1,000명 이상의 행사를 다중운집 행사로 규정하고 있다. 이를 통해 지역 인구수 및 지역 특성을 고려해 다중운집 행사의 정의 및 범위에 반영하는 것이 중요하다는 사실을 알게 되었다. 더 나아가, 나주시 조례에서는

---

10 「나주시 다중운집 행사 안전 관리에 관한 조례」 제2조(정의)

이 조례에서 사용하는 용어의 뜻은 다음과 같다.

1. "다중운집행사"란 불특정 다수인들의 공통된 목적으로 볼거리, 즐길 거리, 체험거리를 위해 1,000명 이상 모였거나 모일 것으로 예상되는 모든 행사를 말한다.

2. "재난"이란 「재난 및 안전관리 기본법」(이하 "법"이라 한다) 제3조 제1호 나목의 사회재난을 말한다.

3. "안전관리"란 재난이나 그 밖의 각종 사고로부터 사람의 생명·신체 및 재산의 안전을 확보하기 위하여 하는 모든 활동을 말한다.

4. "주최"란 다중운집행사를 개최하고 그 행사에 대한 최종적인 책임과 권한을 가지는 것을 말한다.

5. "주관"이란 주최 기관·단체의 의뢰를 받아 그 행사에 대한 최종적인 책임과 권한을 가지는 것을 말한다.

6. "관계인"이란 다중운집행사 장소 및 그 주변시설 등의 소유자·관리자 또는 점유자를 말한다.

7. "안전관리요원"이란 행사장소 및 주변시설 등에 대한 안전점검과 다중운집행사 참여자의 안전을 관리하는 사람을 말한다.

8. "유관기관"이란 다중운집행사 관할 시, 경찰서, 소방서 등을 말한다.

11 「나주시 다중운집 행사 안전 관리에 관한 조례」 제8조(안전점검 및 조치)

① 시장은 해당 행사 개최 1일 전까지 행사장 및 그 주변시설에 대한 안전점검을 실시하여야 한다. 이 경우 전문성이 필요한 사항에 대해서는 유관기관 등에 합동 안전점검을 요청할 수 있다.

② 제1항의 안전점검을 실시할 때에는 나주시가 아닌 주최자와 관계인을 참여시켜야 한다.

③ 안전점검을 실시한 결과 재난예방을 위하여 보완이 필요한 사항에 대해서는 행사 주최자 또는 관계인에게 시정하게 할 수 있다.

④ 시장은 행사 종료 시까지 안전관리요원에게 안전관리 및 재난예방활동을 계속하도록 하여야 한다.

'안전관리요원'이라는 안전관리 인원을 명시해 다중운집 행사 안전관리를 책임지도록 하고 있으며, 시장의 책무[12]에 대해서도 규정하고 있다는 의의가 있다. 이를 통해, 나주시 다중운집 행사 안전 관리에 관한 조례가 상당히 의미 있는 선행 조례라고 판단해서 나주시 조례를 참고하기로 했고, 대표 발의자인 나주시의회 황광민 의원과의 면담을 계획했다.

III. 조례 작성을 위한 조사 및 활동 내용

1. 현장 조사

10·29 이태원 참사 현장을 방문해 참사 발생 현장을 조사했고, 안전관리 인원 투입 및 지방자치단체의 개입이 필요했다는 사실을 실감했다. 다중운집 행사 안전관리의 필요성을 느꼈다. 당시 통제 인원 및 안전관리 참사 발생 골목 인근에는 수많은 상권과 지역 관계인이 자리 잡은 것을 확인할 수 있었으며, 나주시 조례에서 언급한 "관계인"이 관련 안전조치 등에 참여하고 관여할 수 있도록 하는 것이 큰 의미가 있을 것이라 예상할 수 있었다.

---

12 「나주시 다중운집 행사 안전 관리에 관한 조례」 제5조(나주시장 및 시민의 책무)
　① 나주시장(이하 "시장"이라 한다)은 나주시 관내에서 개최되는 다중운집행사 중 발생하는 각종 재난을 예방하고 피해를 줄이기 위하여 유관기관과 함께 필요한 정책을 수립·시행하는 등 안전관리에 최대한 노력하여야 한다.
　② 나주시민은 나주시 관내에서 개최되는 각종 다중운집행사의 안전관리업무에 최대한 협조하고, 자기가 소유하거나 사용하는 시설 등으로부터 재난이나 그 밖의 각종 사고가 발생하지 아니하도록 노력하여야 한다.

자료 4-1. 10·29 이태원 참사 현장

2. 면담 조사

1) 10·29 이태원 참사 유가족 간담회

정치외교학과 학생회 차원에서 10·29 이태원 참사 유가족 간담회를 공동 주관해서 개최했고, 이태원 참사 유가족분들을 모시고 사후 대책 마련에 관한 논의를 진행했다.

이태원 참사 특별법 제정 등 법률 제·개정뿐만 아니라, 다중운집 행사 안전관리에 대한 지방자치단체의 관심이 중요하다는 내용 또한 언급되었다. 유족들께서는 용산구의 미흡했던 조치를 예로 들며, 다중운집 행사에 있어서 지방자치단체의 역할이 상당히 중요하다는 점을 언급해주시며 조례안 작성을 격려해주셨다.

자료 4-2. 10·29 이태원 참사 유가족 간담회 포스터
| 출처 : 고려대·동덕여대·성신여대 이태원 참사 유가족 간담회 기획단,
고려대학교 제42대 정치외교학과/정외1반 학생회[정월 : 政月]

자료 4-3. 10·29 이태원 참사 유가족 간담회(정치외교학과 학생회장 김대원 인사말)

교실 밖의 정치학

2) 나주시의회 황광민 의원 면담

나주시의회에서 「나주시 다중운집행사 안전관리에 관한 조례」를 대표 발의하신 황광민 나주시의원님과 면담을 진행했다. 의원께서 발의하신 취지와 조례의 주요 내용, 발의 및 제정 과정을 상세히 들어보고자 했다. 면담 및 질의응답 내용은 다음과 같다.

Q. 의원님께서 10·29 이태원 참사를 언급하시면서 발안 배경을 설명해주셨는데, 10·29 참사가 발생한 원인 중 가장 큰 문제는 무엇이라 생각하시는지, 그러한 의원님의 고민이 발안에는 어떻게 반영되었는지요?

A. 어제가 세월호 참사 9주기가 되는 날이었습니다. 당시 세월호 참사 후에 지속해서 이루어진 세월호 추모는 진상규명 및 책임자처벌에 1차적인 목표가 있기도 했지만, 핵심은 안전사회 건설이었습니다. 안전사회로 나아가는 과정에서 이런저런 노력이 있었지만, 세월호 참사의 책임자를 확실히 처벌하기에는 어려움이 많았습니다. 그 후 10·29 이태원 참사와 같은 일이 또 일어나게 되니 지역에서부터 안전한 지역사회를 만들기 위한 노력을 해보자라는 고민에서 다중운집행사 안전관리에 관한 조례를 발의하게 되었습니다. 나주 외 다른 지역과는 명칭에 차이가 있지만, 나주의 경우에는 '옥외행사 안전관리에 관한 조례'가 2016년도에 제정이 되어 있었으나 실효성 있게 집행되지는 못했습니다. 그래서 10·29 참사 이후 안전한 지역사회를 만들고 시민안전을 책임지기 위한 취지에서 발의하게 되었습니다. 기존에는 옥외(야외)에서 하는 행사에 대한 기준만 존재했는데, 단순히 야외 행사뿐 아니라 다중이 운집하는 모든 행사의 최소한의 안전관리 기준 및 지침을 마련하고자 했습니다.

Q. 성북구에서 관련 조례를 제정하고자 하는 이유는 성북구에 7개의 대학이 소재하고 있고, 대학행사가 대규모로 상시적으로 있다 보니 다중운집행사가 자주 배치되는데, 다중운집행사의 인구 기준을 어떻게 잡아야 할지가 고민입니다. 나주시에서는 1,000명이 기준인데, 기준을 잡게 된 배경은 무엇인가요?

A. 지역별 편차가 존재할 것 같습니다. 전라남도 같은 경우 3,000명을 기준으로 산정하며, 나주에서 진행하는 체육 문화 행사를 봤을 때도 3,000명이 최대입니다. 중소규모 행사는 대부분 1,000명을 기준으로 진행이 되다 보니 담당부서와 협의하에 1,000명을 기준으로 잡게 되었습니다. 2016년 '옥외행사 안전관리에 관한 조례'의 경우 500~2,000명으로 광범위하게 잡혀 있었기 때문에 이를 더 세분화하고 명확히 하고자 1,000명으로 잡았습니다.

Q. 서울특별시에서 발의한 조례와 비교해봤는데, 서울특별시 해당 조례보다 나주시 조례에 매력을 느낀 이유가 관계인을 정의하고 설정한 조항이 인상 깊었습니다. 관계인을 민간 부분에서 설정하셨는데, 대학 행사의 경우도 학생들이 민간의 대표로써 안전관리에 같이 참여하면 좋을 것 같습니다. 학생들은 어떻게 관계인으로 참여시키면 좋을지, 어떠한 인센티브가 있을까요?

A. 다중운집행사 관리가 중요하다는 것은 10·29 참사를 통해 전 국민이 느끼게 되었습니다. '행사 주체가 없다'라는 핑계로 여러 기관의 책임회피가 이루어졌습니다. 행사주체가 없는 행사라도 다중이 운집하는 행사라면 책임감 있게 추진하자는 취지로 조례를 발의했던 것입니다. 학교 같은 경우 학생회를 기본으로 해서 안전관리 주체로써 당연히 행동해야 한다고 보고, 인센티브의 문제라기보다는 모든 기관과 소속된 주체들이 공동으로 안전관리를 해나간다는 책임을 강조했으면 좋겠

습니다. 행사가 이루어질 시 총학생회는 기본이고 안전관리에 관심이 있는 여러 학생을 포함해서 공개적으로 안전관리에 대한 의견을 낼 수 있는 자리가 있었으면 합니다.

Q. 조례안의 가안을 작성했을 때 피드백 중 '대학 행사 같은 경우 밀집도가 높을수록 분위기가 좋을 경우가 있을 텐데, 그럴 때마다 밀집도를 낮추고 해산 시키는 것이 옳을지'라는 내용이 있었습니다. 이에 대해 어떻게 생각하시나요?

A. 교수님 말씀도 일면에서는 타당하다고 봅니다. 그러나 조례의 취지는 다중운집행사를 전면 금지시키자는 것이 아니라 밀집이 될 수밖에 없는 대학행사 같은 다중운집행사의 경우 어떠한 안전조치를 취할 것인가 하는 것입니다. 참가자 스스로 안전을 지키는 주체가 될 수 있는 공지나 안내가 필수일 듯하며, 유관기관(학교, 경찰, 소방서) 측과 행사 전반 진행 상황을 공유해 사고가 발생했을 시 빠르게 대처할 수 있는 매뉴얼이나 방법 등을 참가자들한테 미리 공지하고 합의하는 과정이 있으면

자료 4-4. 나주시의회 황광민 의원 비대면 면담

좋을 것 같습니다. 취지 자체가 다중운집행사를 하지 말자가 아니라, 밀집행사가 진행될 때 어떻게 안전조치를 하면 좋을지를 공유하고 협의하는 것이 핵심입니다. 대학축제도 마찬가지이지만, 매주 주말 다양한 집회도 서울에서 진행되고 있는데, 집회 참가자들도 상당한 안전 관련 사항을 공유받고 혹여나 발생되는 사고에 대한 응급조치 및 대응책들을 집회 주관 측에서 안내받아야 할 것입니다.

3. 유관 기관 연락

1) 성북구청 정보 공개 청구

성북구의 다중운집 행사 안전관리 현황 및 예산 집행 상황을 알아보기 위해 「재난 및 안전관리 기본법」 제10조의 4에 따라 2022~2023년 재난 및 안전관리를 목적으로 한 예산 및 결산 내역 공개를 요청했다. 정보공개 청구 절차에 따라 공개를 요구했음에도, 추상적인 답변이 왔고, 이에 유선으로 세부내역 공개를 요구했다.

세부내역 역시 안전관리 계획 수립이 이루어지고 있는지 알기 어려웠고, 실질적으로 다중운집 행사 안전관리를 위한 사전예방 예산이 제대로 마련되고 있지 않음을 알게 되었다. 특히, 다중운집 행사 사전 안전관리계획 수립에 관한 예산이 할당되지 않은 것으로 확인되었고, 이를 통해 다중운집 행사 안전관리를 위한 예산이 제대로 마련될 수 있도록 방향성을 설정하는 조례가 필요하다는 것을 알게 되었다.

상세 내용은 다음 자료를 통해 확인할 수 있다.

인쇄일자 : 2023. 05. 11. 16:13:53
정보공개시스템(www.open.go.kr)
에서도 청구할 수 있습니다.

정보공개 청구서

✿ 색상이 어두운 칸은 신청인(대리인)이 작성하지 않습니다.

접수번호 10741781	접수일 2023. 05. 11.	처리기간 10일(2023. 05. 24.)

	성명(법인·단체명 및 대표자 성명) 김대 ▓	생년월일(성별) 2003. 03. 30 (남)
청구인	여권·외국인등록번호(외국인의 경우 작성)	사업자(법인·단체)등록번호
	주소(소재지) 서울특별시 성북구 안암로 145 안암학사	전화번호(또는 휴대전화번호)
	전자우편주소 ▓▓▓@naver.com	팩스번호 (--)

청구 내용	[서울특별시 성북구] '재난 및 안전관리 기본법' 제10조의4(지방자치단체의 재난 및 안전관리 사업예산의사전검토 등)에 따라 지방자치단체의 장은 예산 편성 및 결산에 있어 재난 및 안전관리 체계의 구축 및 운영, 재난 및 안전관리를 목적으로 하는 시설의 구축 및 기능 강화, 재난취약 지역·시설 등의 위험요소 제거 및 기능 회복, 재난안전 관련 교육·훈련 및 홍보 등에 관한 사안을 고려하여 반영하여야 합니다. 작년 10.29 이태원 참사 발생 이후, 다중운집행사에 있어서 압사 사고의 위험성과 인파 사고 방지의 중요성이 대두되고 있습니다. 따라서, 성북구에서는 2022, 2023년의 경우 얼마만큼 이러한 요소가 예산에 반영되었는지, 그리고 2022년 결산에 있어서 실제로 얼만큼 집행되었는지 확인해보고자 합니다. 이는 성북구를 비난하고자 하는 정보 공개 청구가 아닌, 미흡한 점을 바탕으로 성북구에서는 이태원 참사와 같은 참사가 일어나지 않도록 하기 위해 성북구에 정책 제안을 하기 위함임을 밝힙니다.

공개 방법	[ ]열람·시청 [ ]사본·출력물 [∨]전자파일 [ ]복제·인화물 [ ]기타 ( )
수령 방법	[ ]직접방문 [ ]우편 [ ]팩스전송 [∨]정보통신망 [ ]전자우편 등 ( )

수수료	[ ]감면 대상임	[∨]감면 대상 아님
	감면 사유	
	✿ 「공공기관의 정보공개에 관한 법률 시행령」 제17조제3항에 따라 수수료 감면 대상에 해당하는 경우에만 적으며, 감면 사유를 증명할 수 있는 서류를 첨부하시기 바랍니다.	

「공공기관의 정보공개에 관한 법률」 제10조제1항 및 같은 법 시행령 제6조제1항에 따라 위와같이 정보의 공개를 청구합니다.

2023 년 05 월 11 일

청구인   김대 ▓   (서명 또는 인)

(서울특별시성북구청장) 귀하

••

접 수 증

접수번호 10741781	청구인 성명 김대 ▓	
접수부서	접수자 성명	(서명 또는 인)

210mm×297mm[백상지(80g/m²)]

1/2

인쇄자 : 김대 ▓

자료 4-5. 성북구청 대상 정보공개 청구서

성 북 구

수신자 김대▒ 귀하 (우 02841 서울특별시 성북구 안암로 145 안암학사)

(경유)

제 목 정보 ([∨]공개　　[ ] 부분 공개　　[ ] 비공개) 결정 통지서

※ 뒤쪽의 유의사항을 확인하시기 바랍니다.　　　　　　　　　　　　　　　　　　(앞 쪽)

접수번호 10741781	접수일 2023. 05. 11.

청구 내용	'재난 및 안전관리 기본법' 제10조의4(지방자치단체의 재난 및 안전관리 사업예산의사 전검토 등)에 따라 지방자치단체의 장은 예산 편성 및 결산에 있어 재난 및 안전관리 체계의 구축 및 운영, 재난 및 안전관리를 목적으로 하는 시설의 구축 및 기능 강화, 재난 취약 지역·시설 등의 위험요소 제거 및 기능 회복, 재난안전 관련 교육·훈련 및 홍보 등에 관한 사안을 고려하여 반영하여야 합니다. 작년 10.29 이태원 참사 발생 이후, 다중운집행사에 있어서 압사 사고의 위험성과 인파 사고 방지의 중요성이 대두되고 있습니다. 따라서, 성북구에서는 2022, 2023년의 경우 얼마만큼 이러한 요소가 예산에 반영되었는지, 그리고 2022년 결산에 있어서 실제로 얼만큼 집행되었는지 확인해보고자 합니다. 이는 성북구를 비난하고자 하는 정보 공개 청구가 아닌, 미흡한 점을 바탕으로 성북구에서는 이태원 참사와 같은 참사가 일어나지 않도록 하기 위해 성북구에 정책 제안을 하기 위함임을 밝힙니다.
공개 내용	구정에 관심 가져주셔서 감사드립니다. 귀하께서 청구하신 정보에 대해 아래와 같이 공개합니다. 먼저 성북구의 인파사고 방지 관련 예산은 2가지가 있습니다. 1. 지역축제 등 대규모 인파행사 사전심의 예산(22/23년 편성) 2. 성북구 인파밀집 예상 지역 안전관리 예산(22년 12월 편성 23년 사업진행) 1번 예산은 대규모 축제 시 경찰, 소방, 가스, 전기 등 유관기관과 함께 축제 사고대비에 대한 심의를 위한 예산입니다. 22년 축제 관련하여 1,540천원 집행되었습니다. 2번 예산은 성북구 관내(성신여대 입구역, 분수광장-행사시) 밀집예상지역에 대한 사고예방 대책 수립 및 시설물 정비? 구축 등을 위하여 2022년 12월에 605,000천원을 편성하였습니다. 현재 사업이 진행 중에 있습니다 더 궁금한 사항이 있으시면 성북구청 도시안전과 이아▒▒(☎ 02-2241-▒▒▒)로 연락주시기 바랍니다. 감사합니다.

인쇄일자 : 2023. 06. 01. 14:59:04
인쇄자 : 김대▒

210㎜×297㎜[백상지(80g/㎡)]

1/3

자료 4-6. 성북구청 정보 공개 청구 답변서

자료 4-7. 성북구청 이메일 연락 캡처본

2) 고려대학교 응원단 연락

고려대학교 응원단과 연락을 통해 입실렌티 등 대규모 대학 행사의 안전관리와 인파 관리가 어떻게 이루어지고 있는지 조사했으며, 미흡한 점과 보완해야 할 부분을 분석해봤다. 아울러, 학교 축제의 특성상 인파 관리가 어떻게 이루어져야 축제의 분위기를 흐트러트리지 않으며 유지할 수 있을지 고민해봤다.

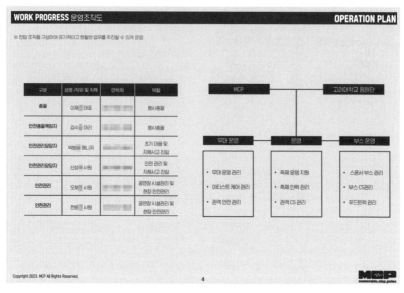

자료 4-8. 고려대학교 응원단 주최 입실렌티 안전 담당 관련 운영조직도

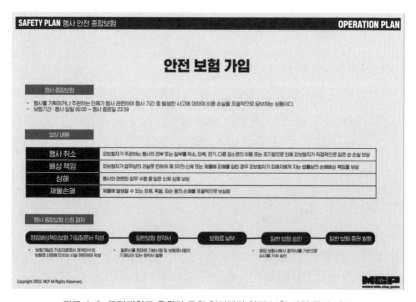

자료 4-9. 고려대학교 응원단 주최 입실렌티 안전 보험 가입 증빙 자료

Ⅳ. 조례 작성 및 수정 과정

앞의 조사 및 면담 내용을 토대로 「성북구 다중운집 행사 안전관리에 관한 조례」 가안을 다음과 같이 작성했다.

「성북구 다중운집 행사 안전관리에 관한 조례」 가안

제1조(목적) 이 조례는 성북구 내 다중운집 행사에서의 사고 예방 및 안전관리에 필요한 사항을 규정함으로써 구민의 생명, 신체 및 재산의 안전 확보에 이바지함을 목적으로 한다.

제2조(정의) 이 조례에서 사용하는 용어의 뜻은 다음과 같다.

1. "다중운집 행사"란 불특정 다수인들의 공통된 목적으로 볼거리, 즐길거리, 체험거리를 위해 5천 명 이상 모였거나 모일 것으로 예상되는 모든 행사를 말한다.
2. "재난"이란 「재난 및 안전관리 기본법」(이하 "법"이라 한다) 제3조 제1호 나목의 사회재난을 말한다.
3. "안전관리"란 다중운집 행사로 인하여 발생 가능한 각종의 사고로부터 사람의 생명, 신체 및 재산의 안전을 확보하기 위한 모든 활동을 말한다.
4. "주최"란 다중운집행사를 개최하고 그 행사에 대한 최종적인 책임과 권한을 가지는 것을 말한다.
5. "주관"이란 주최 기관, 단체의 의뢰를 받아 그 행사에 대한 최종적인 책임과 권한을 가지는 것을 말한다.
6. "관계인이란 다중운집행사 장소 및 그 주변시설 등의 소유자, 관리자 또는 점유자를 말한다.
7. "안전관리요원"이란 행사장소 및 주변시설 등에 대한 안전점검과 다중운집행사 참여자의 안전을 관리하는 사람을 말한다.
8. "유관기관"이란 다중운집행사 관할 구, 경찰서, 소방서 등을 말한다.

제3조(다른 법령 또는 조례와의 관계) 다중운집 행사의 안전관리에 관하여 다른 법령 또는 조례에 특별한 규정이 있는 경우 이외에는 이 조례에서 정하는 바에 따른다.

제4조(적용범위) 성북구 관내에서 5천 명 이상의 인원이 참여할 것으로 예상되는 기념일 또는 특정일의 공연 및 집회, 가두행진, 축제, 체육행사 등 법 제66조의 11에 따른 안전관리계획 수립 대상이 아닌 다중이 운집하는 옥내외 행사에 적용한다.

제5조(다중운집행사안전관리협의체) 다중운집행사에서의 안전을 보장하고 업무를 효율적으로 추진하기 위하여 다중운집행사안전관리협의체(이하 "협의체"라 한다)를 둔다.

제6조(다중운집행사안전관리협의체의 구성 시기) 다중운집행사로 예상되는 행사 예정일의 최소 30일 전에 구성해야 한다.

제7조(다중운집행사안전관리협의체의 기능) ① 협의체는 다음 각 호의 사항을 심의, 건의하거나 구청장의 자문에 응한다.

1. 제18조에 따른 다중운집행사 안전 보장 계획의 수립, 시행, 변경, 평가에 관한 사항
2. 다중운집행사 안전 보장 계획 수립을 위한 조사에 관한 사항
3. 기타 다중운집행사 안전 보장에 필요하다고 판단되는 사항

제8조(다중운집행사안전관리협의체의 구성)

① 협의체는 위원장 2명을 포함하여 20명 이하의 위원으로 구성하되, 성북구 공무원인 위원이 10분의 6을 넘어서는 아니 된다.

② 협의체의 위원장은 성북구청장(대리인 안전 관련 과장)과 행사 주최측 대표자 각각 1명을 공동위원장으로 한다.

③ 협의체의 위원은 공동위원장이 임명하되, 성북구 안전지원, 재난관리, 중대재해예방, 의무(醫務), 문화기획 등 행사 유관 업무 팀장 중 3인 이상, 행사주최 기관 담당자 중 3인 이상을 포함하여야 한다.

제9조(위원장 등의 직무) ① 협의체의 위원장은 협의체를 대표하고, 업무를 총괄한다.

② 위원장이 부득이한 사유로 직무를 수행할 수 없을 때에는 해당 위원장이 소

속된 단체의 위원 중에서 1인을 호선하여 대리한다.

제10조(위원의 임기) 협의체 위원의 임기는 행사 종료 후 4주까지로 한다.

제11조(위원의 위촉 해제) 협의체 위원장은 위원이 다음 각 호의 어느 하나에 해당하는 경우 해촉할 수 있다.

1. 질병이나 해외여행 등으로 직무를 수행하기 어려운 경우

2. 위원이 스스로 사퇴를 원하는 경우

3. 협의체의 운영취지, 목적 및 기능 등에 반하는 행위를 하였거나, 그 밖의 사유로 직무를 수행하기 어렵다고 판단되는 경우

제12조(회의 등) ① 협의체 회의는 정기회의와 임시회의로 구분한다.

② 회의의 정기회의는 행사 개최 전 2회 이상, 임시회의는 위원장이 필요하다고 인정하거나 재적위원 3분의 1 이상의 소집요구가 있는 때 소집하고 의장은 위원장이 된다.

③ 협의체의 회의를 소집하고자 하는 경우에는 회의의 일시, 장소 및 심의 안건을 회의 개최 3일 전까지 각 위원에게 서면으로 알려야 한다. 다만 긴급한 경우에는 그러하지 아니한다.

④ 회의는 재적위원 과반수의 출석으로 회의를 시작하고, 출석위원 과반수의 찬성으로 의결한다.

제13조(회의록) ① 협의체는 다음 각 호의 사항이 포함된 회의록을 작성하여야 하며, 작성된 회의록은 3년간 보관하여야 한다.

1. 회의 개회일시 및 장소

2. 출석위원 및 참석자명단

3. 심의사항

4. 심의결과

5. 그 밖에 협의체 위원장이 필요하다고 인정한 사항

② 제1항에 따른 회의록은 일반인에게 공개하고 열람이 가능하도록 하여야 한다.

제14조(의결사항의 처리) 구청장은 각 협의체의 의결사항에 대하여 특별한 사정이 없을 때에는 이를 시책에 반영하도록 노력하여야 한다.

제15조(공청회 등의 개최) 협의체 위원장은 심의안을 의결하기 위하여 필요한 경

우 공청회 및 세미나를 개최할 수 있다.

제16조(운영지원) 구청장은 '사회보장급여의 이용, 제공 및 수급권자 발굴에 관한 법률' 제41조 제5항에 따라 각 협의체의 효율적 운영을 위하여 필요한 예산을 보조할 수 있으며, 그 밖의 필요한 사항을 지원할 수 있다.

제17조(운영세칙) 이 조례에 규정한 것 외에 협의체 운영 등에 필요한 사항은 협의체의 의결을 거쳐 공동위원장이 정한다.

제18조(성북구청장 및 시민의 책무)

① 성북구청장(이하 "구청장"라 한다)은 성북구 관내에서 개최되는 다중운집행사 중 발생하는 각종 재난을 예방하고 피해를 줄이기 위하여 협의체, 유관기관과 함께 필요한 정책을 수립·시행하는 등 안전관리에 최대한 노력하여야 한다.

② 성북구민은 성북구 관내에서 개최되는 각종 다중운집행사의 안전관리업무에 최대한 협조하고, 자기가 소유하거나 사용하는 시설 등으로부터 재난이나 그 밖의 각종 사고가 발생하지 아니하도록 노력하여야 한다.

제19조(안전관리계획의 수립·시행) ① 구청장은 다중이 참여할 것으로 예상되는 다중운집행사 안전관리계획(이하 '안전관리계획' 이라 한다)을 협의체 및 유관기관과 함께 수립, 시행하여야 한다.

② 안전관리계획에는 다음 각 호의 내용이 포함되어야 한다.

다중운집행사의 일시, 장소

다중운집행사의 주최, 주관, 후원자 또는 참여자

다중운집행사의 주요내용, 참여 예정 인원 등

유관기관 안전관리요원의 배치, 임무 및 안전관리 조직에 관한 사항

현장의 위험요소나 시설 등에 대한 안전관리 대책

재난예방 및 대응조치

그 밖에 다중운집행사 안전관리에 구청장, 주최기관, 협의체가 필요하다고 인정하는 사항

제20조(유관기관과의 협조) 구청장은 다중운집행사 유관기관에 안전관리계획을 서면으로 알리고 질서유지, 교통관리, 응급조치 등 필요할 경우 안전관리 지원을 요청해야 한다.

제21조(안전점검 및 조치) ① 구청장은 해당 행사 개최 3일 전까지 행사장 및 그 주변시설에 대한 안전점검을 실시하여야 한다. 이 경우 전문성이 필요한 사항에 대해서는 유관기관 등에 합동 안전점검을 요청할 수 있다.

② 제1항의 안전점검을 실시할 때에는 성북구가 아닌 주최자와 관계인을 참여시켜야 한다.

③ 안전점검을 실시한 결과 재난예방을 위하여 보완이 필요한 사항에 대해서는 행사 주최자 또는 관계인에게 시정하게 할 수 있다.

④ 구청장은 행사 종료 시까지 안전관리요원에게 안전관리 및 재난예방활동을 계속하도록 하여야 한다.

제22조(긴급안전점검 실시 및 조치) ① 구청장은 다중운집행사에 재난이 발생할 우려가 있는 등 긴급한 사유가 있으면 긴급안전점검을 실시하여야 한다.

② 구청장은 제1항의 긴급안전점검 결과 재난위험이 높다고 인정하는 때에는 주최자 또는 관계인에게 '재난 및 안전관리 기본법' 제31조 제1항 각 호에 따른 안전조치를 할 것을 명할 수 있다.

③ 구청장은 다음 각 호의 어느 하나에 해당되는 경우 그 시설의 사용을 제한하거나 다중운집행사를 금지할 수 있다.

1. 제2항의 명령을 받은 사람이 안전조치를 하지 아니한 때

2. 그 밖에 예정대로 행사를 진행할 경우 사고발생이 예견되는 때

제23조(응급 의료지원 요청) 구청장은 다중운집행사에 따른 인명피해를 예방하기 위하여 의료기관 등에 응급의료 지원을 요청할 수 있다.

제24조(사고발생 시 대응) ① 구청장은 다중운집 행사로 인한 사고·재난의 수습 등에 관한 사항을 총괄·조정하고 필요한 조치를 하기 위하여 법 및 「서울특별시 성북구 재난현장 통합지원본부 설치 및 운영 조례」를 준용하여 재난안전대책본부를 설치할 수 있다.

② 구청장은 다중운집 행사로 인한 사고·재난 발생 시 소방서장과 긴급구조 활동을 실시하고, 서울시 내 의료기관에 응급의료 지원을 요청할 수 있다.

③ 구청장은 소방서장이 제2항에 따른 긴급구조를 위한 조치를 시행할 경우 이에 협조하여야 한다.

V. 조례 작성 및 수정 과정

구영석 변호사님과의 면담 내용과 황광민 의원님의 검토를 토대로 가안을 수정해서 「성북구 다중운집 행사 안전관리에 관한 조례」 최종안을 다음과 같이 작성했다.

고려대학교 정치외교학과 16학번 구영석 변호사님을 면담한 내용은 다음과 같다.

- 책임 소재자를 1인으로 규정하거나, 일원화해서 규정하는 것은 법리적으로 문제가 발생할 가능성이 있다.
- 형사적 책임을 규정하려 하거나, 형사적 책임으로 이어질 수 있는 책임 소재 규정은 조례에서 명시하기 어렵다. 이는 형법이 개정되어야 하는 부분이므로 책임 소재 규정보다 협의체 구성에 집중하면 좋을 듯하다.
- 협의체를 구성하는 주체를 더 명확히 규정할 필요가 있으며, 협의체 구성 직권을 발동할 수 있는 주체가 명시되었으면 한다.
- 직권을 발동할 수 있는 최고 주체자 외에도 협의체를 만들거나 구성할 수 있는 이들의 범위를 적시하면 좋을 듯하다.
- '신고자'라는 주체를 추가해서 협의체 구성 요청 혹은 신고 등의 기준을 명시하면 좋을 듯하다.
- 책무와 관련된 조항은 앞부분에 적시하는 것이 옳다.
- '자문'이라는 용어는 법적으로 구속력이 없는 용어이기에 '심의'와 '의결'이라는 용어로 대체하길 바란다.

「성북구 다중운집 행사 안전관리에 관한 조례」 최종안

제1조(목적) 이 조례는 성북구 내 다중운집 행사에서의 사고 예방 및 안전관리에 필요한 사항을 규정함으로써 구민의 생명, 신체 및 재산의 안전 확보에 이바지함을 목적으로 한다.

제2조(정의) 이 조례에서 사용하는 용어의 뜻은 다음과 같다.

1. "다중운집 행사"란 불특정 다수인들의 공통된 목적으로 볼거리, 즐길거리, 체험거리를 위해 5천 명[13] 이상 모였거나 모일 것으로 예상되는 모든 행사를 말한다.

2. "재난"이란 「재난 및 안전관리 기본법」(이하 "법"이라 한다) 제3조 제1호 나목의 사회재난을 지칭하며, 다중운집 행사로 인한 안전사고를 포함한다.

3. "안전관리"란 다중운집 행사로 인하여 발생 가능한 각종의 사고로부터 사람의 생명, 신체 및 재산의 안전을 확보하기 위한 모든 활동을 말한다.

4. "주최"란 다중운집 행사를 개최하고 그 행사에 대한 최종적인 책임과 권한을 가지는 것을 말한다.

5. "주관"이란 주최 기관, 단체의 의뢰를 받아 그 행사에 대한 최종적인 책임과 권한을 가지는 것을 말한다.

6. "관계인"이란 행사의 주최자와 주관자에 해당하지 않더라도, 다중운집행사 장소 및 그 주변시설 등의 소유자, 관리자 또는 점유자를 말한다.

7. "안전관리요원"이란 행사장소 및 주변시설 등에 대한 안전점검과 다중운집행사 참여자의 안전을 관리하는 사람을 말한다.

8. "유관기관"이란 다중운집행사 관할 구, 경찰서, 소방서 등을 말한다.

9. "신고자"란 다중운집행사의 발생 가능성과 이로 인한 안전사고 발생 가능성을 신고하는 사람을 말한다.

제3조(다른 법령 또는 조례와의 관계) 다중운집 행사의 안전관리에 관하여 다른 법령 또는 조례에 특별한 규정이 있는 경우 이외에는 이 조례에서 정하는 바에 따른다.

제4조(적용범위) 성북구 관내에서 5천 명 이상의 인원이 참여할 것으로 예상되는 기

념일 또는 특정일의 공연 및 집회, 가두행진, 축제, 체육행사 등 법 제66조의 11에 따른 안전관리계획 수립 대상이 아닌 다중이 운집하는 옥내외 행사에 적용한다.

제5조(성북구청장 및 시민의 책무)

① 성북구청장(이하 "구청장"라 한다)은 성북구 관내에서 개최되는 다중운집행사 중 발생하는 각종 재난을 예방하고 피해를 줄이기 위하여 협의체, 유관기관과 함께 필요한 정책을 수립·시행하는 등 안전관리에 최대한 노력하여야 한다.

② 성북구민은 다중운집행사로 인한 안전사고 발생 가능성을 신고할 수 있도록 노력하여야 한다. 성북구 관내에서 개최되는 각종 다중운집행사의 안전관리업무에 최대한 협조하고, 자기가 소유하거나 사용하는 시설 등으로부터 재난이나 그 밖의 각종 사고가 발생하지 아니하도록 노력하여야 한다.

제6조(다중운집행사안전관리협의체) 다중운집 행사에서의 안전을 보장하고 업무를 효율적으로 추진하기 위하여 구청장 산하 직속기구인 다중운집행사안전관리협의체(이하 "협의체"라 한다)를 둔다. 본 협의체는 조례가 효력을 발휘하는 즉시 구성된다.

제7조(다중운집행사안전관리협의체의 구성 시기) 다중운집행사로 예상되는 행사 예정일의 최소 30일 전에 구성해야 한다.

제7조(다중운집행사안전관리협의체의 기능)

① 협의체는 다음 각 호의 사항을 심의 및 의결하며, 구청장에게 건의 및 요청할 수 있다.

1. 제18조에 따른 다중운집 행사 안전 보장 계획의 수립, 시행, 변경, 평가에 관한 사항

2. 다중운집 행사 안전 보장 계획 수립을 위한 조사에 관한 사항

3. 기타 다중운집 행사 안전 보장에 필요하다고 판단되는 사항

② 협의체의 건의 및 요청사항이 수용되지 않을 시에는 협의체는 법 제11조에 따라 성북구안전관리위원회를 구성할 수 있다.

제8조(다중운집행사안전관리협의체의 구성)

① 협의체는 위원장 2명을 포함하여 20명 이하의 위원으로 구성하되, 성북구 공무원인 위원이 10분의 6을 넘어서는 아니 된다.

② 협의체의 위원장은 구청장과 행사 주최, 주관 관계인 측 대표자 각각 1명을 공동위원장으로 한다. 단, 위원장이 부득한 사유로 위원장직을 맡지 못할 시에는 성북구청 안전 관련 과장을 위원장 대리인으로 한다.

③ 협의체의 위원은 공동위원장이 임명하되, 성북구 안전지원, 재난관리, 중대재해예방, 의무(醫務), 문화기획 등 행사 유관 업무 팀장 중 3인 이상, 행사주최 기관 담당자 중 3인 이상을 포함하여야 한다.

④ 신고자의 신고에 따라 소집된 경우에는 신고자의 의사에 따라 신고자를 협의체 위원으로 포함할 수 있다.

제9조(다중운집행사안전관리협의체 소집)

협의체는 다음 각 호의 사항에 따라 소집된다.

1. 구청장 직권에 따른 소집

2. 일반 시민 신고자의 신고에 따른 소집

3. 협의체 공동위원장 2인 합의에 따른 소집

4. 협의체 위원 3분의 1 이상의 연서에 따른 소집

제10조(위원장 등의 직무)

① 협의체의 위원장은 협의체를 대표하고, 업무를 총괄한다.

② 위원장이 부득이한 사유로 직무를 수행할 수 없을 때에는 해당 위원장이 소속된 단체의 위원 중에서 1인을 호선하여 대리한다.

제11조(위원의 임기) 협의체 위원의 임기는 공동위원장 정하는 바에 따른다.

제12조(위원의 위촉 해제) 협의체 위원장은 위원이 다음 각 호의 어느 하나에 해당하는 경우 해촉할 수 있다.

1. 질병이나 해외여행 등으로 직무를 수행하기 어려운 경우

2. 위원이 스스로 사퇴를 원하는 경우

3. 협의체의 운영취지, 목적 및 기능 등에 반하는 행위를 하였거나, 그 밖의 사유로 직무를 수행하기 어렵다고 판단되는 경우

제13조(회의 등)

① 협의체 회의는 정기회의와 임시회의로 구분한다.

② 회의의 정기회의는 행사 개최 전 2회 이상, 임시회의는 이 조례 제9조에 해당

하는 때 소집하고 의장은 위원장이 된다.

③ 협의체의 회의를 소집하고자 하는 경우에는 회의의 일시, 장소 및 심의 안건을 회의 개최 3일 전까지 각 위원에게 서면으로 알려야 한다. 다만 긴급한 경우에는 그러하지 아니한다.

④ 회의는 재적위원 과반수의 출석으로 회의를 시작하고, 출석위원 과반수의 찬성으로 의결한다. 단, 공동위원장 2인이 긴급한 경우로 인정할 때에는 해당 요건이 적용되지 아니하며, 조치 후 사후 승인을 받을 수 있다.

제14조(회의록)

① 협의체는 다음 각 호의 사항이 포함된 회의록을 작성하여야 하며, 작성된 회의록은 3년간 보관하여야 한다.

1. 회의 개회일시 및 장소

2. 출석위원 및 참석자 명단

3. 심의사항

4. 심의결과

5. 그 밖에 협의체 위원장이 필요하다고 인정한 사항

② 제1항에 따른 회의록은 일반인에게 공개하고 열람이 가능하도록 하여야 한다.

제15조(의결사항의 처리) 구청장은 각 협의체의 의결사항에 대하여 특별한 사정이 없을 때에는 이를 시책에 반영하도록 노력하여야 한다. 단, 긴급한 때로 인정될 때에는 구청장은 의결 없이 조치를 취할 수 있으며, 협의체의 사후 승인을 받아야 한다.

제16조(공청회 등의 개최) 협의체 위원장은 심의안을 의결하기 위하여 필요한 경우 공청회 및 세미나를 개최할 수 있다.

제17조(운영지원) 구청장은 '사회보장급여의 이용, 제공 및 수급권자 발굴에 관한 법률' 제41조 제5항에 따라 각 협의체의 효율적 운영을 위하여 필요한 예산을 보조할 수 있으며, 그 밖의 필요한 사항을 지원할 수 있다.

제18조(운영세칙) 이 조례에 규정한 것 외에 협의체 운영 등에 필요한 사항은 협의체의 의결을 거쳐 공동위원장이 정한다.

제19조(안전관리계획의 수립·시행)

① 구청장은 다중이 참여할 것으로 예상되는 다중운집행사 안전관리계획(이하 '안전관리계획'이라 한다)을 협의체 및 유관기관과 함께 수립, 시행하여야 한다.

② 안전관리계획에는 다음 각 호의 내용이 포함되어야 한다.

1. 다중운집행사의 일시, 장소

2. 다중운집행사의 주최, 주관, 후원자 또는 참여자

3. 다중운집행사의 주요내용, 참여 예정 인원 등

4. 유관기관 안전관리요원의 배치, 임무 및 안전관리 조직에 관한 사항

5. 현장의 위험요소나 시설 등에 대한 안전관리 대책

6. 재난예방 및 대응조치

7. 그 밖에 다중운집행사 안전관리에 구청장, 주최기관, 협의체가 필요하다고 인정하는 사항

제20조(유관기관과의 협조) 구청장은 다중운집행사 유관기관에 안전관리계획을 서면으로 알리고 질서유지, 교통관리, 응급조치 등 필요할 경우 안전관리 지원을 요청해야 한다.

제21조(안전점검 및 조치)

① 구청장은 해당 행사 개최 3일 전까지 행사장 및 그 주변시설에 대한 안전점검을 실시하여야 한다. 이 경우 전문성이 필요한 사항에 대해서는 유관기관 등에 합동 안전점검을 요청할 수 있다.

② 제1항의 안전점검을 실시할 때에는 성북구가 아닌 주최자와 관계인을 참여시켜야 한다.

③ 안전점검을 실시한 결과 재난예방을 위하여 보완이 필요한 사항에 대해서는 행사 주최자 또는 관계인에게 시정하게 할 수 있다.

④ 구청장은 행사 종료 시까지 안전관리요원에게 안전관리 및 재난예방활동을 계속하도록 하여야 한다.

제22조(긴급안전점검 실시 및 조치)

① 구청장은 다중운집행사에 재난이 발생할 우려가 있는 등 긴급한 사유가 있으면 긴급안전점검을 실시하여야 한다.

② 구청장은 제1항의 긴급안전점검 결과 재난위험이 높다고 인정하는 때에는

주최자 또는 관계인에게 '재난 및 안전관리 기본법' 제31조 제1항 각 호에 따른 안전조치를 할 것을 명할 수 있다.

③ 구청장은 다음 각 호의 어느 하나에 해당되는 경우 그 시설의 사용을 제한하거나 다중운집행사를 금지할 수 있다.

1. 제2항의 명령을 받은 사람이 안전조치를 하지 아니한 때

2. 그밖에 예정대로 행사를 진행할 경우 사고발생이 예견되는 때

제23조(응급 의료지원 요청) 구청장은 다중운집행사에 따른 인명피해를 예방하기 위하여 의료기관 등에 응급의료 지원을 요청할 수 있다.

제24조(사고발생 시 대응)

① 구청장은 다중운집 행사로 인한 사고·재난의 수습 등에 관한 사항을 총괄·조정하고 필요한 조치를 하기 위하여 법 및 「서울특별시 성북구 재난현장 통합지원본부 설치 및 운영 조례」를 준용하여 재난안전대책본부를 설치할 수 있다.

② 구청장은 다중운집 행사로 인한 사고·재난 발생 시 소방서장과 긴급구조 활동을 실시하고, 서울시 내 의료기관에 응급의료 지원을 요청할 수 있다.

③ 구청장은 소방서장이 제2항에 따른 긴급구조를 위한 조치를 시행할 경우 이에 협조하여야 한다.

---

13 「서울특별시 다중운집행사 안전 관리에 관한 조례」에 첨부된 [별표]를 참고했다.

1. 군집밀도 산정 방식
1) 군집밀도 = 군집인수/군집의 점유면적으로 정의된다.
2) 군집밀도의 객관적 판단기준

군집밀도	1㎡(입석) 기준의 상태
5인	옆 사람의 옷깃이 닿는 상태
6인	다리와 발을 오므리면 신체 이동이 어느 정도 가능
7인	어깨나 팔꿈치에 압력을 느낌
8인	사람과 사람 사이를 간신히 끼어드는 정도
9인	사람과 사람 사이를 끼어들 수 없는 상황
10인	주변의 체압(압력)에 의해 손을 올리고 내릴 수 없는 상태
11인 이상	주변의 압력이 강해져서 몸을 자유로이 움직일 수 없고 고통을 느낌(비명을 지르게 됨)

2. 공간 수용능력

1) 실내 공간에서의 1인당 최소 점용면적

의자석	좌석	입석
0.45㎡/1인	0.3㎡/1인	0.2㎡/1인

2) 실외 수용능력

시설(광장) 면적(㎡) × 군집밀도 6인 기준 = 실외 수용 가능 인원

혼잡경비 상황에서는 건물이나 가로수 등 식물 배치를 제외한 '순면적'으로 실외수용능력을 계산해야 한다.

3. 군집 유동시간

1) 일정시간 내 통과 가능 인원, 통과 가능한 출입구의 폭 등을 고려해 산출

2) 군집 유동시간 산출방식

A=군집의 총인원(명) A=B×C×D

B=출입구의 폭(m) B=A/(C×D)

C=매초, 폭 1미터가량의 출구를 통과할 수 있는 인원 C=A/(B×D)

D=군집 A가 출구 B를 통과할 수 있는 시간(초) D=A/(B×C)

참고문헌

학술논문/저서/학위논문

김동은. 2021. "부모의 학대가 청소년범죄에 미치는 영향."『한국사회복지학회 학술
　　대회 자료집』.

김숙향·김형모. 2017. "방임 및 학대경험이 청소년의 정서문제에 미치는 영향에 대
　　한 자아존중감 조절효과."『한국콘텐츠학회』18(2).

김연태. 2023.『행정법』법문사.

김지선. 2023. "자립 준비 청년 사후관리 현황과 개선방안."『보건복지포럼』
　　319(21).

김지연·윤철경. 2021. "보호 종료아동 및 자립 준비청소년 자립 지원 현안과 과제."
　　『한국청소년정책연구원 연구보고서』.

류정희 외. 2017. "생애주기별 학대경험의 상호관계성 연구."『한국보건사회연구원』.

배병우. 2013. "서울시 대학생의 주거비 부담능력 분석." (석사학위논문, 서울시립대
　　학교).

보건복지부. 2022.『2021 아동학대 주요통계』.

보건복지부·아동권리보장원. 2021.『2022 아동학대 대응 업무매뉴얼 2권』.

서울시복지재단. 2021.『서울시 저소득 어르신 급식지원사업 개선방안 연구』.

서울시복지재단. 2022. 『2022년 서울시 노인실태조사』.

서울특별시 여성가족정책실. 2021. 『서울시 요보호 아동 발생 및 보호내용 통계』.

서한욱. 2020. "코로나19 사태로 인해 증가하는 아동학대 위험성: 초록우산 어린이 재단 대구광역시 아동보호전문기관을 중심으로." 『동광』 115.

세이브더칠드런. 2021. 『아동학대정책개선 이슈 브리프』.

유서연 외. 2014. "수도권과 비수도권 대학생의 주거비 및 주거비 부모 지원 인식과 실태." 『한국생활과학회지』 23(6).

유영재·김나리. 2019. "폭력의 학습 - 아동학대 경험과 범죄행동 간의 관계." 『한국 범죄심리연구』 15(4).

윤소원 외. 2021. "청년 주거비지원에 대한 청년과 부모세대의 인식." 『한국생활과학 회지』 30(2).

이정우. 2022. "자립 준비 청년의 심리상담 경험에 대한 내러티브 탐구." 『어린이재 단 연구논문 모음집』.

인승훈·강순주. 2017. "대학생들의 주거비 실태와 공공임대주택 의식에 관한 연구." 『한국주거학회 학술대회논문집』 29(2).

임주원 외. 2022. "자립 준비 청년의 지역사회 자립 지원 프로그램 참여경험." 『사회 과학연구논총』 38(2).

정광주. 2023. "자립 준비 청년 멘토링 프로그램에 참여한 멘토의 경험과 의미에 대 한 현상학적 연구." 『인문사회』 14(2).

정다원. 2020. "청년기본조례 확산의 영향요인에 대한 연구" (석사학위논문, 서울대 학교).

정은주. 1996. "수도권 지역 대학생 소비자들의 화폐수입과 지출행동에 관한 연구: 부모와의 동거여부에 따른 비교 분석." (석사학위논문, 서울대학교).

조성희. 2023. "자립 준비 청년을 위한 사회안전망의 방향성." 『융합과 통섭』.

차유림 외. 2022. "자립 준비 청년의 자립경험." 『청소년복지연구』 24(4).

홍은주 외. 2021. "아동학대 가정 재학대예방을 위한 '홈케어 플래너 서포터즈' 서비 스 개선방안에 대한 개념도 연구." 『아동복지연구』 19(1).

OECD. 2022. "Old-Age Poverty is High: Relative Poverty Rate, Per Cent, 2020 or Latest", in *OECD Economic Surveys: Korea 2022*, Paris: OECD. https://doi.org/10.1787/491dc618-en

인터넷 자료

강은. 2022. "서울시, 학대피해아동에 전문의 심리치료 지원한다."『경향신문』, (6월 29일) https://www.khan.co.kr/local/Seoul/article/2022062910 33001

강홍민. 2018. "기숙사 신축, '찬성'vs'반대'···길고 긴 고려대 기숙사 신축 분쟁의 끝은?."『매거진 한경』(3월 13일) https://magazine.hankyung.com/job-joy/article/202102167753d

곽윤아. 2023. "난방비·전기료 줄인상···더 추운 노인들."『서울경제』(2월 14일) https://www.sedaily.com/NewsView/29LQYBMU4U

국토교통부. 2022. "청년 월세지원, 나도 신청할 수 있을까?." 대한민국 정책브리핑. https://www.korea.kr/news/visualNewsView.do?newsId=148901003#visualNews

권기석 외. 2021. "1,000원 늘렸을 뿐인데··· 따뜻한 밥 한 끼의 기적."『국민일보』(9월 30일) https://m.kmib.co.kr/view.asp?arcid=0016315152

김영국. 2022. "성북구 의회 김육영 의원 5분자유발언."『시사프리신문』(12월 22일) http://www.sisanews.org/articles/222962412845

김원. 2021. "성북구 오피스텔 월세 30% 올라 평균 105만 원···강남보다 비싸."『중앙일보』(4월 6일) https://www.joongang.co.kr/article/24029029#home

김정우. 2022. "35년 급식소 '밥퍼' 문 닫나? "2억 못 내면 철거해야". "『MBC 뉴스』(12월 27일) https://imnews.imbc.com/replay/2022/nwdesk/article/6440023_35744.html

김종화. 2023. "OECD 국가 중 1위라는 '노인빈곤율'."『아시아경제』(1월 19일) https://www.asiae.co.kr/article/2023011909284071135

노원구 의회, https://council.nowon.kr/kr/main.do

노원구청 누리집. "저소득어르신 급식지원 현황" https://www.nowon.kr/www/info/info2/info2_03/info2_03_01/info2_03_01_02.jsp

대학알리미 모바일. "기숙사수용률" https://m.academyinfo.go.kr/main/ main0680/doInit.do?programId=main0740

류인하. 2021. "아동학대 예방부터 사후관리까지, 서울시 아동학대심리치료 센터 개 소." 『경향신문』 (11월 10일). https://www.khan.co.kr/national/national- general/article/2021 11101115001

비디오머그. 2020. https://www.youtube.com/watch?v=0-x438wjF8c

서영민. 2022. "OECD가 본 한국 '노인과 청년이 힘든 나라'." 『KBS NEWS』 (9월 24일) https://news.kbs.co.kr/news/view.do?ncd=5563414

서울 열린데이터 광장. 2022. "서울시 고령자현황 (동별) 통계" http://data.seoul. go.kr/dataList/10020/S/2/datasetView.do

서울 열린데이터 광장. 2022. "서울시 국민기초생활보장 연령별 일반수급자 (구별) 통계," https://data.seoul.go.kr/dataList/10769/S/2/datasetView.do

서울 열린데이터 광장. 2023. "서울 생활인구 현황" https://data.seoul.go.kr/ dataVisual/seoul/seoulLivingPopulation.do

서울정보소통광장. 2023. "2023 서울시 학대피해아동 전문심리치료 지원사업 안 내." https://open gov.seoul.go.kr/sanction/27839046

서울특별시 여성가족정책실. 2022. "전국 최초 학대피해아동 전문심리치료 지원체 계 구축." https://news.seoul.go.kr/welfare/archives/544086

신기호, 2021. "피해 사례, 트라우마 등으로 보는 아동학대의 심각성." 『기호일보』 (5 월 14일) http://www.kihoilbo.co.kr/news/articleView.html?idxno=926975

안지현. 2023. "아동재학대 14.7% '최대치', 제도적 허점은." 『JTBC』, (4월 2일) https ://news.jtbc.co.kr/article/article.aspx?news_id=NB12120735

양지윤. 2021. "서울서 오피스텔 월세 가장 비싼 곳은 성북구…보증금 1,000만 원에 월 세 105만 원." 『서울경제』 https://www.sedaily.com/NewsView/22KZ8ANU8I

어한희. 2022. "아빠 폭력에, 9살 태현이 불안감 극심…일상 되찾아준 '홈케어'." 『중 앙일보』, (11월 21일) https://www.joongang.co.kr/article/25119050#home

유병훈. 2021. "다방 "서울 오피스텔 평균 월세 1위 '성북구'"." 『조선일보』 (4월 6일)

https://biz.chosun.com/site/data/html_dir/2021/04/06/2021040600673.html

의안정보시스템, http://likms.assembly.go.kr/bill/main.do

이국희. 2021. "전국 아동 학대, 13분마다 1건씩 신고…가정에서 부모에게 가장 많이 학대."『고신뉴스』(5월 6일) http://www.kosinnews.com/news/articleView.html?idxno=20147

이병준. 2023. "노인들 "굶어 죽으라는 거냐"…이젠 한 끼도 힘든 무료급식소."『중앙일보』(1월 29일) https://www.joongang.co.kr/article/25136574#home

임송학. 2023. "한끼 3,500~4,500원…김밥 한 줄값도 안 되는 노인급식비."『서울신문』(2월 22일) https://www.seoul.co.kr/news/newsView.php?id=20230223005001

임영신. 2023. "경기 악화되고 이자 늘고…자영업대출 '비상'."『매일경제』https://www.mk.co.kr/news/economy/10732943

임지영. 2018. "가정방문 프로그램, 한국에 확산된다면."『시사IN』, (7월 11일) https://www.sisain.co.kr/news/articleView.html?idxno=32234

자치법규정보시스템. "자립 준비 청년" 검색 결과. https://www.elis.go.kr/main/totSrchList?ctpvCd=&sggCd=&curPage=1&srchKwd=%EC%9E%90%EB%A6%BD%EC%A4%80%EB%B9%84%EC%B2%AD%EB%85%84

지방재정365. "저소득 어르신 무료급식 세출현황," https://lofin.mois.go.kr/portal/main.do.

최현주. 2011. "오피스텔 세입자, 주인이 막더라도 전입신고 꼭 해야."『중앙일보』https://www.joongang.co.kr/article/5442366#home

통계청, "2020 고령자통계," https://kostat.go.kr/board.es?mid=a10301060500&bid=10820&act=view&list_no=385322&tag=&nPage=1&ref_bid=

홍기원. 2023. "임차인 부담 줄이려 종부세 완화했더니…SH, 임대료 인상하고 감면액 시설보수로."『투데이신문』http://www.ntoday.co.kr/news/articleView.html?idxno=97259

법령 및 조례

「광주광역시 북구 노인무료급식소 운영 및 지원에 관한 조례」

「노인복지법」

「노인·장애인 등 사회복지시설의 급식안전 지원에 관한 법률」

「부천시 점자문화 진흥 조례」

「서울특별시 동대문구 노인급식지원에 관한 조례」

「서울특별시 성북구 시각장애인 정보접근권 지원 조례」

「서울특별시 장애인 의사소통 권리증진에 관한 조례」

「식품위생법」

「아동복지법」

「점자법」

기타 자료

강북구 의회 제242회 회의록

동대문구 의회 제303회 복지건설위원회 제1차 회의록

성북구 의회 제277회 본회의 회의록

제21대 국회 제407회 제3차 국회 본회의 회의록

United Nations Human Rights, Office of the High Commissioner. 2004.

Convention on the Rights of the Child.

참여한 사람들

PART 01. 어른의 소유물이 아닌, 주체로서의 청소년

김아영 자유전공학부 20   박준영 경제학과 19

신성진 정치외교학과 18   신수연 보건정책관리학부 21

김정원 정치외교학과 22   박하영 정치외교학과 22

유성규 정치외교학과 21   최예원 정치외교학과 22

PART 02. 우리의 문제, 우리 손으로

전가은 정치외교학과 21   이송하 정치외교학과 21

김지원 정치외교학과 21   김형우 정치외교학과 22

PART 03. 모두가 행복한 사회

이재용 정치외교학과 22   박준영 정치외교학과 22

김서현 정치외교학과 22   김민기 정치외교학과 22

이영재 정치외교학과 21   최서윤 정치외교학과 22

김하은 정치외교학과 22   천성주 정치외교학과 22

PART 04. 더는 같은 비극이 반복되지 않도록

김대원 정치외교학과 22   오은빈 정치외교학과 22

장은수 정치외교학과 22

교실 밖의 정치학
우리가 만든 조례

제1판 1쇄 2023년 12월 29일

편저자	강우창, 안이삭, 이은진
펴낸이	장세린
편집	배성분, 박을진
디자인	김진나

펴낸곳	(주)버니온더문
등록	2019년 10월 4일(제2020-000051호)
주소	서울특별시 용산구 청파로93길 47
홈페이지	http://bunnyonthemoon.kr
SNS	https://www.instagram.com/bunny201910/
전화	010-3747-0594 팩스 050-5091-0594
이메일	bunny201910@gmail.com

ISBN	979-11-980477-9-3 (93340)